Début d'une série de documents
en couleur

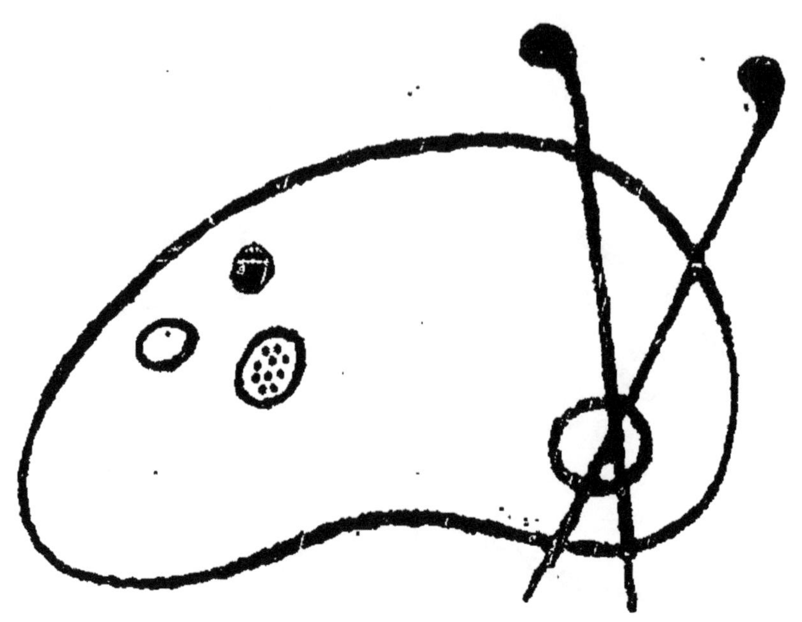

Fin d'une série de documents
en couleur

BIBLIOTHEQUE

PHILOSOPHIQUE

DU LÉGISLATEUR,

DU POLITIQUE, DU JURISCONSULTE;

OU

Choix des meilleurs discours, dissertations, essais, fragmens, composés sur la Législation criminelle par les plus célebres Écrivains, en françois, anglois, italien, allemand, espagnol, &c. pour parvenir à la réforme des Loix pénales dans tous les pays; traduits & accompagnés de notes & d'observations historiques.

Par J. P. BRISSOT DE WARVILLE, auteur de la Théorie des loix criminelles.

TOME II.

A BERLIN,

& se vend

A PARIS,

Chez Desauges, Libraire, rue S. Louis du Palais.

M. DCC. LXXXII.

OBSERVATIONS

SUR DES MATIERES

DE

JURISPRUDENCE

CRIMINELLE.

Traduites du latin de M. PAUL RISI, célebre Jurisconsulte à Milan, &c. &c.

PAR M. S. D. C.

A

BIBLIOTHÈQUE
PHILOSOPHIQUE.

AVANT - PROPOS
DE L'AUTEUR.

Ce n'eſt point l'amour de la nouveauté, qui me fait écrire. Je ſais qu'elle déplait à bien des gens, & je leur déclare que je n'ai été conduit à cet ouvrage que par le pur ſentiment de l'humanité. Mon premier ſoin a été de tirer de l'antiquité des richeſſes dès long-tems enſevelies. Ceux qui la cherchent dans les écrits, comme les antiquaires dans les médailles, y trouveront de quoi contenter leur goût. Ceux à qui le nouveau plait davantage, y verront des choſes qui pourront leur paroître neuves, à force d'avoir été négligées. Je ne recommande à mes lecteurs qu'une ſeule choſe, mais je la leur recommande avec inſtance; c'eſt de lire ſans préjugé, & de méditer en liſant.

PRÉFACE

DU TRADUCTEUR.

Le public auroit lieu de se plaindre, si dans un siecle où l'esprit s'épuise le plus souvent sur des bagatelles, quelquefois même sur des sujets dangereux par la façon dont ils sont traités, on ne lui offroit de tems en tems quelques productions véritablement utiles; & je n'appelle de ce nom que celles qui tendent au bonheur du genre humain. Peut-on douter que la justice & tout ce qui tend à éclairer sa marche n'y contribue? & si la partie civile est intéressante lors sur-tout qu'elle ouvre des ressources à l'extinction des difficultés que l'intérêt fait naître entre les hommes, combien devra l'être davantage celle qui a pour objet le repos de la société, l'honneur & la vie de ses citoyens! C'est la procédure criminelle, qui doit effrayer le crime & être en même tems la gardienne fidelle de l'innocence. Mais ce sont des hommes qui en reglent toutes les opérations, & qui en mesurent pour ainsi dire tous les pas. Aucun de ces pas n'est indifférent, ni pour le malheureux qui en est l'objet,

ni pour le juge qui doit être l'arbitre de sa destinée. Jamais ce juge ne doit s'écarter de la décision des loix, tempérée par l'humanité. Une
douceur sans foiblesse, une rigueur sans cruauté,
doivent être son caractere : tout ce qu'il fait en
matiere de justice doit être pesé à la balance du
sanctuaire ; le pour & le contre doivent le trouver constamment dans un équilibre qui ne varie
qu'autant que l'exigent les circonstances.

Ce juge peut être integre & avoir des préjugés ; il peut être éclairé & ne se défier pas assez
des écueils qui l'environnent : sa droiture même,
peut l'égarer, & sa haine pour le crime peut le
lui faire voir là où il n'est pas. Alors il prend
des indices pour des preuves, & les apparences
pour des convictions. Quel service ne lui rend-
on pas en lui indiquant les moyens de se garantir
d'une erreur irréparable & d'un regret éternel !

L'auteur ne donne pas ici un cours ou un sys-
tême complet de jurisprudence criminelle. Il s'est
borné à un petit nombre d'articles de la plus
grande importance, & c'est avec bien du fondement qu'il donne à son travail sur ces points
essentiels le titre d'*Animadversions.* (1) Plusieurs

------

(1) Le titre est : *Pauli Risi J. C. Animadversiones
ad criminalem jurisprudentiam pertinentes.*

de ses observations peuvent conduire à des réformes très - avantageuses. Ses principes sur le
corps du délit, sur les preuves en général, sur
celle des témoins qui paroît si claire, sur celle
de la confession qui semble si décisive, &c. font
le procès à tous ceux qui s'en écartent. L'innocent, le vertueux Calas vivroit encore, & la
procédure contre la famille Sirven n'existeroit pas,
si des principes si justes avoient été respectés.

Sa dissertation sur la *mesure des peines*, est
digne de toute l'attention des juges & des magistrats; la justice n'étant bien remplie qu'autant
qu'elle pese toutes les circonstances, & qu'elle
suit dans leur distribution les loix générales de la
proportion géométrique.

Ce que dit M. Risi sur l'usage de la torture
pour compléter la preuve & pour arracher l'aveu
du crime, est de la plus grande force, & devra
contribuer à accélérer le triomphe d'une pratique plus humaine & moins périlleuse pour l'innocence.

Enfin le petit traité sur la compétence des juges est des plus propres à prévenir les questions
qui peuvent naître entre les divers tribunaux d'une
même souveraineté, & à lever toutes les difficultés qui pourroient retarder les opérations de
la justice.

Cet ouvrage mérite d'autant plus l'attention, que c'est le fruit des méditations profondes d'un homme en place, d'un jurisconsulte distingué, honoré de la confiance d'une grande reine adorée de ses peuples, & qui mérite de l'être par l'attention continuelle qu'elle donne à leur bonheur.

Rendons graces à ceux qui travaillent avec des intentions aussi pures sur des sujets que la corruption humaine rend si fréquens, si dignes de l'attention des souverains, des jurisconsultes, & de tous les magistrats.

DIVISION DE CET OUVRAGE.

Des preuves néceſſaires pour fonder ſon jugement en matiere criminelle.

De la meſure des peines.

De la compétence des tribunaux.

NOTE DE L'ÉDITEUR.

Ces différentes diſſertations ſont infiniment intéreſſantes, ſur-tout celles où l'auteur renverſe l'opinion générale, que la confeſſion de l'accuſé fait preuve ou au moins partie de preuve en matiere criminelle. Quoiqu'il y regne un ton aſſez philoſophique, cependant les citations fréquentes du droit romain, & les déciſions tirées des préjugés reçus, m'ont forcé d'y ajouter de courtes notes, pour les lecteurs que l'autorité d'un juriſconſulte auſſi habile pourroit encore retenir dans la vieille doctrine. Ces obſervations ont paru traduites à Lauſanne en 1767.

Des preuves nécessaires pour fonder son jugement en matiere criminelle.

Consuetudinis, ususque longævi non vilis auctoritas est... Verùm non usque adeò sui valitura momento, ut aut rationem vincat aut legem. L. 2, C. quæ sit long. consuet. (1)

QUOIQUE les peines que les hommes ont statuées contre d'autres hommes, servent à les contenir dans leur devoir, on ne sauroit trop être sur ses gardes pour ne pas recourir légérement à ces remedes extrêmes, toujours douloureux aux yeux de l'humanité ; de peur que la précipitation avec laquelle on en useroit, ne causât à la société civile un nouveau mal dont il importe de la garantir. Sans cette sage précaution, les uns périroient de la main des brigands, & d'autres par la sentence des juges. Voilà pourquoi les tribunaux ne doivent prononcer aucun jugement en fait de crimes, que sur des preuves si évidentes qu'elles égalent ou qu'elles surpassent

______

(1) La coutume & un long usage sont d'un grand poids ; mais leur autorité n'est pas telle qu'elle doive prévaloir sur celle de la loi ou de la raison.

même, comme le disent les jurisconsultes, la clarté du jour. *Probationes luce clariores.*

C'est ce que comprirent très-bien les anciens Romains, qui montrerent d'ailleurs tant d'habileté dans les matieres de jurisprudence, lorsqu'ils n'accorderent la faculté d'accuser personne que sous la réserve expresse que l'accusateur se soumettroit aux mêmes peines qui menaçoient sa partie adverse. Les loix romaines sont expresses là-dessus.
« Si quelqu'un, dit le Digeste, (1) accuse un
» autre de crime, il devra former cette accusa-
» tion par un acte positif, signé de sa main ; usage
» sagement établi pour empêcher qu'on ne s'y
» porte trop facilement, persuadé que si on le
» fait, cette témérité ne restera point impunie. »

Le savant Brisson donne la formule du libelle d'accusation, & les termes propres de l'engagement que prenoit l'accusateur par l'acte qu'il souscrivoit. (2) « Je me porte pour accusateur contre

____

(1) *Si cui crimen objiciatur, præcedere debet in crimen subscriptio ; quæ res ad id inventa est, ne facile quis prosiliat ad accusationem, cum sciat inultam sibi accusationem non futuram. L. 7, ff. de accus. & inscript. & L. 17. C. eod. tit. sic habetur.*

(2) *Igitur ego ille adversum te in rationibus publicis adsito. Si te injuste interpellavero, & victus exinde apparuero, eadem pæna, quam in te vindicare pulsavi, me constringo partibus tuis esse damnandum, atque subiturum. Et pro rei totius firmitate manu*

» toi, du crime de malversation des deniers
» publics ; que si je t'interpelle injustement,
» & que je succombe dans ma preuve, je me
» soumets à la même peine qui te sera infligée
» si je réussis ; en confirmation de quoi j'ai signé
» la présente accusation, sous l'autorité des juges
» integres auxquels j'en remets la connoissance. »

Je n'entreprends point de déterminer à qui
cette forme de procéder étoit plus avantageuse,
de l'accusateur, de l'accusé, ou du corps des citoyens ; ne me proposant que de montrer quelles
preuves doivent être admises ou rejetées en
matieres criminelles. J'obierverai seulement que
les loix romaines régloient la marche & les premiers effets de l'accusation. « Nous ordonnons,
» dit le Code, que l'on suive l'ordre anciennement
» établi par les loix en matiere d'accusation, de
» façon que celui qui est accusé de crime capital
» ne soit pas aussi - tôt présumé coupable, en
» vertu de l'accusation, de peur de donner quel-
» que atteinte à l'innocence : mais que celui
» qui intente une accusation de crime se présente
» en droit, comme celui qu'il accuse ; qu'il prenne
» un engagement formel par sa souscription, &

---

*propria firmo, & bonorum virorum judicio robo-
randum trado.* Brisson, de Formul. & solemnibus po-
puli Romani verbis, lib. V, fol. 469.

» qu'il subisse comme lui les prisons ou les arrêts ;
» selon son caractere ou sa dignité. Mais qu'il ne
» se flatte pas que la licence d'accuser à faux reste
» impunie, puisque la vengeance de la calomnie
» exige qu'il subisse la même peine. » (1)

Les preuves, prises dans leur acception générale, ne font autre chose que les actes légitimes
par lesquels on prouve que le crime a été commis.

Les preuves de ce genre sont divisées par les
jurisconsultes en *pleines* ou completes, & *sémi-
pleines* ou incompletes.

La *preuve pleine* est celle qui certifie un fait
de maniere à ne laisser aucun doute & à fonder
légitimement une sentence.

La *preuve sémi-pleine* est celle qui paroît confirmer le fait par des argumens & par des indices ;
mais ces argumens & ces indices ne sont pas de
nature à ce que celui même qui y acquiesce pût

____

(1) *Accusationis ordinem jamdudum legibus ins-*
titutum servari jubemus : ut quicumque in discri-
men capitis accersitur, non statim reus, qui accu-
sari potuit, æstimetur : ne subjectam innocentiam fe-
riamus. Sed quisquis ille est qui crimen intendit, in
judicium veniat, nomen rei indicet, vinculum ins-
criptionis arripiat, custodiæ similitudinem [habita
tamen dignitatis æstimatione] patiatur. Nec impu-
nitam fore noverit licentiam mentiendi, cum calum-
niantis ad vindictam poscat similitudo supplicii.

ſuſtement décerner le dernier ſupplice. (1)

Les juriſconſultes ne conviennent pas eux'eux quelles ſont les preuves pleines ou ſémi-pleines ; d'où il arrive que la juriſprudence criminelle roule ſur des principes également obſcurs & incertains, ſans que l'on puiſſe décider ſi c'eſt par la faute ou par le malheur des états dans leſquels ces principes ſont indécis : fat-lité d'autant plus grande qu'ils décident non-ſeulement de la fortune des citoyens, mais encore de leur réputation & de leur vie. C'eſt donc, à mon ſens, une faute énorme de la part des légiſlateurs, d'avoir commis aux lumieres & à la probité des juges le pouvoir de prononcer ſur la valeur de ces preuves; (2) comme ſi l'on pouvoit douter qu'il n'y eût bon nombre de juges très-peu éclairés, & nombre d'autres très-partiaux.

Il eſt vrai qu'on a publié ſur ce ſujet de très-gros volumes, mais employés uniquement ou à former des claſſes particulieres de preuves, ou à forger des hypotheſes très-mal conçues, ſans établir de principes ni certains ni généraux, ſans

---

(1) *Vide* Vocabularium utriuſque juris, *Phil. Viſat*, voce Probatio.

Toutes ces diſtinctions ſont aſſez futiles, comme on l'a prouvé dans la *Théorie des loix criminelles.*

Note de l'éditeur.

(2) *Vide* l. 1, ff. de pœnis, & l. 3, ff. de teſt.

enseigner même comment il faudroit appliquer les principes qu'ils avoient posés ; ensorte que, lorsqu'il se présente une question tant soit peu embarrassante , si elle n'est pas classée dans la liste des preuves que les criminalistes ont énoncées , on se trouve presque arrêté & sans boussole pour se diriger.

Pour remplir ce vuide de la procédure criminelle, j'examinerai deux genres de preuves que la plupart des jurisconsultes estiment pleines & completes ; savoir, celle qui résulte de la confession , & celle qui se fait par témoins. Je tâcherai de faire voir que ces preuves considérées en elles-mêmes séparément & indépendamment de toute autre , ne sont pas d'un poids qui puisse déterminer le juge à dicter une peine capitale. Mais avant que de discuter la nature de ces preuves , il est nécessaire de fixer l'idée du délit en général , pour qu'il paroisse clairement sur quelles preuves quelqu'un peut être justement estimé coupable.

Le délit est un acte volontairement commis frauduleusement ou par sa faute , par lequel on blesse les droits d'autrui. (1)

____

(1) *Delictum est factum sponte dolo , vel culpa admissum , quo jus alterius læditur.* Cocceius, Dissert. proëm. ad Grotium de J. B. & P. 12 lib. 5, cap. V, §. 513.

Je dis *les droits*, parce que cet acte ou cette faute peut regarder le *droit public* & le *droit particulier*; car, fuppofé même qu'on n'ait fait ni tort ni injure à l'individu, fi l'on a commis quelque chofe que la loi ait défendu, c'eft un délit qui demande réparation, parce que le droit du fupérieur eft violé, & que c'eft faire injure à la dignité de fon caractere. (1)

Il faut qu'un tel délit ait été réellement commis; car quoique les loix humaines foient deftinées à punir les actes de la volonté, ceux même qui ne font pas précifément *mécaniques* comme on les appelle, elles ne puniffent néanmoins ces actes, qu'autant qu'ils fortent pour ainfi dire de la volonté, en prenant l'effor par des actes extérieurs : car perfonne n'ignore que, lorfque l'on paffe de la fimple idée intérieure de commettre un crime à l'une délibération formelle avec un autre, ou que ce projet d'abord retenu éclate par quelques préparatifs tendans à l'exécution, il eft digne de l'animadverfion des loix; (2) au lieu que, refferré pour ainfi dire dans l'intérieur de l'ame, Dieu feul en eft le juge; & c'eft ainfi qu'il faut

---

(1) *Idem*, Differt. XII, cap. V, §. 545.

(2) Carmichael ad Puffendorf. de off. hom. & civ. lib. II, cap. 13, §. 11, n°. 1.

entendre la loi 18 du Digeste, qui dit que *personne ne porte la peine de sa pensée.* (1)

Dans la discussion des preuves, il importe beaucoup de savoir si le délit a laissé quelque vestige
ou non. Au premier cas on l'appelle délit de fait
permanent, *facti permanentis;* au second, délit de
fait passager, *facti transeuntis.* (2) Le *délit de
fait permanent* est ainsi appellé, parce qu'il désigne le fait par les traces qu'il laisse après lui,
comme l'*homicide*, le *vol avec effraction*, le *vol*,
&c. Le *délit de fait passager* est ainsi nommé,
parce qu'il ne laisse nul vestige, comme le *vol
simple*, l'*adultere*, les *injures verbales*, &c.

Après avoir donné ces notions du délit, dont
je parle plus amplement dans les Elémens de
jurisprudence criminelle, que je publierai le plus
tôt possible, je viens à l'examen des preuves, &
je montrerai,

I. Que la seule confession sans *corps de délit* ne
prouve rien.

II. Que la confession jointe au *corps de délit*
n'est pas suffisante pour opérer une preuve pleine

---

(1) *Neminem cogitationis pœnam perpeti.* Grot.
de J. B. & P. lib. II, cap. 20, §. 18, & Puffend. de off.
hom. & civ. lib. II, cap. 13, §. 11.

(2) Boehmer. Sect. I, cap. II, de nat. & indole
delictor. §. 34.

&

& entiere, qui puisse autoriser le juge à infliger justement une peine capitale.

III. Que pour être fondé à déclarer le rée coupable, il faut non - seulement que la confession soit jointe au corps du délit, mais encore qu'il y ait quelqu'autre preuve, ou des indices manifestes qui l'appuient & la fortifient.

Sur les témoins je montrerai :

I. Quels témoins font rejetés par les loix.

II. Quel doit être leur nombre pour faire preuve.

III. La nécessité du serment pour appuyer leur déclaration ; & j'établirai clairement ensuite, que le corps du délit étant bien constaté, le témoignage de deux témoins, donné par serment, confirmé en présence du rée, par une confrontation (1) juridique, dans laquelle ces témoins soutiennent avoir vu ce rée commettant le délit , le juge aura une preuve pleine, légale, & suffisante pour prononcer contre lui une sentence capitale.

---

(1) La confrontation de l'accusateur avec le rée n'est pas plus essentielle que celle des témoins entr'eux ; & celle-ci doit avoir lieu en divers cas.

I.

De la confession.

Si je ne me trompe grossiérement, la seule confession du rée (1) devroit être à peine reçue dans la procédure criminelle. Dans les caufes civiles, c'eft à l'acteur à prouver fa thefe. (2) N'eft-ce pas à plus forte raifon à l'accufateur d'un crime à prouver ce qu'il avance ? Le rée s'accufera - t - il lui-même ? fournira-t-il les indices de fon crime, ceux, par exemple, d'un homicide ? montrera-t-il le glaive fanglant ? en produira-t-il les témoins ? ira-t-il de bon gré à l'échafaud, ou fe mettra-t-il volontairement la corde au col ? La loi ne dit point au larron, tu as commis un vol, marche de toi-même à la potence ; mais elle dit au magiftrat, vous avez convaincu le voleur, faites - le punir de la peine que dicte la loi. (3) Quelle loi en effet commande à l'homme de courir à fa perte, & de braver une mort certaine ? A moins qu'ils ne foient hébétés & infenfibles, ils entendront la

---

(1) On pourroit mettre en doute fi l'on doit appeller *rée* celui qui n'a contre lui qu'un foupçon, ou des indices.

(2) *Ei incumbit probatio, qui dicit, non qui negat.* Lib. II & VI, ff. de probat.

(3) Puffend. de J. N. & G. Lib. VIII, cap. III, §. 4.

voix de la nature, qui ne leur permettra jamais de négliger leur confervation. La loi eft ici d'accord avec elle, puifqu'elle défend de recevoir le témoignage de quelqu'un dans fa propre caufe. (1) Et quel malheur ne feroit-ce pas pour l'homme, fi fon témoignage n'avoit de valeur auprès des juges, que lorfqu'il le porte contre lui-même ? Quelle fureur, & quelle maxime plus tyrannique que celle qui établiroit que ceux - là feuls font à croire qui fe chargent & s'accufent par leur propre témoignage, & non ceux qui s'excufent & qui fe défendent ! Mais je m'arrête trop à prouver la vérité la moins conteftable, c'est que perfonne ne peut être exécuté fur la feule confeffion.

On dira fans doute que le juge ne fait aucun tort au rée en adhérant à fa propre confeffion & en le jugeant en conféquence ; que perfonne ne peut être préfumé vouloir fe calomnier foi - même & s'attirer par là le plus grand des maux : mais ceux qui parlent de cette maniere ont - ils bien pefé ce que la confeffion du rée contre lui - même permet au juge ? C'eft uniquement un flambeau qui commence à l'éclairer dans la recherche du

---

(2) *Nullus idoneus teftis in re fuâ intelligitur.* L. X, ff. de teftam. *Omnibus in re propria dicendi teftimonii facultatem jura fubmoverunt. Lib. X,* C. de teftam.

crime, qui le met en état de le découvrir, &
d'en convaincre pleinement & complétement l'auteur. Car d'ailleurs la raiſon n'interdit point de
mettre à profit le témoignage du rée, non plus
que celui des autres, dans la procédure criminelle :
mais ce dont je doute très-fort, c'eſt que la raiſon, l'équité, l'humanité ſeule puiſſent jamais
permettre que la ſeule confeſſion du rée contre
lui-même ſoit reçue, & ſuffiſe pour le perdre.

Qui ne s'étonneroit, après cela, de voir que
des hommes n'aient omis aucune de ces cruelles
expériences, telles que des lames rougies au feu,
des charbons ardens, des eaux bouillantes, des
taureaux brûlans, des combats ſinguliers, & cent
autres moyens pareils, pour arracher l'aveu de
ceux qu'ils traitoient de criminels ? (1) Ces traits
d'inhumanité, dignes des génies féroces qui les
employoient, ont diſparu peu à peu, à meſure
que les hommes ſe ſont familiariſés avec la phi-
loſophie, & que ſa lumiere eſt parvenue à rendre
plus douces les mœurs : mais il nous reſte encore un monument de l'ancienne barbarie dans
l'uſage de la torture ; puiſque c'eſt pour arracher
du rée cet aveu d'un crime, qu'on lui fait ſouffrir

____

(1) Grævius, *Tribunal reformatum*, cap. IV, §. 2.
Murator. Diſſert. 38 ; & Cocceii Diſſert. proëm. in
Grot. 12, lib. 6, cap. 4, §. 686, &c.

les plus rigoureux tourmens. Je n'ignore pas que ceux qui la protegent encore, croient pouvoir s'appuyer fur la loi divine, & y trouver des preuves de fon origine dans l'ufage des eaux ameres que les femmes foupçonnées d'adultere étoient contraintes de boire. (1) Mais, fans compter que cette épreuve étoit rarement admife pour ce cas même, les eaux ameres ne faifoient aucun mal à la femme injuftement accufée. Le texte facré eft exprès fur ce fujet. *Si la femme ne s'eft point fouillée, mais qu'elle foit pure, elle n'en recevra aucun mal, & elle aura des enfans.* Nombre V, v. 28. A quoi les interpretes ajoutent (2) que la femme innocente devenoit plus belle & plus vigoureufe : ce qui ne peut arriver dans le cas de la torture, dont l'ufage rend la condition de l'innocent pire que celle du vrai coupable.

Nous trouvons là-deffus dans S. Auguftin des idées bien faines & bien vivement exprimées.

« On met en doute fi un tel eft coupable, &
» pour le favoir on le tourmente. S'il eft inno-
» cent, il fubira pour un crime très-incertain une

---

(1) Après que le facrificateur lui aura fait boire les eaux, s'il eft vrai qu'elle fe foit fouillée & qu'elle ait commis le crime contre fon mari, les eaux qui apportent la malédiction entreront en elle, fon ventre enflera, & fa cuiffe tombera, &c. *Nomb.* V. 27.

(2) D. Calmet.

» peine très - certaine ; & cela , non pour avoir
» commis le crime même , mais parce qu'on
» ignore qui l'a commis. Ainfi l'ignorance du
» juge fera la caufe du malheur de l'innocent ;
» & ce qui eft plus trifte encore & plus digne
» de nos larmes , c'eft que ce juge tourmente
» l'accufé qu'il ne connoît point pour l'innocent ,
» de peur de le faire mourir par erreur ; & par
» une fuite fatale de fon ignorance , il va donner
» la mort à cet innocent déjà tourmenté , lequel
» il ne tourmentoit que pour ne pas lui donner
» la mort ; vu que fi celui qui eft injuftement
» accufé préfere la mort aux fouffrances , il s'a-
» vouera coupable fans l'être ; & après fon fup-
» plice , le juge ignorera encore s'il a puni un cou-
» pable , ou donné la mort à un innocent. (1) »

----

(1) *Cum quæritur utrum vir fit nocens ,] crucia-*
tur , & innocens luit pro incerto fcelere certiffimas
pœnas ; non quia illud commififfe detegitur , fed quia
non commififfe nefcitur ; ac per hoc ignorantia judicis plerumque eft calamitas innocentis ; *& quod eft*
intolerabilius , magifque plangendum , rigandumque ,
fi fieri poteft , fontibus lachrymarum , cum propterea
judex torqueat accufatum , ne occidat , nefciens in-
nocentem , fit per ignorantiæ miferiam , ut & tor-
tum & innocentem occidat , quem , ne innocentem
occideret , torferat. *Si enim , fecundum iftorum fa-*
pientiam , delegerit ex hac vita fugere , quam diu-
tius illa tormenta fuftinere , quod non commifit ,
commififfe fe dicit. Quo damnato , & occifo , utrum
nocentem an innocentem judex occiderit , adhuc nef-

Je reviens aux eaux ameres, pour obferver que par un effet de l'inftitut & de la toute-puif-fance du fuprême Légiflateur, leur effet étoit certain, au lieu que l'effet de la torture eft auffi incertain que le caractere & le caprice des hommes qui l'ont mis en œuvre ; d'où il réfulte fréquemment que ceux qui font expofés à cette fatale épreuve, ou perféverent dans la négative d'un crime qu'ils ont réellement commis, ou confeffent le crime dont ils ne font pas les auteurs. Enforte que pour ce crime, commis ou non, l'innocent & le coupable effuient la même peine.

Comparons à cette pratique la façon de penfer des jurifconfultes Romains, qui fur des raifons d'un grand poids fe perfuaderent que des tourmens étoient bien peu convenables à la recherche de la vérité, & bien peu propres à la faire découvrir. Ulpien nous dit (1) que « la queftion

----

cit, &c. D. Auguftin. de Civit. Dei, lib. XIX, cap. 6.

(1) *Quæftioni fidem non femper nec tamen nunquam habendam conftitutionibus declaratur. Etenim res eft fragilis, & periculofa, & quæ veritatem fallat. Nam plerique, patientia five duritia tormentorum, ita tormenta contemnunt, ut exprimi eis veritas nullo modo poffit : alii tanta funt impatientia, ut in quovis mentiri, quam pati tormenta velint. Ita fit, ut etiam vario modo fateantur, ut non tantum fe, verum etiam alios comminentur.* L. I, §. 23 , ff. de quæft.

» eſt une voie périlleuſe & très - incertaine
» pour la découverte de la vérité ; que pluſieurs
» par leur dureté ou par leur conſtance, mé-
» priſent les tourmens au point qu'il ſeroit im-
» poſſible d'en tirer l'aveu ; tandis que d'autres
» ſont d'une telle impatience & tellement ſen-
» ſibles, qu'ils diront les choſes les plus fauſſes
» plutôt que de ſouffrir les tourmens : ce qui
» dans ce cas les jette dans mille variations,
» cauſe leur perte, & menace la vie des
» autres. »

L'uſage que les Romains firent au commencement, de la torture à l'égard de leurs eſclaves,
ne ſauroit le rendre recommandable aux autres
peuples ; il n'eſt propre au contraire qu'à le leur
rendre odieux. Perſonne n'ignore que s'ils les traitoient avec tant de barbarie, c'eſt parce qu'ils les
ſéparoient alors pour ainſi dire du corps de l'humanité, en les abaiſſant preſque au-deſſous des
brutes. S'il avoient reconnu l'équité & l'utilité
de cette pratique de la torture, ils ne l'auroient
pas reſſerrée & bornée à cette eſpece d'hommes,
ſur-tout dans les tems les plus critiques de la république, où le péril ſe renouvelloit ſans ceſſe.
N'omettons pas cependant que les Romains uſe-
rent plus rarement de ce cruel moyen que pluſieurs nations de l'Europe ne le font encore au-

jourd'hui. On ne trouve point qu'ils l'aient mis en œuvre pour découvrir les complices, ou pour forcer celui qui ne confeſſoit qu'un vol, à en avouer pluſieurs. Il ne paroît pas qu'ils aient fait ſubir la queſtion aux accuſés, dans l'idée de purger par là des indices, ni pour contraindre les détenus à répondre aux juges. Dans tout le corps des loix romaines, on ne lit aucun exemple d'un rée qui ait été torturé pour être tombé dans quelque contradiction. Enfin perſonne n'impute aux Romains d'avoir expoſé ou les prévenus ou les témoins à la queſtion pour des cauſes auſſi injuſtes ou par des raiſons auſſi frivoles, qu'on le fait aujourd'hui en divers tribunaux, non à la vérité ſelon le preſcrit des loix, mais ſelon les déciſions ſouvent capricieuſes des criminaliſtes qui ont écrit ſur cette matiere.

Au reſte, l'uſage de la queſtion a tellement vieilli parmi nous, qu'il ſemble à ſes partiſans que ce ſoit médire des magiſtrats que de le blâmer. Mais je ſuis bien éloigné de penſer de cette maniere. Je crois au contraire que, lorſque par quelqu'erreur ſi naturelle à l'homme, ſur-tout en des tems de barbarie, il s'eſt gliſſé quelque vice, ſoit dans l'adminiſtration publique, ſoit dans l'exercice de la juſtice, ſi ce vice ſur-tout s'étend au loin, en divers pays, on ne peut rien faire de plus agréable à de bons magiſtrats que de les en avertir publiquement & ſans détour, pour les engager plus fortement à en extirper l'abus. Seroit - ce leur faire honneur que de les croire inflexibles ? L'autorité civile ſera toujours pour moi infiniment reſpectable ; mais je ne ſaurois me perſuader que l'on puiſſe confondre le reſpect avec la foibleſſe ou la flatterie. Et je ne ferai jamais aux chefs des états l'injure de ſoupçonner que la vérité pût leur déplaire, comme elle déplait ſouvent au peuple ; ou de ſuppoſer qu'ils s'attribuent le privilege chimérique de l'infaillibilité. Je ne puis donc qu'applaudir à la façon de penſer d'un critique célebre (1) qui, parlant d'un ouvrage de Jean Grævius ſur ce ſujet, s'exprime en ces termes :

Il n'y a guere de pays au monde où la queſtion ne ſoit en uſage. Mais il faut bien remarquer que les ſouverains qui l'autoriſent, & qui ordonnent même qu'elle faſſe une partie notable de la pratique criminelle, n'impoſent pas aux particuliers la néceſſité de croire qu'elle ſoit juſte. Il s'eſt trouvé de tout tems, & en tout pays, pluſieurs ſavans hommes qui ſe ſont donné la liberté d'en repréſenter les abus & les injuſtices. Notre Grævius

____

(1) Bayle, Dict. critiq. au mot *Grævius.*

est de ceux-là. Son traité mérite d'être lu. Ceci doit apprendre à certains esprits persécuteurs, que c'est sans raison qu'ils harcelent leurs ennemis, sous prétexte qu'on n'approuve pas, ou tous les usages de leur pays, ou tous les principes de ceux qui gouvernent. La soumission des sujets demande bien que l'on obéisse aux magistrats, mais non pas qu'on croie qu'ils agissent toujours justement, & qu'entre deux usages ils n'aient quelquefois choisi le pire. Il est même permis d'écrire pour représenter respectueusement les abus, afin de porter le souverain à les réformer.

J'ai souvent ouï de mal-habiles gens, à la vérité, défendre l'usage de la question, en disant que c'est un mal aussi nécessaire que la guerre, que l'on fait non par goût, mais par besoin. Ils ajoutent que, si l'on abolissoit cette pratique, on ne pourroit ni découvrir des coupables, ni assurer la tranquillité publique; qu'entre les scélérats, il en est plusieurs qui ne confessent leurs crimes que lorsqu'ils y sont forcés par les tourmens; & qu'en les ménageant, les choses les plus graves & les plus intéressantes pour le bien public resteroient ensevelies. Mais il est aisé de répondre à ces apologistes de la torture. Je crois ne pas m'écarter du vrai, en disant qu'il est permis de se défendre contre un ennemi armé; mais je ne crois nullement permis de faire souffrir des tourmens à celui qui n'eſt pas encore reconnu coupable, & qui peut en bien des cas pareils ſe trouver très-innocent. La guerre eſt l'unique voie pour ſe défendre contre ceux qui s'efforcent de nous arracher nos biens, notre liberté & notre vie ; au lieu que la torture n'eſt pas le ſeul moyen de tirer la vérité de la bouche de celui qui la recele. *La queſtion*, dit Charron, *eſt plutôt l'épreuve de la patience que de la vérité. Ceux qui céderont à ſes douleurs, la cacheront également. Pourquoi la douleur feroit-elle dire plutôt ce qui eſt, que ce qui n'eſt pas ? Si l'on croit que l'innocent eſt aſſez patient pour ſupporter les tourmens, pourquoi le coupable qui n'a que ce moyen de ſauver ſa vie le fera-t-il moins ? Pour ne pas faire périr un malheureux innocent, on fait pire que de lui faire ſouffrir la mort.* (1)

Les loix divines & humaines, le conſentement de tous les peuples & les déciſions des auteurs les plus ſages concourent à juſtifier les guerres défenſives. Mais entre les écrivains les plus approuvés, il n'en eſt aucun qui approuve la voie de l'examen par les tourmens. Et qu'on ne diſe pas que la ſûreté publique en ſera plus expoſée.

---

(1) Charron, Analyſe raiſonnée de la ſageſſe, chap. 1.

le repos des états n'a rien à craindre de la fup-
preffion de cette coutume. Les Hébreux avoient
reçu de Dieu toutes les loix néceffaires à leur
bien-être & à leur confervation ; & cependant ils
n'ont jamais employé contre les hommes fufpects
de crime cette cruelle pratique. L'Angleterre, (1)
la Suede, (2) la Pruffe, (3) & Geneve, (4)
qui l'ont abfolument abolie, n'en font ni moins
heureufes, ni moins floriffantes.

Ces exemples fuffiront, j'efpere, pour diffiper
la crainte de ceux qui penfent que les crimes les
plus atroces leveroient la tête avec plus d'audace,
fi l'on fupprimoit la torture. Obfervons, & il
importe de le faire, que des peines capitales infligées pour des crimes médiocres, dans la vue

---

(1) Chambers, *Dizion delle arti*, &c. *voce Tortura.*
Bielfeld, Inftit. polit. chap. IV, §. 34.

(2) Otton. Tabor. tom. II, de tort. & indic. delict. §. 18.

(3) Il y a huit ans que la queftion eft abolie en
Pruffe ; on eft fûr de ne point confondre l'innocent &
le coupable, & la juftice ne s'en fait pas moins. L'auteur de la Differtation fur les raifons d'établir ou
d'abréger les loix.

(4) La juftice criminelle s'exerce avec plus d'exactitude que de rigueur. La queftion déjà abolie dans
plufieurs états, & qui devroit l'être par-tout, comme
une cruauté inutile, eft profcrite à Geneve ; on ne la
donne qu'à des criminels déjà condamnés à mort,
pour découvrir leurs complices s'il eft néceffaire. Da-
lembert, *Mélanges de littér.* tom. II.

de détourner les citoyens d'en commettre de plus grands, n'empêchent point les hommes dépravés de s'y livrer, & ne font point un frein pour les plus noirs attentats. La tranquillité publique demande qu'on ne laiſſe point impunis ceux qui la troublent : mais cela n'empêche pas que la rigueur des loix ne doive être tempérée par la douceur de l'humanité ; & il ne faut jamais ſe mettre au haſard de voir les peines favoriſer la cupidité de certains hommes, ou la paſſion de nuire à d'autres, plutôt que de préſerver l'état & de pourvoir à ſa ſûreté. *Rien n'eſt ſi difforme*, diſoit Ciceron, *que d'aſſocier un caractere de dureté au pouvoir ſuprême.* (1)

A quoi ſervent ces ſpectacles révoltans des derniers ſupplices, qu'à émouvoir chez pluſieurs la compaſſion & à repaître chez pluſieurs autres la ſimple curioſité, peut-être encore à faire naître ou à augmenter la férocité, comme des hommes très-ſages l'ont obſervé en divers cas ? Pour la terreur, ſi tant eſt que des ſupplices la faſſent naître, elle eſt paſſagere, & ne ſubſiſte dans l'ame qu'autant que ce ſpectacle frappe les yeux. Que ſi tous ceux qui ont puni les crimes légers

____

(1) *Nihil eſt tam deforme, quam ad ſummum imperium acerbitatem naturæ adjungere.* Cicer. ad Quint. fratrem. Ep. I.

de peines trop grieves, n'ont pu éviter le reproche d'inhumanité ; fi l'on dit des loix que Draco donna aux Athéniens qu'elles étoient écrites de fang, quelle réputation de barbarie n'auront pas ceux qui donneront fouvent la torture à des innocens ?

J'avouerai fans peine que quelque coupable pourra échapper à ce fupplice, s'il eft exempt des tourmens : mais, je vous prie, remédiera-t-on à ce mal en les employant ? Combien de vrais criminels les ont foutenus fans rien confeffer ! Ne vaut-il pas infiniment mieux laiffer un coupable impuni que de perdre un innocent ? Le coupable peut fe repentir & rentrer dans le devoir tant qu'il jouit de la vie ; mais fi l'innocent périt, comme cela arrive fouvent, vu la nature des tourmens & la foibleffe de l'homme, quelle plaie pour la fociété, de laquelle, par une cruelle injuftice, on retranche un membre fain qui devoit lui être cher, & qui pouvoit la fervir !

Je ne veux pas cependant éloigner une queftion qu'il femble que l'on évite avec foin, & je ne puis qu'approuver l'opinion d'Antoine Matthieu, qui en même tems qu'il réfute avec force, dans fon Commentaire fur les crimes, les défenfeurs de la torture, en permet l'ufage dans le cas des crimes de lefe - majefté & d'autres crimes atroces, dont il eft très-probable que plufieurs feroient complices & participans. Ces maux attaquant le plus fenfiblement le bonheur public, les remedes, quoiqu'extrêmes, peuvent être employés pour les guérir ; mais je fouhaiterois ardemment que ce fût avec cette précaution, de ne pas donner aux juges, en ce cas même, une liberté illimitée, dont ils puffent facilement abufer pour perdre qui que ce foit. Si les princes daignoient m'entendre, je dirois que c'eft par eux-mêmes, ou par leur confeil, que devroit leur être accordé la permiffion d'ufer de la queftion, lorfque de tels crimes feroient déférés : encore ne devroit-elle être accordée que contre un criminel confeffant ou convaincu. Avec ce tempérament, je penfe qu'ils ne feroient rien qui ne fût très-convenable ; d'un côté, en ne donnant pas aux juges une autorité trop étendue, & quelquefois périlleufe pour l'innocence ; de l'autre, en ne les expofant pas à violer la juftice par la dure néceffité à laquelle ils réduiroient le prévenu quelconqne d'avouer le crime.

Je dirois encore, felon les principes que j'ai pofés, que la queftion ne devroit être employée que dans le feul cas où l'accufation feroit tellement prouvée aux juges & par les voies les plus légales, qu'ils puffent légitimement fonder fur ces

preuves

preuves une fentence de condamnation ; car je ne ferois pas affez de cas des indices qui pour-roient rendre fufpecte l'innocence d'un accufé, pour croire qu'il fût permis fur de tels indices de l'expofer aux horreurs de la torture. C'eft affez, comme l'obferve très-bien Matthieu, c'eft affez, dans l'état douteux de la caufe, de libérer le dé-tenu de l'inftance, fans l'abfoudre entiérement du crime qu'on lui impute, & de remettre en vi-gueur à cet égard l'ufage des Romains en pareil cas, comme on le voit dans Briffon, (1) de ren-voyer à un plus ample informé par ce mot *am-plius*, ou de prononcer *non liquet.* Car les juges Romains ne condamnoient pas ou n'abfolvoient pas toujours ; & foit que le rée n'eût pas purgé affez clairement ce qui étoit à fa charge, foit que les faits qui le chargeoient ne fuffent pas affez avérés, les juges par leur conclufion prenoient du tems pour prononcer la condamnation, ou donnoient du tems au rée pour fe recueillir ; ce qui s'exprimoit par les termes *amplius* & *non liquet.* Ainfi l'innocent n'étoit ni expofé à une condamnation injufte, ni le coupable abfous de la peine qu'il eût méritée ; & dès que l'on venoit à découvrir de nouvelles preuves, la procédure

---

(1) Briffonius, de formul. & folemn. Lib. V.

recommençoit de nouveau contre l'accufé.

Nous en demeurerons là fur l'ufage de la queſtion, déjà ſi bien & ſi fortement diſcutée par la
plupart des plus ſages & des plus vertueux philoſophes de notre ſiecle. (1) Uſage qui, s'il n'eſt
pas abſolument abrogé, fait deſirer ardemment à
tous les gens de bien de le voir employer plus
rarement, & réduit aux termes des plus grands
ménagemens. J'eſpere que dans peu la douceur
du ſentiment & l'humanité des mœurs ameneront
cette heureuſe révolution, & je reviens au ſujet
de la *confeſſion*, dont je m'étois un peu écarté.

Je l'ai déjà dit, ou du moins inſinué, la ſeule
confeſſion, quoique volontaire, ne ſuffit pas pour
prouver le crime, ni pour opérer par elle-même
avec juſtice un arrêt de mort (2), comme le
dit très-bien Samuel Cocceius, dans ſa diſſertation ſur Grotius. (3) La confeſſion ne peut jamais

---

(1) *Vide* D. Auguſt. de civ. Dei, lib. 19, c. 6,
& *cum eo, Lud. Vives.*
Charron, de la ſageſſe, liv. 2, chap. 37.
Montagne, Eſſais, liv. 2, chap. 5.
Martin. Bernardi *Diſſert. de tortura e foris chriſ-
tianis proſcribenda.*
Grævius, Tribunal reform. &c.
Voet. *ad Pandeɛtas,* tit. 18, *de quæſt.*
Beccaria, des délits & des peines.
(2) Voet. *ad Pandeɛt.* lib. 42, tit. 2, n.° 2.
(3) Diſſert. proëm. 12, lib. 6, c. 4, §. 685. n. 4,
& Carpzov.

faire que le délit existe là où il n'est pas ; vu que celui même qui confesse ne peut être condamné à raison d'un acte dont l'existence est encore douteuse. (1) Et voilà pourquoi , si le *corps du délit* n'est pas certain, s'il manque d'indices & de preuves , sur - tout des crimes cachés, on ne pourra jamais, non-seulement se porter à rendre une sentence décisive & capitale ; mais encore on ne pourra pas dans ce cas mettre la question en œuvre. Rien n'est plus équitable à cet égard que le sentiment de Cocceius. (2) « Les peines , dit-il, » ne sont établies par les loix que contre les » vrais coupables , & non contre ceux qui ne » sont chargés que par des soupçons , ou des in- » dices souvent trompeurs. Il est vrai que plu- » sieurs jurisconsultes le contestent , lorsqu'il s'agit

------

(1) *Non omnimodo confessus condemnari debet rei nomine quæ, an in rerum natura esset , incertum est. L.* 8 *,* ff. *de confess.*

(2) *Legibus pœnæ quidem in reos sunt constitutæ, non in eos in quos criminum tantum suspiciones vel indicia sæpe fallacia afferuntur. At verò plures jurisperiti hic disputant in occultis præsertim crimini- bus , quæ neque indicari neque probari nisi difficil- lime possunt, solam rei confessionem attendendam ne crimina impunita discedant. Qui quidem haud scio, an disputatione sua civitatem magnopere ju- vent, quemadmodum prædicant, qui cives propterea perdant, quod satis firmæ non suppetant rationes cur perdant.* Cocceius, Dissert. proëm. 12, ubi supr.

» fur-tout de crimes cachés, qui ne peuvent être
» défignés ou prouvés que très-difficilement ; au-
» quel cas ils prétendent que l'on peut s'en tenir
» à la feule confeffion, pour que le crime ne
» refte pas impuni : mais je ne fais fi dans le parti
» qu'ils prennent, ils rendent, comme ils s'en
» flattent, un fi grand fervice aux fociétés, qui
» perdront des citoyens, fans qu'on puiffe leur
» alléguer de raifons affez fortes pour les con-
» damner. »

Il eft inconteftable que les peines n'étant établies que pour punir des actes réels, ne peuvent
être infligées à perfonne que lorfque ces faits font
bien éclaircis : mais comment le feront-ils par la
fimple confeffion ? La confeffion peut-elle être
eftimée la preuve du crime ?

Les juges doivent donc regarder comme un devoir indifpenfable pour eux, 1°. de bien eclaircir
le fait du crime qui eft déféré à leur tribunal ; (1)
2°. d'en rechercher & d'en manifefter l'auteur,
de façon néanmoins qu'ils ne le découvrent que
par les voies autorifées par la juftice. Dans les
délits de fait permanent, *le corps du délit* doit
être néceffairement défigné & caractérifé, vu

---

(1) D'Aguesseau, Œuvres, tom. IV, plaid. 51.
Clarus, Quæft. 4, §. 1.
Boff. Tit. de delict. n. 1.

que, s'il manquoit, ni la confession du rée, ni
l'affirmation des témoins, ni d'autres indices,
quelque solides qu'ils fuffent par eux - mêmes,
ne fuffiroient point pour le démontrer coupable.

« Dans les procédures criminelles, dit M. d'A-
» guesseau, & fur-tout dans les accufations ca-
» pitales, il faut, avant toutes chofes, que le
» corps du délit foit affuré. Jufques là la loi pré-
» fume toujours l'innocence plûtôt que le crime,
» & elle épargne les criminels jufqu'à ce que le
» crime foit certain.

» Cette preuve tirée du corps du délit eft
» tellement effentielle, ajoute M. Vouglans, (1)
» qu'elle ne peut être suppléée ni par la dépo-
» fition des témoins, ni par de fimples indices
» & conjectures, quelque fortes qu'elles foient
» d'ailleurs, pas même par la confeffion de l'ac-
» cufé. »

Clarus le prouve par l'exemple d'un homicide,
fur lequel plufieurs témoins dépoferoient, comme
l'ayant vu commettre (*de vifu*). S'il ne conftoit
pas par l'exiftence du cadavre, celui qui en eft
nommé l'auteur ne pouroit être puni. (2)

____

(1) Vouglans, Inftit. au droit criminel, part. VI,
chap. 1.

(2) *Etiamfi multi teftes deponerent etiam de vifu
contra aliquem de homicidio per eum conimiffo, nifi*

Peut - être que ce que j'ai dit ci-devant paroîtra abſurde : mais ſi l'on y penſe ſérieuſement, on comprendra ſans peine combien cette maxime eſt conforme à la raiſon ; car ce n'eſt pas tant à l'autorité des juriſconſultes qu'à la raiſon même, que j'en appelle. Qui eſt - ce qu'on pourra appeller coupable, tant que le crime ſera incónnu ? car c'eſt la certitude du délit, & non l'accuſation formée contre le rée, qui devra le faire juger coupable.

Mais il ne s'agit pas ſeulement de connoître le crime ; il faut le connoître & le rechercher par des voies légitimes. Enſorte que ſi cette connoiſ-ſance n'eſt pas du reſſort & de la compétence des juges, ils y emploient les perſonnes qui y ſont propres, comme les ſages - femmes dans les cas de viol, les médecins & les chirurgiens contre les homicides ; & ces experts employés doivent donner leur relation ſous ſerment, ſans quoi le crime ſeroit encore cenſé inconnu. Ce que l'on dit d'un homicide peut être dit de tous les délits dont il peut reſter quelque veſtige, comme d'un incendie, dont on doit viſiter le lieu & les débris ; du larcin fait avec effraction,

---

tamen conſtaret de ipſo cadavere, non poteſt puniri.
Clar. quæſt. 66, §. 1.

on visitant la fracture, &c. Sur le rapport fait par serment, le délit constaté, on pourra procéder légitimement contre celui que d'autres indices montreront être le délinquant. (1)

Mais, soit qu'il s'agisse d'un délit de fait permanent, si l'on n'a pas un corps de délit bien avéré, aucune preuve ne peut suffire pour condamner légitimement le rée, soit qu'il s'agisse d'un délit de fait passager ; il faut suppléer au corps de délit qui manque, ou par l'examen attentif des témoins, on par celui des autres preuves & des indices les plus certains, par lesquels on peut faire légalement conster du délit ; sans quoi il seroit injuste de condamner le prévenu comme en étant bien réellement l'auteur.

Mais il n'est pas besoin d'insister plus long-tems sur une chose si juste & si claire par elle-même. Ce qu'il importe seulement de bien obser-

---

(1) *Quæ dicta sunt de homicidio intelligenda sunt etiam de similibus delictis, quorum remanent vestigia, puta in incendio, & visetur locus incendii, & reliquiæ combustionis ; in furto, ut videatur fractura in arca, ostio vel pariete ; in stupro illato puero, vel vi illata puellæ, ut inspiciantur partes pudendæ per obstetrices, vel chirurgos, vel alias personas, ut quotidie sit : & ubi tales personæ referunt cum juramento se credere stuprum illatum vel puellam corruptam fuisse, satis dicetur constare de delicto, ad hoc, ut contra delinquentem procedi possit.* Clarus, quæst. 4, §. quando vero, sub fin.

ver, c'eft le nombre d'innocens qui ont péri miférablement par la négligence à vérifier la réalité du crime, & en particulier celle du corps du délit. Que d'exemples les hiftoriens ne nous en fourniffent - ils pas, qu'il feroit trop long de rapporter ! & combien de juges fe font rendu coupables par l'oubli de cet important article ! J'en rapporterai un feul, que je n'ai pu lire dans le Recueil d'arrêts, d'Annæus Robert, qu'avec la plus vive fenfibilité, & fans déplorer la miférable condition de ceux dont la vie eft livrée à la folie, pour ne pas dire à la fureur ou au fanatifme de leurs femblables.

« Une femme veuve ayant difparu tout-à-coup
» du village d'Icci fa patrie, fans être apperçue
» dès-lors dans aucun lieu du voifinage, le bruit
» courut qu'elle avoit péri par la main de quel-
» que fcélérat qui avoit jeté ou enfeveli fon
» corps à l'écart, de façon que l'on ne pût le
» trouver. Le juge criminel de la province faifant
» des perquifitions à ce fujet en vertu de fon
» office, fes officiers apperçurent par hafard un
» homme caché dans une brouffaille ; il leur parut
» étonné & tremblant ; ils s'en faifirent, & fur
» le fimple foupçon qu'il étoit l'auteur du crime,
» ce juge le déféra au préfidial de la province. Cet
» homme, fans avoir pu être ébranlé par la terreur

„ de la queftion, ni vaincu dans fa négative par
„ les tourmens ; mais par pur défefpoir & comme
„ las de la vie, fe reconnut enfin coupable du
„ meurtre qu'il ignoroit. Interrogé de nouveau
„ par les juges, il confeffa d'avoir tué cette
„ femme ; & fur cet aveu, quoique non convaincu
„ par aucune preuve, il fut condamné, & puni
„ de mort. L'événement feul juftifia fa mémoire
„ & fon innocence. Deux ans après, cette femme
„ qui n'étoit qu'abfente, revint au village. On
„ accufa les juges d'une injuftice manifefte &
„ d'une faute inexcufable ; la préfence de la femme
„ prouvoit affez l'injuftice de l'arrêt de mort ;
„ & la faute étoit palpable en ce qu'ils avoient
„ condamné le prévenu fans avoir fait aupara-
„ vant bien confter de l'homicide. (1)

Quels maux ne peuvent pas caufer par de telles
fautes des juges inattentifs ! Mais je fuis trop ému
par ce funefte tableau, & je m'en éloigne par
humanité. Je finirai ce chapitre par cette réflexion
d'Heineccius, bien digne d'être pefée. *S'il im-*
porte, dit-il, *aux fociétés, que les délits ne ref-*
tent pas impunis ; il importe bien plus encore que
des innocens ne foient pas facrifiés par des
fupplices cruels, & qu'on ne faffe pas des exemples

---

(1) Annæus Robert, Rerum jud. L. I, c. 4.

en la perſonne de ceux qui ne ſont expoſés à
l'animadverſion publique que parce qu'on admet
contr'eux les horreurs de la calomnie. (1)

§. I.

Des jugemens capitaux.

C'EST aſſurément une grande erreur, de croire
que l'on ne pourvoit à la ſûreté publique qu'au_
tant que l'on punit ſévérement tout citoyen accuſé de crime. L'on ſentiroit combien cette façon de penſer eſt erronée, en diſtinguant avec
ſoin le crime du criminel : car, quoique le crime
ſoit avéré, le criminel peut être incertain ; ces
deux objets n'étant pas liés enſemble de façon
que la connoiſſance que l'on a de l'une entraîne
néceſſairement celle de l'autre. Je n'ignore pas
la maxime de droit ſur laquelle ſe fondent la
plupart des juriſconſultes, que *le confeſſant eſt
eſtimé déjà condamné*, (2) & que ſur la foi de

______

(1) *Quemadmadum intereſt reipublicæ ne delicta impune admittantur, ita ejuſmodi multo magis refert ne innocentes ſupplicio adficiantur, aut
exempla fiant in eos qui nullo alio crimine anim-
adverſionem merentur, quam calumnia adverſum
ſe ipſos admiſſa.* Heinecc. de relig jud. circa reor.
confeſſ. exercit. 18, §. 6.
(2) *Confeſſus habetur pro judicato.* L. 1, ff. de
confeſſ.

cette décision ils prononcent très-affirmativement
que la seule confession du crime, jointe à l'existence manifeste du corps du délit, peut tenir lieu
d'une preuve pleine & complete : mais ils ne
seroient pas tombés dans une si grande erreur,
s'ils avoient tiré l'interprétation de cette loi, moins
des expressions dans lesquelles elle est concue,
que de la pratique même du barreau romain. Les
termes de cette loi peuvent être tournés en divers sens. Les Romains vouloient que quiconque
déféroit un crime en prouvât la réalité : (1) ce
qui montre assez que la confession du rée n'étoit
pas censée faire par elle-même la preuve, mais
étoit regardée comme un acte qui la rendoit plus
complete , en y ajoutant un plus grand degré de conviction : car sans cela les accusateurs
n'auroient jamais pris le parti d'exposer leur vie,
sur la simple espérance que l'accusé donneroit
du poids à l'accusation par son aveu. Joint à cela
que la coutume romaine, en matiere d'accusation ,
différoit totalement de la nôtre ; de sorte que
nous ne pourrions suivre dans nos tribunaux le
prescrit de la loi 1 , ff. *de confessis*, sans nous écarter tout-à-fait du style de nos propres loix, &
même de l'équité & de la raison.

----

(1) L. 17 , cod. de accusat. & inscript.

Comment en effet la feule confeffion du rée,
jointe au corps du délit, pouvoit-elle conduire le
juge à prononcer contre lui une peine capitale?
Car, pour ce qui regarde le *corpus delicti*, nous
avons déjà prouvé qu'il ne prouve rien que le
délit, fans montrer le délinquant; & pour ce
qui eft de la confeffion, l'expérience nous apprend affez, par un grand nombre d'exemples,
l'infuffifance ou la fauffeté fréquente de cette
preuve. Les uns ennuyés des longueurs de la
prifon, d'autres effrayés des rigueurs de la torture, laiffent échapper un aveu des crimes qu'ils
n'ont point commis : auffi Domat (1) dit-il *que
dans les crimes capitaux la confeffion d'un accufé ne fuffit pas pour le condamner, s'il n'y a
pas d'autres preuves, parce qu'il fe pourroit faire
qu'une telle confeffion ne fût que l'effet du trouble
& du défefpoir.*

Cette vérité eft très-bien établie par Quintilien
& par Ciceron. Le premier nous dit que « telle
» eft la nature de toute confeffion, que qui-
» conque fait l'aveu d'un crime, peut être cru
» en démence. L'un y eft pouffé par la fureur,
» un autre par une forte d'ivreffe; l'un y eft

---

(1) Domat, Loix civiles, &c. Liv. III, feĉt. 5,
§. 1, not.

» conduit par méprise, & l'autre poussé par la
» douleur, un autre par le seul effroi de la ques-
» tion. Personne ne parle contre soi-même s'il
» n'y est forcé. » (1) Ciceron s'exprime de cette
maniere :

« La douleur regle la mesure des tourmens ;
» le tempérament ou le caractere de chacun fait
» varier cette mesure : tantôt c'est la fermeté de
» l'ame, d'autres fois c'est la force du corps ; ce-
» lui qui les inflige en détermine le degré & la
» durée : la passion, l'espérance, la crainte en
» varient l'impression ; au milieu de ces varia-
» tions, on ne peut espérer de trouver la vé-
» rité. » (2)

Soit donc que l'aveu soit forcé ou volontaire,
il est clair qu'on ne peut s'y fier pour prononcer
un jugement capital. Si ceux qui estiment qu'un
aveu volontaire joint au corps du délit peut suffire
pour les autoriser à dicter une peine capitale sans

---

(1) *Ea natura est omnis confessionis, ut possit
videri demens qui de se confitetur. Hic furore im-
pulsus est, alius ebrietate, alius errore, alius dolore, quidam quæstione. Nemo contra se dicit, nisi
aliquo cogente.* Quintilian. decl. 314.

(2) *Tormentis gubernat dolor, moderatur natura cujusque, tum animi tum corporis, regit quæ-
sitor, flectit libido, corrumpit spes, infirmat me-
tus, ut in tot rerum angustiis nihil veritati loci
relinquatur.* Cicer. pro Publ. Sylla, n. 26.

une attention plus férieufe au poids des raifons contraires & au langage des loix, ils trouveront, je l'affure, que ce fentiment répugne également à la raifon & aux loix, dont voici les propres termes. (1) L'empereur Sévere déclare dans fon refcrit *que les aveux des rées ne doivent point être reçus par le juge comme des crimes prouvés, fi nulle autre preuve ne vient éclairer fa confcience.* Et dans la même loi, §. 27, on lit encore ces paroles : *fi quelqu'un fe confeffe volontairement coupable de crime, il ne faut pas toujours l'en croire, vu que c'eft quelquefois l'effet de la crainte ou de quelqu'autre caufe, qui le porte à faire cet aveu contre lui-même.* (2) Ces loix & ces confidérations ne fuffiront-elles pas pour faire fentir combien l'opinion contraire feroit hafardée ?

I I I.

POUR prouver avec quelle précaution un juge doit procéder dans les caufes criminelles, il ne faut que fe dire qu'elles ont pour objet la vie des

---

(1) *Divus Severus refcripfit* confeffiones reorum pro exploratis facinoribus haberi non oportet, fi nulla probatio religionem cognofcentis inftruat.

(2) Et in eadem lege, §. 27 : *Si quis ultro de maleficio fateatur, non femper ei fides habenda eft ; nonnunquam enim aut metu aut qua alia de caufa in fe confitentur.* Liv. I, §. 17 & §. 27, ff. de quæft.

hommes; c'est-à-dire, le plus précieux des biens dont l'homme puisse jouir ici-bas. Dès-là se pourroit-il que ce juge négligeât la moindre chose de tout ce qui seroit propre à l'éclairer dans la recherche du véritable auteur du crime que nous supposons bien avéré ? Il mettra tous ses soins à ce que par sa faute il n'arrive aucun tort à la société dont il est membre ; car il peut se faire, & il n'arrive que trop souvent que l'inapplication d'un juge est la vraie cause de la perte d'un innocent, l'un des cas les plus affligeans qui puissent arriver à la patrie. Aussi est-il du devoir des juges de ne rien omettre pour donner le plus grand jour à la vérité, & pour cela ils doivent comparer avec le soin le plus scrupuleux les indices que leur présentent l'accusateur ou le fisc, avec les argumens que le rée allègue pour sa défense ; de façon qu'ils parviennent enfin à la pleine connoissance du fait qu'ils recherchent. « Ceux qui s'oc-» cupent des grandes affaires, disoit Démosthe-» nes, ne doivent se distraire par aucune raison » que ce puisse être, des idées qui peuvent les » conduire à les bien traiter. » (1)

Les législateurs semblent avoir pensé plutôt à

---

(1) *Oportet eos qui magnis de rebus consultant, nullam, ulla de causa, cogitationem præternittere. Demosthenes, orat. de ord. civit.*

fixer le genre des peines , qu'à établir le genre des preuves fur lefquelles les juges devoient fonder leurs fentences ; mais il paroît affez , par le ftyle & l'enchaînure des loix , quelles preuves peuvent être reçues en matieres capitales. Ce que nous avons dit ci-devant peut fuffire fur ce fujet. Quelqu'un demande-t-il encore fi le corps du délit étant bien avéré , & le juge ayant la confeffion précife du rée , il fera autorifé à prononcer fa fentence ? Je rappellerai ce que j'ai dit ci-deffus fur la confeffion ; il en réfultera que cet aveu du rée ne faifant pas une preuve pleine & entiere , il faudra recourir à d'autres preuves , ou avoir des indices indubitables qui la completent : mais quelles feront ces preuves ou de quels indices pourra-t-on fe contenter ? C'eft ce que ni moi ni perfonne encore n'a ofé déterminer en général , les circonftances des crimes étant fujettes à varier prefqu'à l'infini. Les preuves & les indices devant fe déduire de ces circonftances , il faut néceffairement que les preuves & les indices les plus clairs varient à proportion. Il eft donc impoffible de les réduire à un genre déterminé , & de les affujettir à des principes invariables. Les Romains eux-mêmes , qui obligeoient par leurs loix l'accufateur à prouver le crime , n'avoient rien prefcrit de pofitif à cet égard, ni fpécifié quelles preuves cet accufateur devroit

fournir

fournir. Ecoutons la loi qui prouve ce que j'avance. « Que tous les accusateurs sachent que
» lorsqu'ils forment une accusation publique, ils
» doivent la munir de témoignages suffisans, ou
» de pieces convaincantes ; ou l'appuyer enfin
» par des indices probans, qui soient plus clairs
» que le jour. » (1) D'où il paroît sans équivoque avec quelles précautions les juges Romains
étoient obligés de procéder en matieres capitales,
pour éviter que l'innocent ne succombât sous
d'artificieuses accusations, & que néanmoins ces
précautions étoient laissées à la religion du juge,
pour décider si & à quel point le juge devoit
admettre les preuves fournies par l'accusateur. On
le voit distinctement par le rescrit de l'empereur
Adrien à Valerius Verus. « Il est impossible,
» dit - il, de déterminer au juste quelles preuves
» suffisent à chaque genre de choses. Ainsi il
» arrive souvent, quoique pas toujours, que l'on
» découvre la vérité d'un fait, sans le constater
» par des monumens publics. Tantôt c'est le
» nombre des témoins qui en fait la preuve ;

______

(1) *Sciant cuncti accusatores eam se rem de-*
ferre in publicam rationem, quæ munita sit idoneis
testibus, vel instructa apertissimis documentis, vel
indiciis ad plenam probationem indubitatis & luce
clarioribus. L. ult. C. de probat.

» tantôt c'est la dignité & l'autorité de ceux qui
» témoignent ; en d'autres cas c'est la voix pu-
» blique qui doit constater le fait qu'on recher-
» che. Tout ce donc que je puis vous dire en
» bref pour votre regle, c'est que *vous ne devez*
» *pas vous en tenir à un seul genre de preuves*
» *pour fonder votre sentence , mais consulter in-*
» *térieurement votre conscience , pour déterminer*
» *ce que vous croyez bien ou mal prouvé.* » (1)

On peut voir par cette loi & par l'ordre judiciaire observé constamment par les Romains ,
combien peu l'on doit se hater & précipiter les
décisions , lorsqu'il s'agit de répandre le sang humain. En y pensant je ne puis assez m'étonner de
l'inhumanité ou de la précipitation de certains juges
qui ne semblent armés de l'autorité publique
que comme des enfans le seroient d'un dard qu'ils
lanceroient à tort & à droit sur les passans. Et

-----

(1) *Quæ argumenta ad quem modum probandæ*
cuique rei sufficiant, nullo certo modo satis definiri
potest ; sicut non semper, ita sæpe sine publicis monu-
mentis cujusque rei veritas deprehenditur. Aliàs nu-
merus testium, aliàs dignitas & autoritas, aliàs
veluti consentiens fama confirmat rei, de qua quæ-
ritur, fidem. Hoc ergo solum tibi rescribere possum
summatim non utique ad unam probationis speciem
cognitionem statim alligari debere, sed ex sententia
animi tui te æstimare oportere, quid aut credas, aut
parum probatum tibi opinaris. L. 3 , ff. de testibus.

perſonne n'oſeroit nous oppoſer la pratique d'aucun barreau, ni l'autorité des juriſconſultes; car
où la raiſon parle, nous ne pourrons être ébran-
lés par l'autorité de qui que ce ſoit, ni par le nombre des contradicteurs : mais j'ai déjà allégué, &
je réclame encore l'autorité de divers juriſconſultes qui défendent avec moi la même theſe; ſin-
guliérement de celui qui enſeigne avec tant de
diſtinction le droit criminel à Vienne en Autriche.
Ce ſavant homme n'héſite point à décider qu'on
ne doit ajouter foi aux confeſſions d'un accuſé
qu'autant que la vérité de cet aveu eſt appuyée par
les lumieres que fournit l'information ; qu'il conſte
d'ailleurs que les circonſtances avouées par le prévenu ſont vraies, & qu'elles ſont d'accord avec
le fait même. (1).

Je fais plus de cas, comme je le dois, d'une
autorité fondée ſur les principes de la droite raiſon, & ſur le langage reſpectable des loix, que
de toute autre qui ſera deſtituée de cet appui. Car
pour ce qui eſt de la pratique du barreau à cet
égard, on a plutôt lieu d'être ſurpris qu'elle ſait
pu ſe ſoutenir ſi long-tems & en tant de lieux,
contre le cri de la raiſon & des loix , que de

____

(1) Banniſam. Syſtem. juriſprud. crim. chap. 13,
§. 16.

craindre qu'elle retarde chez nous la réforme de
la procédure judiciaire ; la philofophie ayant déjà
fait ailleurs de fi merveilleux progrès , nous avons
tout lieu d'en efpérer de pareils. Dans le fond ,
« les ufages introduits mal-à-propos & les mau-
» vaifes coutumes n'acquierent aucune autorité ,
» ni par la longueur du tems , ni par une prati-
» que invétérée. (1) Et des abus que la raifon
» n'a pas introduits , mais uniquement l'erreur
» confacrée par l'habitude , ne peuvent être allé-
» gués pour appuyer ce que l'on doit faire en des
» cas de même genre. » (2)

Je ne finirai point ce chapitre fans adreffer encore aux juges le même avertiffement que les
juges Romains adreffoient aux accufateurs ; c'eft
que, pour que les indices foient recevables, *il
faut qu'ils ne foient fujets à aucun doute* , & qu'ils
foient *plus clairs que le jour* ; mais je leur dirai fur-
tout *qu'il vaut mieux laiffer impuni un coupable
que de punir un homme innocent.* (3)

---

(1) *Male adinventa malaque confuetudines, neque ex longo tempore neque ex longa confuetudine
confirmantur.* Novell. 154 , cap. I.

(2) *Quod non ratione introductum , fed errore
primum, deinde confuetudine obtentum eft, in aliis
fimilibus non obtineri.* L. 39 , ff. de L. L.

(3) L. 5 , ff. de pœnis.
Lorfque j'ai dit que dans les cas où les crimes im-

I.

Des témoins.

DE toutes les preuves, il n'en est point de plus équitable que l'affirmation positive des témoins. C'étoit celle qui étoit reçue & constamment suivie par les Hébreux dans leurs jugemens, selon l'ordre exprès de Dieu. *On fera mourir sur la parole de deux ou de trois témoins celui qui doit être puni de mort.* Mais quoique, selon la condition de notre nature, il n'y ait pas de preuve plus assurée, on ne peut pas dire que celle - ci soit exempte de toute incertitude, & ne soit sujette à

---

putés n'étoient pas clairement prouvés, il falloit s'en tenir à ce que les anciens appelloient *l'ampliation*, par un renvoi à un plus ample informé, qu'ils exprimoient par ces deux lettres N. L. *non liquet*, je n'ai voulu parler que des crimes qui ne sont pas de la plus grande importance. Quant à ceux dont le péril mettroit l'état en danger, j'estime qu'on pourroit expulser le rée par un exil. C'est dans cet esprit que Ciceron, faisant la fonction de premier magistrat, parloit à L. Catilina, accusé de rebellion, en lui adressant ce dilemme au nom de la république ou de la patrie : " Éloignez-vous de ces lieux, Catilina, pour » nous délivrer de l'oppression, si la crainte est juste ; » ou si elle est mal fondée, pour nous délivrer de la » crainte même. *Discede, atque hunc mihi timorem eripe ; si „ verus, ne opprimar ; sin falsus, ut tandem aliquando timere desinam. Oratio in L. Catilin. n. 8.* La harangue entiere avoit pour objet que Catilina s'exilât lui - même.

aucune erreur. Les hommes ne pouvant juger de rien que fur le rapport des fens, il leur arrive fouvent de juger à faux, lorfqu'ils prononcent que les chofes font telles qu'elles leur paroiffent. Le témoignage des fens n'emportant que cette idée fujette à varier entre les témoins, ils ne doivent pas fe porter légérement à nier ou à affirmer les chofes dont ils témoignent ; & s'ils varient entr'eux, quelle créance pourra-t-on donner à leur témoignage ? *O miférable condition des mortels*, s'écrie Quintilien, (1) *que tout ce que nous faifons ait befoin d'être attefté ; que la vérité feule ne puiffe fe faire entendre ; que la fimple fidélité ne fuffife pas, & qu'on ne croie pas encore affez bien prouvé ce que deux témoins atteftent!*

Pour fe garantir de cet inconvénient, autant que la raifon & la nature des chofes peuvent le permettre , il falloit néceffairement imaginer & fixer quelques principes, au moyen defquels on pût difcerner avec fûreté les témoignages faux ou erronés de ceux qui font vrais & certains. Ces principes fe réduifent à l'examen le plus attentif

____

(1) *Mifera conditio mortalitatis, quando omnibus jam quæ agimus, videtur opus effe tefte. Ita parum facit veritas, ita nullum nomen fidei non fatis videri poteft probatum, quod duo fciunt.* Quintil. Declam. 312.

de la *dignité*, du *caractere*, des *mœurs* & de la *gravité* des témoins ; de façon que l'on n'admette point contre le rée de témoignages vicieux & suspects de quelque passion, plutôt que dictés par le pur amour de la vérité. (1) Sur quoi Puffendorf s'exprime de cette maniere : " Quoique la „ loi naturelle & la religion du serment obligent „ pour l'ordinaire les témoins à dire la vérité, le „ plus sûr sera de ne point admettre ceux qui pour- „ roient être disposés à l'égard de l'une ou l'au- „ tre des parties de façon que la faveur, la haine, „ la vengeance, ou toute autre passion de l'ame, „ des liaisons même très-étroites, se trouvassent „ en conflit avec le sentiment de la conscience ; „ tous les hommes n'ayant pas assez de constance „ pour y résister. (2)

Ce fut sur ce principe que les législateurs An- glois, considérant la haine implacable qui régnoit anciennement entre les nations Angloise & Ecos- soise, défendirent très-sagement de recevoir le témoignage d'un Anglois contre un Ecossois, ni d'un Ecossois contre un Anglois ; (3) présumant

(1) L. 2 & 3 , §. 1 de testib.
(2) Puffend. de off. hom. & civ. Liv. II , cap. 1 , §. 10.
(3) Puffend. Droit de la N. & des G. Lib. V , c. 13 , §. 8 , erg. *Cambden* , ann. 1585. [Cette loi n'est plus exécutée. *Note de l'éditeur.*]

que la véracité des témoins pourroit être altérée par l'animosité ou par la faveur : enforte que fi des Anglois avoient vu de leurs yeux un Ecoffois commettre un meurtre, leur témoignage eût été de nul effet, s'il n'étoit confirmé par celui d'un Ecoffois.

De là vient encore que les loix romaines n'admettoient le témoignage, ni des parens proches, ni des amis, ni des efclaves contre leurs maîtres. (1) Elles l'interdifoient dans tous les cas où les perfonnes étoient unies par d'étroites relations, dans la crainte que le jugement de la raifon ne fût corrompu par le fentiment de la nature. (2) Elles le tenoient pour fufpect à raifon de l'âge, de la réputation, de quelque intérêt ou de quelque affociation dans le crime. Ainfi elles ne recevoient point à témoigner les jeunes hommes avant l'âge de 26 ans. (3) Elles en excluoient les femmes

---

(1) L. 9, ff. de teftib. L. 4, ff. eod. L. 6, cod. eod. L. 3, cod. de teft.

(2) *Fruftra petitur teftimonium ubi cum ratione metui poteft, ne a natura fui ftudiofa corrumpatur.* Noodt. Oper. tit. de teft.

Cette interprétation de la loi eft fauffe. La fociété a voulu refpecter, en profcrivant ces témoignages, les fentimens qu'infpire la nature ; mais elle n'a pas craint qu'ils *corrompiffent* le témoignage. Une fource auffi pure pouvoit-elle corrompre ? *Note de l'éditeur.*

(3) L. 20, ff. de teftib.

de mauvaise vie. (1) & toute personne déclarée infame. (2) En un mot, on n'a rien négligé pour que la sainteté & la vérité des témoignages ne contractât ni le vice ni la légéreté des témoins. (3)

Qu'on me permette de rappeller ici un usage très-ancien & assez généralement reçu dans les tribunaux, qui, malgré sa bizarrerie, avoit pris faveur, je veux dire celui de purger l'infamie des témoins par la question ; comme si la force ou la foiblesse des muscles pouvoit décider de la bonne ou de la mauvaise réputation : comme si des témoins nerveux étoient nécessairement les plus habiles au témoignage. Ne diroit-on pas qu'ils dépouillent leur infamie dans les tourmens, comme les serpens laissent leur hideuse dépouille entre les épines des buissons ? ou qu'il en est comme de l'or qui s'épure par le feu ? Est-ce donc que le vice du témoignage se dissipe ou se corrige sur un chevalet ? que la dislocation des os change l'opinion ou regle le jugement des hommes ? La poulie qui éleve ce malheureux & qui le tiraille est-elle

---

(1) L. 3, §. 5, ff. eod.

(2) L. 3, ff. eod. Et pour les fauteurs du crime. L. 11, cod. eod.

(3) On a réfuté suffisamment ces différentes opinions dans la *Théorie des loix criminelles*, tom. II.

Note de l'éditeur.

plus propre à tirer de sa bouche la vérité que le mensonge ? Calomniera-t-il moins quand il sera élevé ? Celui qui se présente en jugement pour perdre le rée , n'a-t-il pas consulté la force de ses bras avant d'y venir ? Ceux qui ne croient pas que cela puisse être , ignorent à quel degré de fureur peut conduire la passion de perdre un ennemi ; & non - seulement le desir ardent de le perdre , mais aussi celui de se conserver foi-même ; car n'ignorant pas à quelles peines s'expose celui qui s'avoue coupable d'une grave calomnie , il rassemblera toutes ses forces & tout son courage pour se garantir d'un pareil foupçon. Je sens que la chaleur de cette these m'anime peut-être plus qu'il ne convient dans un cas où la voix de la seule philosophie se fait si bien entendre. Je m'apperçois même que le zele m'a fait sortir du caractere ordinaire de mon style : mais ceux qui ont réfléchi & écrit sur ce sujet , m'excuseront d'autant plus aisément qu'eux-mêmes n'ont pu s'empêcher de s'animer sur un tel sujet; & s'il y a encore des partifans d'une erreur pareille , ce n'est point par un discours tempéré qu'on pourra les en convaincre : il faut les en arracher avec une forte de violence. (1)

---

(1) Je vais tranfcrire le paffage même, pour en faire mieux sentir l'énergie.

Je sais qu'une partie des choses qu'on dit ici sur la matiere des témoins & qui sont confirmées par les loix, sont regardées comme douteuses par

---

Hic innuere liceat jamdiu inveteratam ac fere ubique vulgatam consuetudinem, qua sit, uti testium infamia quæstionis usu purgetur, quasi vero ex pectoribus, ex tergis, ex lacertorum toris bona cujusque vel mala fama sit æstimanda ; ut nervosi omnes testes ad testimonium dicendum admittendi sint, contra enerves rejiciendi : quasi uti serpentes inter dumeta squammæ, ita infamiæ exuvias inter tormenta testes deponant : quasi uti auri scoria igne, ita testimonii equuleo excoquatur : quasi ossium laxaturæ & fracturæ humanas opiniones ac judicia moderantur & regant : quasi si metuas ne quis humi calumniatus fuerit, metuendum tibi non sit, ne idem sublime calumnietur ; quasi trochlea nata esset potius ad veritatem, quam mendacium ex hominis suspensi ore eliciendum : quasi qui paratus ad reum perdendum in forum venerit, non etiam ad brachia experienda paratus venerit. Id videlicet ii tantum ignorant, qui ignorant quantam in uno homine vim possideat alterius hominis perdendi libido : alterius inquam hominis perdendi libido ? Immo vero sui etiam conservandi, qui cum non nesciat gravissimas pœnas sibi paratas, si qua prava cupiditate se ad calumniandum prolapsum esse fateatur, nervos omnes contendet, ut calumniatoris suspicionem a se avertat. Sentio me hujusce disputationis æstu paulo vehementius, quam fortasse, in tanta philosophiæ luce opus erat incaluisse, atque ab usitato scribendi genere discessisse. At qui de hoc ipso philosophati sunt, mihi facile ignoscent, qui ipsi experti fuerint, vix in hac orationis parte sibi se temperasse potuisse. Quod si qui adhuc in errore versantur, non leniter educendi, sed violenter eripiendi videntur ; tam multa iis repagula iis obstant.

quelques jurifconfultes : mais qui en croiro ns-nous plutôt de ces jurifconfultes ou bien des législateurs? Boehmer obferve très-bien là - deffus, que « plus
» le préjugé qui naît du crime a de poids & de
» force, plus la preuve de ce crime doit avoir
» de clarté & d'énergie ; de forte que des témoins
» inhabiles ne font pas propres, en des matieres
» fi graves, à nous en convaincre de maniere
» à ne laiffer aucun doute. » (1)

I I.

N o u s venons de voir quels devroient être les témoins ; voyons à préfent dans quel nombre ils doivent être pour faire preuve. Déjà les loix divines & humaines ne permettent pas que perfonne foit condamné fur la foi & la dépofition d'un feul témoin. *Un témoin feul*, dit Dieu dans fa loi, *ne fera point valable contre un homme, en quelque crime & péché que ce foit ; mais fur la parole de deux ou de trois témoins la chofe fera valable.* (2) La loi du code y eft conforme. « Nous ordonnons, dit l'empereur, que l'on ne
» faffe aucune attention à la déclaration d'un feul
„ témoin, quand même il feroit préfident du

---

(1) Boehmer. Sect. I, cap. XI, §. 200.
(2) Deuteron. KIX, v. 15.

„ tribunal illustre de la justice. » (1) M. de Montesquieu justifie par le raisonnement cette décision. *La raison*, dit-il, *en exige deux ; parce qu'un témoin qui affirme & un accusé qui nie font un partage ; & il faut un tiers pour le vuider.* (2) Et il n'est pas difficile de comprendre pourquoi & la raison & les loix ne s'en rapportent pas à un seul témoin ; outre qu'un seul homme, quelque probité qu'il ait, ou quelque prudent qu'il soit, peut être trompé ou se tromper lui-même sur le sujet dont il témoigne. Ce que Puffendorf observe d'après Pline le naturaliste, mérite d'être pesé. " C'est qu'il n'est point de mensonge, quel„ que hardi qu'il soit, qui ne puisse trouver un „ témoin. „ (3) Il n'y a pas lieu à la même crainte, lorsque deux personnes dignes de foi sont parfaitement d'accord dans leur témoignage. (4)

____

(1) *Nunc manifeste sancimus, ut unius omnino testis responsio non audiatur, etiamsi præclara curia honore præfulgeat.* L. 9, C. de test.

(2) *Esprit des loix*, liv. XII, chap. III.

(3) *Nullum impudens est mendacium, quod teste careat.* Plin. Hist. nat. ap. Puffend. de J. N. & G. Lib. V, cap. 13, §. 9.

(4) J'avoue franchement que je ne vois pas pourquoi, si l'on peut corrompre un témoin, on n'en puisse pas corrompre deux, trois, &c. Ce n'est donc pas une raison décisive. Au surplus, voyez la *Théorie des loix criminelles*, tom. II, chap. des preuves judiciaires.

Note de l'éditeur.

Les loix civiles n'exigent pas des juges qu'ils se déterminent uniquement fur des preuves qui à tous égards ne laiſſent abſolument aucun lieu au doute : (1) & je ne vois pas que la choſe fût toujours poſſible ; je vois ſeulement que deux témoins bien caractériſés, qui dépoſent avoir vu de leurs yeux le fait qu'ils atteſtent, rendent ce témoignage très-croyable aux juges ; ſur quoi Puffendorf obſerve très à propos, « que quoique par ce moyen

„ quelques crimes échappent à la vengeance des
„ tribunaux humains, & qu'une bonne cauſe ſe
„ perde quelquefois, parçe qu'il n'y a qu'un ſeul
„ témoin ; cet inconvénient eſt moindre cepen-
„ dant que celui auquel on ſeroit expoſé, ſi les
„ biens & la vie de chacun dépendoient de l'ha-
„ bileté à mentir, & de l'effronterie d'un ſcé-
„ lérat. » (2)

Mais quoique deux témoins, comme je l'ai dit ci-devant, ſuffiſent pour déclarer le rée coupable & convaincu de ce dont il eſt chargé ; cependant, comme la force de cette preuve repoſe ſur le concours de deux témoignages parfaitement

---

(1) Tant pis, ſi la loi n'exige pas cette condition pour condamner. L'innocent eſt toujours alors expoſé, & le juge coupable, ou d'iniquité, ou de prévention, ou de précipitation, s'abſout aiſément avec un pareil principe. *Note de l'éditeur.*

(2) Plin. loco ſuprad.

égaux, & qu'il arrive souvent que l'un de ces témoignages n'est pas entièrement d'accord sur des circonstances essentielles, les loix laissent à la prudence des juges d'entendre plusieurs autres témoins, (1) de la même maison, de la même famille, des peres même & des enfans, (2) pour qu'un témoignage supplée à celui de l'autre, & que de l'aveu de tous il résulte une preuve pleine & entiere. (3)

I I I.

JE doute qu'on puisse rien ajouter d'essentiel aux précautions que nous avons indiquées, pour faire sentir aux juges avec quel poids & quelle mesure ils doivent procéder à l'examen de tout ce qui peut les conduire à condammer en matieré capitale : mais lorsqu'il s'agit de la vie, aucune précaution ne devra leur paroître superflue pour se garantir d'une erreur qui pourroit causer le plus grand des maux. Ainsi chez les Hébreux, les

------

(1) L. 1, ff. §. 2, ff. de test.

(2) L. 17, ff. eod. tit.

(3) Il y auroit beaucoup de distinctions à faire ici, parce que les principes de l'auteur sont trop généraux & trop vagues. J'aime mieux renvoyer à la *Théorie des loix criminelles*, où la matiere est plus détaillée. *Note de l'éditeur.*

juges, avant d'entendre les témoins, les aver-
tiſſoient férieuſement de l'importance de ce devoir ; ils les exhortoient de ne pas laiſſer échapper
par inattention ou par imprudence un ſeul mot
qui ne cadrât exactement avec l'objet de leur
témoignage. Les témoins appellés par le juge
étoient exhortés à ne rien dire par conjecture
ou ſur des bruits publics, quand même ils l'euſ-
ſent ouï de la bouche d'un témoin, ou de quelqu'autre homme digne de foi. (1) « Ignorez-vous,
» leur diſoit-il, que nous vous examinerons &
» vous ſonderons vous-mêmes ? Penſez bien que
» les jugemens qui ont pour objet la vie, ſe trai-
» tent tout autrement que ceux qui roulent ſur des
» intérêts pécuniaires. Dans ceux-ci on peut dé-
» dommager celùi qui en ſouffre ; mais ſi vous
» péchez dans l'autre, le ſang qui ſera verſé vous
» ſera redemandé juſqu'à la fin des ſiecles. » (2)

––––––––––––––––––––––––––––––

(1) Cette opinion eſt entierement contraire à la
raiſon. Meſſieurs du Sanhédrin étoient trop délicats en
preuves. *Note de l'éditeur.*

(2) *Teſtes rei capitalis intro vocatos admone-*
bant, ne quid ex conjectura aut rumore dicerent,
etiamſi ex ore teſtis aut hominis fide digni audiſſe
affirment. Forte ignoratis nos perveſtigaturos tan-
dem vos eſſe inquiſitione & indagatione ? Ne ſitis
neſcii aliter ſe habere judicia quæ de pecunia,
quam quæ de capite diſceptantur. Nam in illis pe-
cunia data peccatum piari poteſt, in his, ſi quid

Les Athéniens & les Romains, sachant très-
bien de quel poids étoient les témoins en jugement, & avec quelle facilité ils pourroient être
corrompus par de mauvaises pratiques, ne recevoient le témoignage d'aucun d'eux, qu'après le
serment prêté ; afin que, s'ils n'étoient pas détournés par le respect humain de l'infidélité d'un
mensonge, ils fussent du moins retenus par celui
de la religion. Aussi le code en fit-il une loi
formelle. « Nous avons ordonné, dit l'empereur,
» que les témoins soient liés par la sainteté du
» serment, avant d'être admis à témoigner. » (1)

« Aucun moyen, dit Heineccius, n'a paru
» plus prompt & plus sûr que le serment ; & cela
» dans la présomption si naturelle, que personne
» ne négligeroit le soin du bonheur éternel, au-
» quel tous les hommes aspirent si fortement
» par leurs desirs, & ne préféreroit de provo-
» quer expressément la vengeance divine à dire
» la vérité. » (2)

---

deliqueris, *sanguinis rei, & seminum ejus ad finem*
usque sæculi tibi imputatur. Sanhedrin. Cap. IV, §. 5,
ex versione Cocceii.

(1) *Jurisjurandi religione testes priusque perhi-*
beant testimonium, jamdudum arctari præcipimus.
L. IX, c. de test.

(2) *Nullum hominibus medium visum est certius*
atque expeditius jurejurando : idque ideo quod sem-

Cette coutume a toujours été en vigueur parmi nous, & l'est encore à très-juste titre ; car si le serment est employé dans les causes civiles pour légitimer une action de pur intérêt, pourquoi ne le-seroit-il pas en matiere criminelle pour légitimer une preuve dont l'effet doit être d'une toute autre importance ?

Mais cette affirmation religieuse, par laquelle on prend Dieu à témoin & on l'invoque comme juge, ne doit pas être exigée indifféremment & sans choix de tout le monde, selon la pratique servile du barreau. Si le juge a quelque soupçon fondé du peu de religion du témoin, & qu'il ait lieu de craindre que l'intérêt temporel prévaille chez lui sur la crainte de Dieu & le sentiment de ses devoirs, il se gardera bien de l'induire au parjure (1) par un serment qu'il le verroit disposé à violer ; & en s'astreignant moins à l'usage des tribunaux qu'à celui de la raison, il ne l'exigeroit des témoins ni même de ceux qui

---

piternæ beatitudinis, cujus desiderio omnes trahimur, neminem tam negligentem futurum crederet, ut Dei severissimi judicis vindictam in se verbis conceptissimis provocare, quam veritatem profiteri malit. Heineccius, de lubricitate jurisjurandi suppletorii. Exercit. 17, §. 2, in fin.

(1) *In quibus autem utilitatem ex perjurio aliquis assequitur, ea sine jurejurando judicentur.* Plato, de L. L. lib. 34, dial. 12.

prennent la qualité d'acteurs en droit, qu'après les avoir prévenus de tous les maux dont les parjures font menacés de la part du Dieu tout-puiffant : malheur terrible, s'ils y réfléchiffoient bien, & auquel ils ne pourroient éviter de penſer, lorſqu'ils en feroient férieuſement avertis; qui ne leur permettroit jamais ni d'abſoudre un coupable, ni de perdre un innocent, en mettant le juge dans la néceſſité de le condamner.

Il me refte enfin à parler de la confrontation des témoins, qui dans les cauſes criminelles eft un article de la plus grande importance : car ſi, dans les cauſes civiles, l'acteur eft obligé de pro-duire au rée lui-même les preuves qui fervent à fonder fon action, combien plus l'accuſateur d'un crime ou l'agent du fiſc devra-t-il produire en préſence de ce même rée les preuves de fon ac-cuſation, ou les témoignages qui la confirment! C'eft par-là qu'on peut le perſuader ou le con-vaincre qu'on ne lui impute rien à faux; qu'on ne ſupprime rien de vrai par erreur, par intérêt, ou par paſſion; & que l'accuſé même eft amené ou forcé à reconnoître tout le procédé qu'on a tenu à fon égard pour fondé & légitime. Pré-ſentons en peu de mots le ſyſtême de cette con-duite. Le corps du délit étant bien vérifié ſelon le preſcrit des loix, deux témoins non ſuſpects

& aſſermentés, dépoſant avoir vu commettre
l'action, ces témoins parfaitement d'accord entr'eux, & aſſurant le tout en face du rée, il en
réſulte une preuve pleine, complete & légale;
mais ce n'eſt qu'à la vue d'une telle preuve que
les juges feront fondés à prononcer leur fentence.

Je crois entendre ici le murmure de tous les
juriſconſultes. Quelle nouvelle loi nous impoſe
cet auteur ? Croit-il nous inſtruire, en nous pré-
ſentant des regles qui nous font déjà ſi familieres ?
J'en conviens, leur répondrai-je, & je vous en
félicite ; mais je vous féliciterois de bien meilleur
cœur, ſi, connoiſſant ces regles importantes,
vous les mettiez en pratique. Je ne vous les rappelle donc pas comme vous étant inconnues,
mais comme étant extrêmement négligées.

De la mesure des peines.

Aucune raison de droit, aucun sentiment d'équité ne peut permettre que des loix salutaires, établies pour le bien des hommes, soient tournées à leur préjudice par une dure & trop sévere interprétation. L. 25, ff. de L. L.

Sɪ j'entreprenois de discourir sur les peines établies par les loix pour savoir si elles s'accordent avec les principes du droit naturel, si elles sont en proportion avec les fautes commises, & si enfin le prince regarde comme un fleuron de sa couronne de punir de mort des coupables, je pourrois être taxé d'abuser de mon loisir. Je m'abstiendrai donc religieusement de ces discussions & je me bornerai à rechercher s'il est plus conforme aux préceptes du droit de la nature & des loix civiles d'exécuter à la lettre les loix pénales, sans attention aux circonstances des crimes, ou si ces circonstances étant mûrement pesées, le juge doit infliger des peines plus séveres ou plus tempérées, selon que le crime est plus ou moins grave & atroce de sa nature.

E iij

Pour résoudre cette question aussi clairement qu'il me sera possible, je définirai la loi, puis j'exposerai ce qui résulte de cette définition.

Papinien définit ainsi la loi : *La loi est un précepte commun à tous, consulté par des hommes sages & prudens, pour réprimer les délits qui se commettent délibérement ou par ignorance, en vertu d'un engagement pris par la généralité.* (1)

Pour qu'une loi ait toute la force & l'autorité qu'elle doit avoir, il faut non-seulement qu'elle soit faite par ceux qui ont un droit légitime de la faire ; mais encore qu'elle soit promulguée ou rendue publique en termes si clairs, “ qu'elle soit bien comprise par tous ceux qu'elle ” doit diriger, pour qu'au moyen de cette claire ” & exacte connoissance ils évitent ce qu'elle défend, ” & ne fassent que ce qu'elle permet. (2)

,, L'autorité de la loi est de condamner, de

---

(1) Cette définition est vague, embarrassée, peu philosophique, comme toutes celles données par les jurisconsultes Romains. *Note de l'éditeur.*

La voici telle qu'elle est dans l'original :

Lex est commune præceptum, virorum prudentium onsultum, delictorum quæ sponte vel ignorantia ontrahuntur, coercitio communis reipublicæ spon- o. L. I, ff. de leg.

(2) *Lex intelligi ab omnibus debet, ut universi ejus præscripto manifestius cognito, vel inhibita de- clinent, vel permissu sectentur.* L. IX, cod. de legib

» défendre, de permettre, & de punir. » (1)
Son but eft de contenir par la crainte de la peine,
tous les fujets dans le devoir, de rappeller ceux
qui s'en écartent, & de punir de maniere que la
peine infligée à un feul puiffe en retenir plufieurs. (2)

De cette définition de la loi, il réfulte que
celui qui de deffein prémédité ou imprudemment
viole la loi, mérite d'être puni ; mais elle ne fait
pas connoître affez clairement lequel des deux
doit être plus griévement puni ; & Démofthenes (3) lui-même laiffe la chofe affez indé-
cife, lorfqu'il dit que « les loix ont cette double
» vue, d'empêcher qu'il ne fe commette aucune
» injuftice par la licence de ceux qui les tranf-
» greffent, & de faire enforte que par l'effroi

---

(1) Legis virtus hæc eft, *imperare, vetare, per-
mittere, punire.* L. VII , ff. de legibus.

(2) L. I, *cod. ad leg. Jul. repet.*

(3) *Duas ob caufas omnes ferentur leges, tum
ut nemini quicquam injufti liceat agere, tum ut iis
qui ifthæc tranfgreffi funt, fupplicio affectis, cæteri
meliores efficiantur.* Demoft. orat. 1 , contra Ariftogit.

Je ne vois rien d'*indécis* dans cette opinion de
Démofthenes ; il ne s'étoit point propofé la queftion
qu'expofe l'auteur. Pourquoi l'auroit-il décidée ?
Note de l'éditeur.

Vid. Puffend. de J. N. & G. Lib. VIII, cap. III, §. 9,
& feq.

Grot. de J. B. & P. Lib. II, cap. XX.

» du ſupplice infligé à ceux qui les tranſgreſſent ;
» les autres hommes deviennent meilleurs. »

Il eſt vrai que, ſi nous jugions de la faute de
l'un & de l'autre agent par le dommage qu'elle
cauſe à la ſociété ou à l'état, il importeroit peu
qu'elle eût été commiſe de guet - à - pens ou par
imprudence ; le dommage n'étant ni plus léger
par l'imprudence, ni plus grand lorſqu'il eſt cauſé
de propos délibéré. Mais ſi l'on fait attention au
deſſein & à la délibération de commettre cette
faute, la peine devra être bien différente, ſelon
qu'elle aura été conſultée & réfléchie.

Les Stoïciens croyoient toutes les fautes égales & dignes des mêmes peines. (1) Mais les
philoſophes les plus ſenſés ont condamné haute-
ment cette opinion : les loix étant impoſées à des
hommes doués de la faculté de vouloir, il eſt néceſſaire & juſte que ces loix aſſignent des peines
aux actes extérieurs qui manifeſtent cette volonté ,
pour que l'on ne juge pas uniquement des crimes
par leurs effets, & que l'on ne confonde pas la

---

(1) Jacot. Vandoperani. *De philoſophorum doctrina*,
Libell. Cap. Stoïci, §. ſapientem.

Je ne connois pas l'ouvrage de M. Vandoperani ;
mais je crois qu'il vaut mieux renvoyer aux épîtres
de Séneque, pour connoître la doctrine des Stoïciens
ſur les crimes, ſi cependant il peut être curieux de
connoître des ſéveries, *Note de l'éditeur.*

faute d'un homme qui sans dessein est cause de la mort d'un autre, avec le crime de celui qui le tue par une volonté délibérée & malicieuse. Quoique, à n'en juger que par les loix les plus générales, tous les crimes paroissent égaux par les peines qu'on leur inflige, les loix romaines, qu'on peut appeller particulieres, mettent une insigne différence entre les crimes malicieux qu'ils appellent *dolosa*, & ceux qu'ils nomment *culpabilia*, ou blâmables; aussi leur assignent-ils des peines bien différentes. Les jurisconsultes ont reconnu qu'il falloit soigneusement les distinguer; & ils appellent *délit* l'acte malicieux, & *quasi délit* celui qui n'est que blâmable; (1) & selon ce principe ils estiment le premier digne d'une peine plus grande, & le second punissable d'une peine plus légere. (2)

Il n'y a rien en cela que la raison même ne

____

(1) Boehmer. *Elementa jurisprud. crim.* cap. II, , 29.

(2) Matthæus, *De criminibus*, cap. II, n. 2, §. *ex quibus.*

Puffend. de J. N. & G. lib. I, c. VII.

Toutes ces désignations me paroissent inexactes. Je ne crois pas plus au *quasi délit* qu'à une chose *quasi vraie*, *quasi existante*. S'il falloit faire quelque distinction, j'aimerois mieux substituer au mot *quasi délit*, délit social non prémédité ou non intentionnel.

Note de l'éditeur.

justifie. Le rée blâmable, *culpabilis*, ne présente dans sa faute que l'oubli ou la négligence de ses devoirs, tandis que le rée malicieux, *dolosus*, est rusé, dangereux & accoutumé au mal. Si donc on fait attention au caractere & au deffein, il est clair que le premier est bien moins coupable & doit être moins féverement puni. La difficulté n'est plus à distinguer les crimes, mais à varier les peines felon la nature & les circonstances diver-ses des fautes.... « Distinguez donc, dit le fage
» Platon, les injures faites par délibération ou
» fans deffein; vous aurez par-là même la diffé-
» rence des grands aux petits délits. „ (1,)

« Les loix même, dit Démosthenes, (2)
» qui font faites contre le meurtre, puniffent
» l'homicide volontaire par la mort, l'exil perpé-
» tuel, la confifcation générale des biens; mais
» pour ceux qui fans deffein & par malheur font
» caufe de la mort d'un autre, elle les juge dignes

---

(1) *Distingue igitur ipfis fponte, atque item non fponte faẋas injurias : & illarum majores, harum vero minores multas confcribes.* Plato, de L. L. lib. 9.

(2) *Leges funt de cædibus latæ, quæ eos qui confulto interfeciffent, morte, perpetuo exilio, omnium denique bonorum publicatione mulẋant; eos autem qui inconfulto, venia & magna humanitate dignos judicant.* Demofth. orat. contra Midiam.

Vid. Clar. §. homicidium, & quæft. 84.

» de pardon, & tout au moins d'une grande hu-
» manité. „

Marcian, dans la onzieme loi du Digeste, dit
« que les juges doivent bien prendre garde à ne
» traiter personne avec plus de rigueur ou de
» relâchement que le cas ne le demande, mais
» à les peser avec toute la maturité dont ils sont
» capables. Dans les causes plus légeres ils de-
» vront pencher à la douceur; dans la justice
» même qu'exigent les causes graves, ils useront
» de la sévérité des loix avec un tempérament
» de bénignité. » (1)

Le style de cette loi prouve évidemment
qu'il est permis aux juges d'être équitables; mais
il n'est pas également clair quelles sont les *causes
légeres*, dans lesquelles les juges doivent se laisser
aller à la douceur; & quelles sont les *causes graves* dans lesquelles il leur est permis de mitiger la
sévérité des loix par quelque tempérament.

Il n'y a qu'une voix chez les politiques & chez
les jurisconsultes, pour décider que la gravité
d'un délit doit être estimée selon le dessein & la
malice du délinquant, de même que sur le plus
ou le moins de dommage que la société en reçoit. " On doit, dit M. Wattel, faire attention à

,, la nature du délit, & le punir à proportion de
,, ce qu'il intéreſſe la tranquillité publique, le
,, ſalut de la ſociété, & de ce qu'il annonce de
,, méchanceté dans le coupable. ,, (1)

Et en effet, ſi les législateurs avoient pu, en
fixant les peines qu'ils infligeoient aux délits,
embraſſer toutes les circonſtances qui les accompagnent, & les expoſer d'une façon précise &
détaillée, je n'héſiterois pas à dire que tous les
termes de la loi devroient être ponctuellement
ſuivis, & faire la regle inviolable des juges, que
je ne regarderois plus dès-là que comme la bouche de ces mêmes loix, ou comme des machines
purement mécaniques, deſtinées à leur ſervile &
fidelle exécution. (2) Mais comme la choſe n'é-
toit nullement poſſible, & que les loix n'ont
pourvu qu'aux cas les plus ordinaires, (3) il eſt
indiſpenſablement néceſſaire que les juges prennent
ſoin d'entrer avec équité dans les vues du légis-

------

(1) Vattel, *Droit des gens*, liv. I, ch. XIII, §. 171.
Burlamaqui, *Principes du droit polit.* ch. IV, §. 39,
&c. Grot. de J. P. & B. lib. II, ch. XX, §. 28, &c.
Puffend. de J. N. & G. lib. VIII, ch. III, §. 18.

(2) Monteſquieu, *Eſprit des loix*, liv. XI, c. VI.

(3) *Neque leges, neque ſenatuſconſulta ita ſcribi
poſſunt, ut omnes caſus qui quandoque inciderint,
comprehendantur; ſed ſufficit & ea quæ pleruma-
que accidunt contineri.* L. X, ff. de legib.

lateur, & pesent mûrement toutes les circonstances du crime ; parce que sans cela ils pourroient commettre de très-grandes injustices, en prenant la loi à la lettre. "Le droit, dit Ciceron, ne dépend „ pas des paroles ; mais les paroles sont subordon-„ nées à la sagesse du juge & à son autorité. Car ce „ n'est pas les mots qu'il doit avoir proprement „ devant les yeux, mais la chose pour laquelle „ ils ont été mis en œuvre. „ (1)

« La nature des loix humaines, dit M. de „ Montesquieu, est d'être soumise à tous les ac-„ cidens qui arrivent, & de varier à mesure que „ les volontés des hommes changent : „ (2) & Celse témoigne que l'application d'une loi ne dépend point des termes dans lesquels elle est exprimée, mais de son vrai sens, & de son esprit. (3)

En effet, pour parler d'un genre particulier de peines, je veux dire des amendes, l'argent ne peut avoir une valeur égale que dans les lieux où se trouveroit l'égalité des fortunes. Ailleurs

------

(1) *Non enim ex verbis pendet jus, sed verba serviunt hominum consiliis, & auctoritatibus; nec verba veniunt in judicium, sed ea res cujus causa verba in leges conjecta sunt.* Cicer. pro Cecinna.

(2) Esprit des loix, liv. XXVI, ch. 2.

(3) *Scire leges non est verba earum tenere, sed vim ac potestatem.* L. XVII, ff. de L. L.

une amende très-onéreuse au pauvre, sera un jeu pour le riche, & par-là deviendra une peine très-inégale pour le but de contenir le riche comme le pauvre dans son devoir.

Heineccius nous rappelle à ce sujet l'insolence de ce chevalier Romain appellé *Neratius*, (1) qui se faisoit un amusement de souffletter ceux qu'il rencontroit, en faisant livrer par un esclave qui le suivoit, 25 sols, qui étoit l'amende portée par la loi pour ce genre de délit. Ce trait de libertinage étoit une leçon pour le législateur, qui n'avoit garanti le peuple d'insulte que de la part des mains légeres & vuides qui n'avoient pas de quoi la payer.

Il faudra donc, pour juger sainement de la gravité ou de la légéreté du délit, faire attention au motif, à la personne, au tems, au lieu, à la qualité, & aux suites de l'attentat, comme Claudius Saturninus le fait sentir avec force dans sa loi du Digeste, sur cette matiere. (2)

Et premiérement sur la *cause* ou le *motif* de l'action, on ne sauroit trop soigneusement rechercher la cause qui a pu y déterminer la volonté, & donner lieu à former le dessein de

---

(1) Puffend. de J. N. & G. lib. II, cap. 5.

(2) L. XVI, ff. *de pœnis.*

nuire. « Les coups de fouet que donne un pere,
» ou un maître, font impunis, parce qu'ils font
» donnés pour corriger, & non pour flétrir. On
» les puniroit, s'ils étoient donnés en colere par un
» étranger. » (1) L'empereur Adrien dans fon refcrit prononce, « que celui qui tue un homme,
» peut être abfous, s'il le tue fans deffein de lui
» donner la mort; mais que celui qui n'a fait
» que le bleffer dans l'intention de le tuer, doit
» être traité comme homicide; cette décifion ré-
» fultant de la nature des chofes, celui qui tire
» fon épée & qui en frappe, l'ayant fait indu-
» bitablement dans le deffein de tuer fon en-
» nemi; au lieu que, fi dans la chaleur d'une
» querelle il a frappé d'une clef ou d'un vafe

______

(1) *Verbera etenim a parente vel magiftro allata impunita funt : quoniam emendationis, non injuriæ gratia videntur adhiberi : puniuntur cum quis per iram ab extraneo pulfatus eft. Dicta lege 16, de pœnis.*

Voilà un de ces paralogifmes que les loix romaines offrent fi fréquemment. Si les coups de fouet don-nés par un maître à fon efclave, ou par un pere à fon fils, font impunis, ce n'eft pas à raifon du motif, mais bien parce que la fociété accorde un droit pref-qu'illimité aux peres & aux maîtres, & profcrit les plaintes des fils & des domeftiques. Car il s'enfuivroit, à partir du motif emprunté par la loi, que dans le cas où les coups auroient été donnés fans fujet, il y auroit dû avoir lieu à réclamation, ce qu'elle n'ad-mettoit pas. *Note de l'éditeur.*

» qu'il a en main, quoiqu'il fût de fer, il ne peut
» être présumé avoir eu dessein de commettre
» un meurtre. On pourra donc adoucir la peine
» de celui qui a tué dans ces circonstances. » (1)

Il résulte de ces principes, que si quelqu'un
pèche, pour éviter le péril d'une mort prochaine,
pour se délivrer d'une douleur cruelle, ou pour
se souftraire aux extrémités de l'indigence, il a en
sa faveur des circonftances bien propres à l'excufer. Et comment pourroit-on mettre au même
rang l'action d'un homme qui prendroit quelques
grains dans le champ d'autrui, uniquement pour
sa subfiftance, avec l'action de celui qui voleroit
dans un magafin de quoi fatisfaire sa gloutonnerie
ou sa friandife ? (2) Jugeroit- on celui qui ne pren-

----

(1) *Divus Hadrianus refcripfit eum qui hominem occidit, fi non occidendi animo hoc admifit,
abfolvi poffe : & qui hominem non occidit, fed vul-
neravit ut occidat, pro homicida damnandum, &
ex re conftituendum hoc. Nam fi gladium ftrinxerit,
& in eo percufferit, indubitate occidendi animo id
eum admififfe ; fed fi clavi percuffit, aut cucuma
in rixa, quamvis ferro percufferit, tamen non occidendi animo, leniendam pœnam ejus, qui in rixa
caufa magis quam voluntate homicidium admifit.*
L. 1, ff. ad leg. Cornel. de ficar.

(2) Il eft des pays où l'on raifonne affez bien pour
fuivre exactement le revers du principe de Rizzi. On
pend le malheureux qui vole un pain pour fa fubfif-

droit

droit de l'argent d'autrui que ce qu'il lui en faudroit pout fes befoins, auffi coupable que celui qui en voleroit pour l'amaffer, ou pour en augmenter fes plaifirs ? Convenons que des torts même légers font plus puniffables que des torts plus grands, lorfqu'ils font l'effet d'un deffein plus depravé ; car, comme le dit Ciceron, « pour bien » juger d'une injure ou d'une injuftice, il im- » porte beaucoup de favoir fi elle a été faite dans » un moment de trouble & d'agitation de l'ame, » par un mouvement fubit qui d'ordinaire eft fort » court, ou après mûre confultation ; tout ce qui » fe fait par promptitude étant moins grave que » ce qui eft médité & préparé à l'avance. » (1)

« De grands crimes, dit Séneque, doivent » quelquefois être moins punis que de plus pe- » tits délits, fi ceux-là ont été commis par une » efpece de chûte & fans cruauté ; & ceux-ci,

---

tance, on donne quelques légeres corrections à celui qui vole quelques friandifes ou autres chofes pour fon plaifir ou fon luxe. Tout cela tient évidemment au deffein marqué de facrifier le pauvre au riche.

Note de l'éditeur.

(1) *In omni injuftitia permultum intereft, utrum perturbatione aliqua animi quæ plerumque brevis eft, & ad tempus, an confulto & cogitato fiat injuria : leviora enim funt ea quæ repentina aliquo motu accidunt, quam ea quæ meditata & præparata inferuntur. Cicer. de off. L. I.*

» par des vues profondes, ouvertes, & maligne-
» ment concertées. Le juge ne punira point de
» la même peine celui qui a commis le mal par
» négligence, & celui qui a pris des mesures
» sûres pour nuire. » (1)

Le premier tiendroit le langage que Ciceron
met dans la bouche de Ligarius. « Je me suis
» égaré, j'ai agi inconsidérément, je suis tombé;
» je n'y pensois pas: si jamais je me trouve en
» telles circonstances, &c. » (2) Et ces excuses d'un fils à son pere ne devroient pas être sans
influence sur l'esprit des juges.

La personne peut être considérée à ces deux
égards, ou comme *ayant agi*, ou comme *ayant
souffert*. La personne de celui qui a fait l'action
doit être envisagée sous toutes les faces, & avec
toutes les circonstances qu'on peut dire person-
nelles. On peut consulter-là dessus (3) les rhé-

. (1) *Nonnunquam magna scelera levius quam minora compescere decet, si illa lapsu non crudelitate
commissa sunt. Atque his inest latens & operta, &
inveterata calliditas. Idem delictum in duobus non
modo afficiet: si alter per negligentiam admisit, alter curavit ut nocens esset.* Senec. de ira, lib. I, c. 16.
Vid. Grot. de J. B. & P. lib. II, cap. 20, §. 28 & seq.
Heinec. in eundem.

(2) Des devoirs de l'homme & du citoyen. L. II,
ch. XIII, §. 18.

(3) Il est incroyable qu'un jurisconsulte philosophe
puisse renvoyer à des rhéteurs pour les consulter sur

toriciens qui en font l'énumération, pourvu qu'on n'y fasse pas entrer, comme ils le font ridicule-lement & hors de propos, le nom, la figure, les traits, & d'autres minuties pareilles. Mais Puffendorf observe très-sagement, « que comme „ la même peine ne fait pas les mêmes impres-„ sions sur toutes sortes de gens, & n'a pas par „ conséquent une égale force pour les détourner „ du crime, on doit aussi considérer, & dans la „ détermination générale des peines, & dans „ leur application aux particuliers qui les ont „ encourues, la personne même du coupable, „ avec son âge, son sexe, son état & sa condi-„ tion, ses richesses, ses forces, & autres sem-„ blables qualités qui rendent la peine plus ou „ moins sensible. „ (1)

Ainsi Ciceron s'efforce d'excuser le libertinage de *Cælius* par sa jeunesse, & par l'impudence de *Clodia*. L'enfance est aussi bien excusable ; tout ce qu'elle voit, comme dit *Clarus* (2), lui étant

---

la bonté des preuves judiciaires. Après les scholasti-ques, je ne vois pas d'êtres barbouillans du papier qui aient plus nui à l'esprit & au bon sens que les rhéteurs. *Note de l'éditeur.*

(1) Des devoirs de l'homme & du citoyen, liv. II, chap. XIII, §. 18.

(2) Quæst. 60.

nouveau. (1) Ceux qui font majeurs de quatorze ans, mais mineurs de vingt-cinq, quoique moins excufables que les enfans, font traités avec plus de clémence par les juges, vu la fragilité de cet âge. (2) On doit encore accorder quelque chofe à la condition ou à l'état des perfonnes, à l'éducation, à la difcipline plus ou moins févere, à l'habitude, &c. Des femmes, des hommes d'un génie pefant ou groffier, qui ont vécu long-tems avec des gens de mauvaifes mœurs, ou qui les ont fouvent fréquentés, n'ayant pu difcerner les limites du droit, & où commence l'injure, paroiffent devoir être traités & punis avec plus de douceur & d'indulgence. (3) Auffi Juvenal dit (4) « que le vice eft d'autant plus grand, que celui » qui y tombe eft plus élevé. ».

Ciceron en rend une raifon bien fenfible, en difant qu'un homme diftingué par fon état peche doublement par fon fait même & par fon exem-

---

(1') L. *infans*, ff. ad L. Corn. de ficar.

(2) L. 107, ff. *de reg. jur.* & l. 37, §. fin. ff. *de minor.* Clarus *loco fupradicto.* Math. *de crimin.* c. II, n°. 2, §. *qui doli,* &c. Heinec. *ad Grot.* lib. II, cap. XX, §. 31.

(3) Grot. de J. B. ao P. Lib. XX, §. 31.

(4) *Omne animi vitium tantum confpeclius in fe crimen habet, quanto major qui peccat habetur.* Juven. fatyr. VIII, v. 140.

ple. (1) Que s'il tenoit dans l'état un rang qui l'appellât à réprimer les fautes des autres, il pécheroit plus griévement encore, & par l'abus de son autorité sur eux, & parce qu'il n'en use pas pour leur véritable bien. Comment, par exemple, un infidele administrateur des deniers publics ne sent-il pas qu'en condamnant un voleur il se condamne soi - même ? Ainsi tout magistrat qui fait un acte de mauvaise foi, ou qui se laisse aller à quelque injustice, commet une faute d'autant plus grave, que son office & son caractere l'appellent à en garantir ses concitoyens.

La condition du rée augmente aussi ou diminue son crime. Ceux des esclaves, chez les Romains, n'étoient pas punis des mêmes peines que les hommes libres. (2) Qui ne trouveroit en effet plus intolérable l'injure d'un inférieur, que celle d'un supérieur ou d'un égal, (3) vu que l'injure augmente par le caractere de celui qui l'a commise ?

Quant à *la personne de celui qui a souffert,* on considere les relations qu'elle avoit avec celui qui

———————————————————————

(1) *Virum magnum, inquit, bis peccare facto scilicet & exemplo.* Cicer. Lib. III, de leg.

(2) *Aliter puniuntur ex iisdem facinoribus servi quam liberi.*

(3) *Crescit contumelia ex persona ejus qui contumeliam fecit.* L. XVII, ff. de injur.

lui a fait tort ou injure par ſes traitemens. Ainſi *les attentats commis contre ſon ſeigneur, ou contre ſon pere, ſont plus ſévérement châtiés que ces mêmes fautes commiſes à l'égard d'un maître ou d'un étranger.*

Le lieu *décide ſi le vol commis eſt un ſimple vol ou un ſacrilege ; s'il eſt puniſſable de mort, ou d'une peine afflictive.* Je penſe *qu'un homme qui, ſemblable* à la *Clodia* de Ciceron, (1) au lieu de *cacher ſes crimes dans la ſolitude, & de s'envelopper dans les ténebres, les commet à tête levée, & ſembla, en les commettant, braver le public & la lumiere, doit être plus ſévérement puni.*

Celui-là mérite plus l'indignation publique qui non-ſeulement s'infecte de vices, mais qui en infecte la ſociété dont il eſt membre, qui lui nuit non-ſeulement en ſe corrompant lui-même, mais en corrompant les autres, en péchant & en faiſant pécher ſes concitoyens par ſon dangereux exemple. Peut-on eſpérer la repentance & la converſion de celui qui a perdu toute pudeur, qui a rompu ce frein qui retient encore tant d'hommes dans le devoir ? Ainſi celui qui offenſe ou qui bleſſe en place publique, ou au théatre, rend l'injure plus atroce, quoiqu'elle ne le fût pas par

---

(1) *Pro M. Calio, n.* 20.

elle - même. (1) Outrager quelqu'un dans une assemblée de magiſtrature ſeroit une offenſe plus grave que ſi elle étoit faite dans une maiſon particuliere. (2) Quintilien dit " que la pétulance „ eſt moins repréhenſible en d'autres lieux ; mais „ que dans un temple , où doit régner le ſilence , „ où l'ame doit être recueillie , l'eſprit tranquille „ & ſérieuſement occupé , un homme qui en „ attaqueroit un autre par violence , ſeroit plus „ réprimable que s'il l'eût fait dans un lieu privé „ ou à l'écart. (3) »

Ciceron , dans ſa ſixieme harangue contre *Verrès* , le juge digne de la croix , pour avoir fait crucifier Gavius , citoyen Romain , dans cette partie de la Sicile qui a vue ſur le détroit , *afin que cet infortuné pût voir de la croix l'Italie & ſa maiſon même.* Ecoutons avec quelle force & quelle chaleur ce grand orateur releve cette circonſtance tirée du lieu , en s'adreſſant à Verrès.

---

(1) L. IX , §. 1 , ff. de injur.

(2) L. VII , §. 8 , L. IX , §. L. XVII , §. 3 , ff. de injur.

(3) *Petulantia aliis locis mediocrem habeat reprehenſionem. In templo vero , in quo verbis parcimus , in quo animas componimus , in quo tacitam etiam mentem noſtram cuſtodimus , pulſare velut in ſolitudine , velut in ſecreto quodam non eſt ferendum. Quintilian. declam.* 26.

« Que dirai-je de Gavius que vous avez traité
» en ennemi de son nom & de sa famille ? Que
» dis-je ! en ennemi du nom même & des droits
» de citoyen. Et en effet, vous l'avez traité, non
» pas tant comme ennemi de sa personne que
» comme l'ennemi public de la cause commune
» de la liberté. Qu'est-ce en effet qui a pu vous
» porter à changer l'usage & l'institut des Mamer-
» tins qui avoient placé la croix derriere la ville,
» sur la route Pompéienne, & à la transporter
» dans la partie qui a vue sur le détroit ? en ajou-
» tant, comme vous ne pouvez le nier, puisque
» vous le dites en présence de tout le peuple,
» que vous la placiez dans ce lieu pour que cet
» homme qui se disoit citoyen Romain, pût voir
» du haut de la croix l'Italie & son domicile.
» Et c'est, ô mes juges ! la seule qui ait jamais
» paru en ce lieu depuis que Messine a été cons-
» truite. Et vous avez choisi tout exprès cet as-
» pect de l'Italie, afin que, mourant dans les an-
» goisses de son supplice, il eût la douleur de
» sentir qu'il n'y avoit que le court espace de
» ce détroit entre les horreurs de la servitude
» & les douceurs de la liberté ; pour que l'Ita-
» lie même pût contempler un de ses enfans
» souffrant le dernier supplice, celui de la croix,
» celui qu'on ne fait souffrir qu'aux plus vils
» esclaves.

» Si c'est un attentat de garrotter un citoyen
» Romain, si c'est un crime de le battre de ver-
» ges, si c'est presqu'un parricide de le mettre à
» mort, quel nom donnerons-nous à l'acte bar-
» bare de le mettre en croix ? Non, il n'est point
» d'expression qui puisse rendre une telle atro-
» cité. Encore Verrès ne s'en est-il pas tenu à ce
» que je viens de dire. Qu'il voie, ajoute-t-il, sa
» patrie, qu'il meure à l'aspect de la liberté &
» des loix. Ne sens-tu pas ici, Verrès, que tu as
» mis en croix, non Gavius, non un citoyen
» Romain, mais qu'en sa personne tu as crucifié
» la cause commune de Rome & celle de la
» liberté ? Méditez à présent, ô mes juges ! sur
» l'audace de cet homme, & vous présumerez
» bientôt son regret de n'avoir pu élever cette
» croix pour des citoyens Romains dans Rome
» même, sur la place du marché public, dans
» celle de nos comices, à côté de la tribune aux
» harangues ; puisque dans la province où il gou-
» verne, il a choisi le lieu le plus approchant de
» ceux-là par sa célébrité, le plus voisin qu'il a
» pu de nous. Il a voulu que ce monument de
» son crime & de son audace fût érigé en face
» de l'Italie, à l'entrée de la Sicile, au passage de
» tous ceux qui navigent de l'une à l'autre. » (1)

____

(1) *Sed quid ego plura de Gavio ? quasi tu Ga-*

Le tems met une différence marquée entre celui qui quitte son domicile & un fugitif, entre le larron de jour & celui qui vole de nuit. La

---

vio tum fueris infestus, ac non nomini, generi, juri civium hostis : non illi, inquam, homini, sed causâ communi libertatis inimicus fuisti. Quid enim attinuit, cum Mamertini more atque institut suo crucem fixissent post urbem, in via Pompeia, te jubere in ea parte figere, quæ ad fretum spectaret, & hoc addere quod negare nullo modo potes, quod omnibus audientibus dixisti palam, te idcirco illum locum deligere, ut ille qui se civem Romanum esse diceret, ex cruce Italiam cernere ac domum suam prospicere posset ? Itaque illa crux sola, judices, post conditam Messanam illo in loco sita est. Italiæ conspectus ad eam rem ab ipso delectus est, ut ille in dolore cruciatuque moriens, perangusto freto divisa servitutis ac libertatis jura cognosceret, Italia autem alumnum suum servitutis extremo supplicio affectum videret. Facinus est vinciri civem Romanum, scelus verberari, prope parricidium necari, quid dicam in crucem tollere ? verbo satis digno tam nefaria res appellari nullo modo potest. Non fuit his omnibus iste contentus. Spectet, inquit, patriam ; in conspectu legum libertatisque moriatur. Non tu hoc loco Gavium, non unum hominem, nescio quem civem Romanum, sed communem libertatis & civitatis causam in illum cruciatum, & crucem egisti. Jam vero videte hominis audaciam. Nonne eum graviter tulisse arbitramini, quod illam civibus Romanis crucem non posset in foro, non in comitiis, non in rostris defigere ? Quod enim in provincia sua celebritate simillimum, regione proximum potuit, elegit : monumentum sceleris audaciæque suæ voluit esse in conspectu Italiæ, vestibulo Siciliæ, prætervectione omnium qui ultro citroque navigarent. Cicer. orat. pro M. Cælio, n. 20.

loi des douze tables permettoit de tuer le voleur nocturne, en quelque circonstance que ce pût être; & le larron de jour, seulement dans le cas où il se défendoit avec une arme offensive. (1) Pourquoi cela? Parce que les brigands prennent d'ordinaire le tems de la nuit pour nous égorger, (2) & que les hommes ne se réveillent pas toujours à tems pour sauver leur vie ou leurs biens. La nuit rend les uns plus audacieux dans leur entreprise, & les autres moins préparés à les repousser, dans la sécurité & le calme de leur asyle; l'opportunité du tems suppléant à celle du lieu. Les voleurs de nuit peuvent être envisagés comme des ennemis qui sortent d'une embuscade pour surprendre, ou pour tomber à l'improviste sur les voyageurs. Il est incroyable combien de scélérats cette espérance encourage & anime à tout entreprendre. La fable platonicienne de l'anneau de Gygès est connue. (3) Quelques-uns croient qu'il y a nombre d'autres circonstances tirées du tems, & du moment où le crime a été commis; circonstances qui doivent beaucoup l'aggraver, comme dans les jours solemnels de

---

(1) L. IV, ff. ad L. Aquiliam.

(2) *Ut jugulent homines, surgunt de noéc la-trones.* Horat. epist. 2.

(3) Cicer. L. III, offic. cap. 4.

fêtes & de dévotion, fi l'on voloit dans un naufrage, dans un incendie, ou parmi des ruines. Dans le premier cas on offenfe plus audacieufement la Divinité : (1) dans le fecond on viole plus criminellement la juftice & la charité que l'on doit aux hommes. Dans l'un on ajoute le mépris à l'indévotion : dans l'autre on ajoute l'affliction à l'affligé, ce qui eft le comble de la barbarie.

La qualité *d'une action la rend plus atroce, ou la faute plus légere ; ainfi l'on a coutume de diftinguer les vols publics ou manifeftes de ceux qui ne le font pas ; les querelles, du guet-à-pens ; le pillage, du fimple vol ; la brufquerie, de la violence.* Si quelqu'un, par exemple, force des portes & perce des cloifons, pour s'introduire dans une maifon, maltraite le maître de cette maifon & fa famille, de façon à paroître vouloir exercer le brigandage, fon cas differe extrêmement de celui d'un homme qui fe gliffe furtivement dans une maifon ouverte, fe nantit de ce qu'il y trouve expofé, l'enleve à la maniere des Lacédémoniens, & en s'échappant avec fa proie, punit les maîtres de leur négligence.

---

(1) On a combattu la plûpart de ces diftinctions dans la *Théorie des loix criminelles.*

Note de l'éditeur.

La quantité fait diftinguer le *larron* de l'*abigée*. En conféquence de quoi, celui qui vole un porc ou une brebis, fera puni comme larron; & celui qui vole un troupeau, fera puni comme coupable d'*abigeat*. (1) Le terme de *quantité* s'étend à diverfes circonftances; car il ne fe borne pas feulement à favoir ce que l'on a volé, mais combien de fois; puifque les vols fouvent répétés par le même agent, le rendent beaucoup plus coupable; enforte que plus il a volé de fois, plus cette fréquence d'actes le rend criminel; vu que, comme le dit Puffendorf, *c'eft une foibleffe humaine que de s'oublier quelquefois : mais de retomber fouvent dans la même faute, c'eft une fureur.* (2)

L'événement ou la confommation du deffein eft

---

(1) Ajoutons cet éclairciffement à ce que dit notre auteur. C'eft que les Romains mettoient, & avec raifon, une différence effentielle entre le gros & le menu bétail, à raifon non - feulement de fa valeur, mais auffi de fon importance dans l'économie champêtre. Le vol d'un feul bœuf ou d'un feul cheval étoit traité d'abigeat; tandis qu'ils affignoient quatre ou cinq porcs, ou dix brebis, pour être abigée. *Eft abigens qui dolo malo equum, bovem, vel unum abegerit, porcos quinque vel quatuor, oves vero decem.* L. I, §. ult. 1 . A de abig. I. ant facta. 16, §. quancitas de pœnis. *Note du traducteur.*

(2) Puffend. Droit de la N. & des G. liv. VIII, chap. III, §. 22.

*encore digne d'une grande confidération. Car, quoi-
que la loi ne puniffe pas moins celui qui s'eft
porté avec une arme offenfive chez un autre homme
pour le tuer, que celui qui l'a tué en effet*, la raifon demande avec beaucoup de fondement qu'on
en faffe la différence. Le crime confiftant dans le
fait, fi à la délibération de le commettre fe joint
le fait même de l'avoir tenté, celui qui en a fait la
tentative mérite une peine, quoiqu'elle n'ait pas
eu l'effet qu'il en attendoit.

Cependant il n'eft pas moins néceffaire d'obferver que, *quoique la loi ne puniffe pas moins
celui qui eft allé en armes dans cette vue, que
celui qui a réellement commis le meurtre*, ces deux
cas ne peuvent être foumis aux mêmes peines.
Dans les délits, dit Saturninus, on fait beaucoup
d'attention à l'événement, qui donne lieu à déterminer le degré de la peine, non-feulement fur
l'intention du délinquant, mais auffi fur le mal
qu'il a caufé à la fociété par fon action. Ainfi plus
l'acte tendant au crime fe trouve éloigné d'être
confommé, moins il en réfultera de mal pour la
fociété; dès-là, par là même, la peine devra
être d'autant plus légere.

Je fais que les jurifconfultes forment fur ce
fujet bien de diftinctions, & qu'en particulier ils
enfeignent que les crimes de lefe-majefté, de

brigandage, de trahison, &c. quoique simple-
ment projetés, doivent être punis tout comme
s'ils avoient été consommés. J'ignore tout-à-fait
sur quoi ils se fondent, & ils n'en ont jamais allégué de suffisantes jusqu'à cette heure. J'espere
donc qu'ils me permettront de persévérer dans
un sentiment contraire & bien plus humain, jusqu'à ce qu'ils m'en fassent changer par la force
de leurs raisons.

Que les juges cependant n'abusent pas de ces
observations au point de croire qu'ils agiront,
en les suivant, contre la teneur ou l'esprit des
loix; car quoique les loix particulieres ne puissent
pourvoir en termes exprès à tous les cas & à
toutes les circonstances, le corps entier & systé-
matique de ces loix prescrit par-tout de suivre
les principes de l'équité.

Quoique chacune de ces loix prises à part ne
présente pas une hypothese pour les cas de cette
espece, toutes ces loix rapprochées & comparées
entr'elles ne laisseront bientôt nul doute sur le
parti qu'on aura à prendre en vertu des circonstances qui doivent en varier l'application. « Tous
» les cas, dit le Digeste, ne peuvent pas être
» énoncés par les loix ou par les sénatusconsul-
» tes : mais leur décision dans tel ou tel cas étant
» claire & précise, il sera facile à celui qui exerce

» la jurifdiction, d'en faire l'application à des cas
» de même genre, & de rendre des jugemens
» qui leur foient conformes. » (1) Que fi les
juges ne fe trouvent pas affez inftruits par les
loix civiles pour fonder la fentence qu'ils ont à
rendre, ils n'ont qu'à recourir aux fources même
d'où elles émanent : je veux dire aux principes
du droit naturel & du droit des gens ; ils y trouveront tout ce qui peut les diriger pour la décifion de chaque cas, puifque toutes les loix civiles
en découlent & ont été formées fur leurs maximes. (2)

Suivant le fentiment des meilleurs auteurs, la
peine de mort ne devroit jamais être infligée
que lorfque la nature du crime & les termes exprès de la loi le prefcrivent. Alors le juge n'eft
autre chofe que le vengeur ou l'exécuteur de la

------

(1) *Non poffunt omnes articuli figillatim aut le-*
gibus aut fenatufconfultis comprehendi ; fed cum in
aliqua caufa fententia eorum manifefta eft, is qui
jurifdictioni præeft, ad fimilia procedere, atque ita
jus dicere debet. L. 12, ff. de L. L.

(2) Le droit des gens n'a pas de rapport à l'intérêt de chaque individu citoyen : mais ce que les
juges doivent confulter, c'eft d'abord le droit naturel de chaque individu, & enfuite les claufes du
pacte focial, &, il faut l'avouer à la honte du fiecle,
ce font des fources où l'on puife rarement.
Note de l'éditeur.

loi.

loi. Que si le crime peut être envisagé sous di-
verses faces, ou que la loi demande quelque
explication, la peine dictée par une telle loi devra plutôt être adoucie qu'aggravée. (1)

Et en effet le but des peines étant, non-seulement de maintenir ou de rétablir la sûreté des
citoyens, mais de rendre les hommes meilleurs,
il n'est permis d'en venir aux peines de mort que
comme au dernier remede, & lorsque l'on ne
peut assurer le repos public par une autre voie.
Car personne, je pense, ne doutera que, si l'on
pouvoit changer le cœur ou les inclinations des
coupables, comme cela est en certains cas possible, il ne fût plus avantageux à un état de les
conserver que de les perdre en les punissant. (2)
« Les peines n'ayant pour but que de détourner
» des mêmes crimes ceux qui voudroient les

____

(1) *Interpretatione legum pœnæ molliendæ potius*
quam asperandæ. L. 42, ff. de pœnis.

In pœnalibus causis benignius interpretandum L.
105, ff. de reg. jur.

Voyez les dissertations de J. Jac. Wissembach, sur
le dernier livre des Pandectes, *de reg. juris*, dans lesquelles il rapporte un grand nombre de raisons pour
remettre ou pour mitiger la peine. *Disput.* 24, §. 6 &
7. Tiraquell. *de pœn. temper.*

(2) *Nemo dubitabit, quin si nocentes mutari in*
bonam mentem aliquo modo possint, sicut posse in-
terdum conceditur, salvos esse eos magis e republica
sit, quam punire. Quintilian. decret. lib XII, cap. I.

Tome II. G

» commettre, elles ne font permifes qu'autant
» qu'elles fe renferment dans les bornes de ce
» but : ainfi, quand des peines d'une certaine ri-
» gueur fuffifent, de plus fortes font illicites.
» Mais fi l'on ne peut venir à bout de réprimer
» certains crimes, fans y employer des peines ca-
» pitales, elles font alors licites. » (1)

Bien des gens font dans l'idée qu'on ne pourroit réprimer les crimes fans cette rigueur inflexible à punir des peines les plus féveres les
criminels : mais quiconque pefera bien la chofe
fentira, je m'affure, que ce n'eft pas tant la gravité des peines, que la fermeté conftante & im-
partiale des juges à punir, qui fe fait craindre.
« La févérité même, dit Séneque, qui paroît être
» un fi grand remede, perd de fa force par la
» fréquence. (2) Sans compter que trop de ri-
» gueur contre un coupable révolte l'humanité,
» d'autant plus qu'il n'eft pas trop bien décidé
» par les principes du droit naturel à quel point
» la vie d'un homme eft au pouvoir des autres
» hommes. » (3) C'eft donc une marche fou-

----

(1) Formey, *Principes du droit naturel*, ch. III,
§. 87.

(2) *Severitas quod maximum remedium habet
affiduitate amittit auctoritatem.* Senec. de clement,
lib. I, cap. 21.

(3) Bielfeld. Inftit. polit. C. IV, §. 33.

tenue dans l'administration de cette branche de
la justice, qui donne du poids à l'exemple : & en
effet rien n'a plus de dignité en toutes chofes
qu'une telle égalité. (1) Combien de fois d'un
autre côté la clémence mal placée des juges n'a-
t-elle pas été extrêmement préjudiciable à toute
la fociété ? & c'eft en ce fens qu'on peut dire avec
Ciceron, que des bienfaits mal appliqués font de
mauvaifes actions, (2) parce qu'une juftice molle
& relâchée, loin d'affoiblir la perverfité des méchans, la nourrit par l'efpoir de l'impunité & la
fortifie de jour en jour. Pour moi, je ne fais rien
de pire ni de plus dangereux que l'impunité qui
ne fait qu'empirer le mal, loin de le guérir. (3)
Une injure impunie en attire de nouvelles; &
dès que quelqu'un a pu bleffer impunément, perfonne ne fera à couvert de la violence.

Cependant l'impunité peut être accordée, non-
feulement pour des raifons très-décentes, comme
feroient de grands fervices rendus à la fociété &

---

(1) *Nihil eft quod tam deceat, quam omni in re
fervare conftantiam.* Cicer. lib. 1, offic.

(2) *Benefacta male locata, malefacta arbitror.*
Cicer. lib. eod.

(3) *Impunitate nihil periculofius eft, quæ femper
ad deteriora prolabitur.* Ex libris Apoph. Collect. à
Bartolomæo Magio. *Impunitæ injuriæ exemplum omnibus injuriam minatur. Etenim fi liceat impune læ-
dere, quis tutus erit ab improborum violentia ?*

à la patrie ; mais auſſi par des raiſons tirées de circonſtances qui rendent le crime plus pardonnable ; (1) & non de l'autorité, de la contrainte, ou de la faveur : à quoi l'on doit ajouter qu'il faut que cette grace vienne de celui qui en a le droit. Car au reſte « celui qui a fait la loi a bien le pou- » voir d'y déroger ; & il lui ſera bien permis à » plus forte raiſon, pour des cauſes graves & » juſtes, d'abſoudre celui qui l'a violée, & de lui » faire grace de la peine qu'elle prononce. » (2) Mais ſi l'une ou l'autre de ces conditions étoit négligée, l'on violeroit le droit des gens ; l'on troubleroit l'ordre & l'équilibre de la juſtice, qui eſt le lien le plus fort & le plus reſpectable de tous les états.

Je ne dis pas cela pour interdire l'exercice de la miſéricorde & de la clémence ; mais j'en avertis comme d'un écueil dangereux, contre lequel on

______

(1) Grot. de J. B. ac P. Lib. II, cap. XX, §. 26. Puffend. *de off. hom. & civ.* Lib. II, cap. XIII, §. 15. Burlamaqui, *Princ. du droit polit.* Chap. IV, §. 43.

(2) Gribner. *Princip. juriſp. natur.* Lib. II, c. III, de jure majeſt. §. 5.

Negari nequit, ei qui legem fert, jus etiam eſſe eidem ob juſtas cauſas derogandi, quin eam plane abrogandi : multo magis eidem licebit aliquem delinquentem ob juſtas & graves cauſas ita lege ſolvere, ut ei gratiam pœnæ faciat. Heinec. de J. N. & G. Lib. II, cap. VIII, §. 158. Grot. de Indulgent. §. 13.

brife fouvent , & avec trop de facilité. Les juges
doivent l'éviter avec tout le foin poffible, pour
ne féparer jamais la juftice de la douceur, ni
l'ordre févere de l'humanité..... On ne fauroit
s'élever avec trop de véhémence contre des juges qui étant chargés des dépouilles du pauvre
peuple, condamnent avec la plus grande rigueur
un indigent qui aura pris quelque petite partie du
fuperflu du riche, pouffé à cela par le befoin,
fans penfer combien leur propre arrêt les condamne. (1) Il a fallu de longues & confidérables
pirateries pour acquérir le privilege de l'impunité. Les loix fe taifent au milieu des plus odieufes
vexations, ou, fi elles ofent tenter de fe faire entendre, le bruit de l'or & de l'argent étouffe leur
voix. De grandes richeffes, dit Ciceron, éner-
vent toute la force de la religion & des loix. (2)
Et c'eft dans ce fens qu'Anacharfis ayant appris
que Solon travailloit à donner des loix aux Athéniens, dit, en riant de la peine que prenoit ce
légiflateur, que fes loix feroient comme les toiles

____

(1) *Unufquifque de alio iudicaturus, de feipfo
primum judicet, nec minora in a'io errata condem-
net, cum ipfe graviora com niferit.* D. Ambrof. Apo-
log. David. Lib. II , cap. I.

(2) *Ingentes divitiæ judiciorum religionem ve-
ritatemque folent perfringere.* Cicer. Act. 6, in Ver-
rem.

d'araignées, qui ne retiennent que les moucherons, & que de plus grosses mouches déchirent. (1)

Quant aux peines de mort, je rappellerai ici la coutume des Romains, qui ne punissoient du dernier supplice que les parricides, les meurtriers, les rebelles ou traîtres à la patrie, & d'autres crimes semblables, qu'il ne convient jamais d'épargner. Mais dans la suite on en vint à punir de mort les simples larcins ; & cette pratique, très-mauvaise, dit Patricius, prévalut au point qu'on faisoit mourir les larrons pour les plus minces objets. Ainsi, ajoute-t-il, on enleve à la société un bien qu'on ne peut jamais lui rendre. (2)

---

(1) *Anacharsis, audito Solonem legibus scribendis apud Athenienses incumbere, impense ejus operam, ac diligentiam irrisisse, asserens leges illas aranearum telis similes esse futuras, quæ minora volatilia comprehenderent, scinderentur autem a majoribus.* Patritius de Instit. reip. Lib. I.

Si le propos d'Anacharsis devoit toujours être vrai, il faudroit brûler les livres, courber le dos, & endurer patiemment tous les coups sans se plaindre.

Note de l'éditeur.

(2) *Raro morte animadvertere consueverunt Romani, præterquam in parricidas, homicidas & perduelles, similesque facinorosos, quorum vitæ neutiquam parcendum esset. Sed pessima jam consuetudo invaluit, ut minimarum rerum etiam fures morte plectantur; & eripiunt id, quod nunquam mortalibus reddi potest.* Idem, de Instit. reip. Lib. III.

Puisque nous traitons à préfent de la mefure des peines, nous ne pourrions rapporter plus à propos le fentiment judicieux de M. Vattel.

« Quand on réfléchit fur la pratique crimi-
» nelle des anciens Romains, quand on fe rap-
» pelle leur attention fcrupuleufe à épargner le
» fang des citoyens, on ne peut manquer d'être
» frappé de la facilité avec laquelle il fe verfe
» aujourd'hui dans la plupart des états. La répu-
» blique romaine étoit - elle donc mal policée ?
» Voyons - nous plus d'ordre, plus de fûreté
» parmi nous ? C'eft moins l'atrocité des peines,
» que l'exactitude à les exiger, qui retient tout
» le monde dans le devoir. Et fi l'on punit de
» mort le fimple vol, que réfervera-t-on pour
» mettre la vie des citoyens en fûreté ? » (1)

Autant que cette façon de penfer eft humaine & équitable, autant eft extrême & peu jufte le fentiment de ceux qui ne frémiffent pas de con-damner à mort ceux qui fe rendent coupables d'un fimple larcin.

« L'équité naturelle, dit un auteur, veut qu'il
» y ait une proportion entre le crime & le châ-
» timent. Les vols compliqués méritent la mort ;
» ceux qui fe commettent fans violence ont des

____

(1) Vattel, Droit des gens, liv. I, ch. XIII, §. 172.

» côtés par lesquels on peut envisager avec com-
» passion ceux qui en sont coupables. Il y a l'in-
» fini entre le destin d'un riche & celui d'un
» misérable : l'un regorge de biens & nage dans
» le superflu : l'autre, abandonné de la fortune,
» manque même du nécessaire. Qu'un malheu-
» reux dérobe, pour vivre, quelques pistoles,
» une montre d'or, ou pareilles bagatelles à un
» homme que sa magnificence empêche de s'ap-
» percevoir de cette perte, faut-il que ce miséra-
» ble soit dévoué à la mort ? L'humanité n'exige-
» t-elle pas qu'on adoucisse cette extrême ri-
» gueur ? Il paroît bien que les riches ont fait
» cette loi : les pauvres ne seroient-ils pas en
» droit de dire, que n'a-t-on de la commiséra-
» tion pour notre état déplorable ? Si vous étiez
» charitables, si vous étiez humains, vous nous
» secourriez dans nos miseres, & nous ne vous
» volerions pas : parlez ; est-il juste que toutes
» les félicités de ce monde soient pour vous, &
» que toutes les infortunes nous accablent ? » (1)

Si nous en croyons quelques juristes, à la vérité assez mal-habiles, (*jurisperitos vel potius im-*
peritos) celui qui a commis trois larcins mérite

____

(1) L'auteur de la *Dissertation sur les raisons*
d'établir ou d'abroger les loix.

le nom de *voleur fameux.* Et d'où vient cette opinion, que de l'interprétation abusive d'une loi du Digeste qui porte : *Plusieurs ont été d'avis que les voleurs fameux fussent pendus sur les lieux même où ils ont commis leurs vols, afin d'effrayer par ce spectacle ceux qui pourroient commettre les mêmes crimes ; & de consoler par cet acte de justice les parens de ceux qui ont péri de la main de ces scélérats dans ces mêmes lieux.* (1) Cette loi n'étoit susceptible d'aucune interprétation équivoque ; il est clair qu'elle ne parle pas des larrons, mais des voleurs de grands chemins. Jamais le mot *latro* n'a pu signifier un simple *larron.* La liaison des termes de la loi le fait assez connoître, sans avoir besoin de recourir aux grammairiens. *Les voleurs de grands chemins devront être pendus sur les lieux même où ils auront volé.* A quoi elle ajoute, *la peine devant être subie là où les vo-*

---

(1) *Famosos latrones in his locis ubi grassati sunt, furca figendos compluribus placuit, ut & conspectu deterreantur alii ab iisdem facinoribus, & solatio fit cognatis & adfinibus interemptorum eodem loco pœna reddita in quo latrones homicidia fecissent.* L. 28, ff de pœnis, §. famosos.

Il est bien incroyable qu'on se soit fondé sur cette loi pour condamner à la mort, dans la plupart des états modernes, les simples voleurs. Il est évident qu'il n'est question ici que des assassins.

Note de l'éditeur.

leurs auront commis l'homicide : il s'agit donc là de voleurs, brigands ou meurtriers, qu'on appelle *latrones*, ou *grassatores* ; & · l'épithete *famosos* acheve de les caractériser de façon à ne pouvoir les confondre avec les simples larrons.

Les Novelles de Justinien achevent & confirment cette explication. *Nous ne voulons pas absolument*, dit cet empereur, *que l'on mutile aucun membre, ni que l'on fasse mourir personne pour larcin*, (1) & cela suit de près la définition qu'il a donnée du larron en ces termes : *Nous appellons larrons ceux qui dérobent clandestinement, & qui commettent ce délit sans armes.* (2) Cette constitution met une différence bien considérable entre le larcin & le brigandage, puisqu'elle ne veut pas même que le larron soit mutilé. Et puisque nous sommes sur l'article du larcin, je ne puis quitter cette matiere importante sans toucher une question qui ne l'est pas moins. Elle a pour objet une pratique assez ordinairement observée, que, lorsque les larcins deviennent plus fréquens, les larrons qui sont attrapés sont d'autant plus

---

(1) *Pro furto autem nolumus omnino quodlibet membrum abscindi, aut mori, sed aliter eum castigari.* Novell. CXXXIV, cap. 13.

(2) *Fures vocamus qui occulte & sine armis hujusmodi delinquunt.* Ibid.

sévèrement punis, que ces larcins sont multipliés. Usage que je doute que le droit & la raison autorisent. Car, pourquoi les punir plus grièvement ? Ce ne peut être que parce que plusieurs autres ont commis des vols : ce n'est donc pas pour leur crime propre, mais pour le crime des autres, que leur peine est aggravée, puisque si eux seuls avoient volé, on les puniroit plus doucement : celui qui a commis un ou deux larcins n'est pas plus tenu de répondre de ceux des autres, que s'il n'en avoit commis aucun : ainsi imposer à celui qui a volé une peine plus dure que celle que la loi prononce, ou une peine que la loi n'impose pas, est également injuste. Bref, on ne fait pas moins tort à celui qu'on punit du crime des autres, que si on punissoit une personne qui n'en auroit commis aucun, à moins qu'il n'en soit complice. Ce que j'ai dit du larcin, je le dis des autres crimes.

On fera peut-être ici usage d'une loi de Claudius Saturninus, conçue en ces termes : (1) *Il arrive quelquefois que l'on aggrave le supplice de certains crimes, lorsque le nombre des criminels rend cet exemple nécessaire : mais je dis que cette loi, si*

______

(1) *Evenit ut aliquorum maleficiorum supplicia exacerbentur, quoties nimirum multis personis grassantibus, exemplo opus sit.* L. XVI, ff. de pœnis.

c'en eſt une, n'a d'autre ſens que celui de la maxime vulgaire, reçue dans le barreau : que *là où les délits croiſſent & deviennent plus fréquens, il faut accroître les peines.* (1) J'en parlerai dans la ſuite avec un peu d'étendue, & j'y renvoie mon lecteur pour ne pas me répéter. Je me bornerai à dire ici que ſi les délits d'un certain genre ſe multiplient, & que pour cette raiſon l'on trouve à propos d'augmenter la ſévérité des peines, ce devra être avec précaution, & de telle maniere que l'on ne paſſe pas la ligne ou la limite que preſcrit la loi ; mais que l'on reſte en-deçà plutôt que de la paſſer. J'ai dit , en rapportant les paroles de Saturninus, ſi c'étoit une loi : car pour moi je trouve qu'il s'exprime plus en hiſtorien qu'en légiſlateur : ce que le début *il arrive* détermine aſſez clairement. Ce ſens eſt confirmé encore par le commencement de la période précédente. *Il arrive,* dit-il, *que les mêmes crimes ſont plus ſé-vérement punis dans quelques provinces, comme en Afrique les incendiaires des moiſſons, en Miſie ceux des vignes, dans les pays de mines les falſifi-cateurs de la monnoie.* (2) Indiquant ainſi ce qu'on

---

(1) *Creſcentibus delictis, exaſperantur pœnæ.*

(2) *Evenit ut eadem ſcelera in quibuſdam pro-vinciis gravius plectantur, ut in Africa meſſium in-cenſores, in Miſia vitium, ubi metalla ſunt, adul-teratores monetæ.* L. dict. ff. de pœnis.

faifoit ailleurs plutôt que ce qu'on devoit faire en vertu de quelque loi.

M. de Montefquieu montre clairement par les exemples qu'il rapporte, combien peu les fouverains ont avancé le bien de leurs états, en infligeant les mêmes peines aux larrons qu'aux voleurs publics.

« C'eft un grand mal parmi nous, dit-il, de » faire fubir la même peine à celui qui vole fur » un grand chemin, & à celui qui vole & affaf- » fine. Il eft vifible que, pour la fûreté publique, » il faudroit mettre quelque différence dans la » peine. A la Chine les voleurs cruels font cou- » pés en morceaux, les autres non. Cette diffé- » rence fait que l'on y vole, mais que l'on n'y » affaffine pas. En Mofcovie, où la peine des vo- » leurs & celle des affaffins font les mêmes, on » affaffine toujours. Les morts, dit-on, ne ra- » content rien. » (1)

On doit à la vérité une plus grande peine aux crimes réitérés. J'en conviens ; mais je doute beaucoup qu'il foit permis aux juges de porter aux plus grandes extrêmités la peine de tous les délits. « Car, comme le dit M. Vattel, dire que toute » peine eft jufte, quand le coupable a connu

---

(I) *Efprit des loix.* Liv. VI, chap. 16.

» d'avance le châtiment auquel il s'expofoit, c'eft
» tenir un langage barbare, contraire à l'humanité
» & à la loi naturelle. » (1)

Et qu'on ne dife pas qu'il n'eft point de peine
plus jufte que celle qui eft établie par l'ancien ufage, puifque, felon la maxime de l'empereur Juf-
tinien, « ni la longueur du tems, ni l'ancienneté
» de la coutume ne peuvent confacrer des chofes
» mal conçues, ou une coutume abufive. » (2)
Ainfi c'étoit avec bien de la raifon qu'Ifocrate di-
foit que les mauvaifes loix & les coutumes dé-
pravées devoient être abolies, quelqu'anciennes
qu'elles puffent être. (3) Et c'eft ainfi que penfent tous les gens fages.

Qui ne fent que fi l'on proportionne les peines
au mal que le délit caufe, il fera aifé de comprendre quels genres de larcin devront être les
plus puniffables ?

J'ai montré affez clairement, ce me femble, que
les juges devoient tempérer l'effet des loix, &
même les interpréter bénignement, felon que les

---

(1) Vattel, Droit des gens.

(2) *Male adinventa malafque confuetudines, ne-*
que ex longo tempore, neque ex longa confuetudine
confirmari. Novell. 134, cap. I.

(3) *Leges malæ & confuetudines tollendæ, quan-*
tumvis diuturnæ. Ifocrat. de orat. ad Nicocl. Deanha.
Quæft. Jur. Lib. V, §. 146.

circonftances qui accompagnent les crimes peuvent le permettre. S'ils n'avoient pas ce pouvoir, les loix s'éloigneroient de leur but, loin de le remplir. Le juge agiroit comme une pure machine, qui fans varier fait tous fes mouvemens ; tandis que fon devoir l'appelle, non à fuivre fervilement le cours des loix, mais à en déterminer le vrai fens par la raifon, & à en faire l'application la plus raifonnable, felon les circonftances, de manière que chacune d'elles rempliffe le but pour lequel elle étoit faite. C'eft le devoir d'un bon juge, dit Platon, « d'approprier prudemment les » loix aux diverfes actions des hommes & à la » variété de leurs circonftances. » (1) Les princes ne pouvant toujours, ni punir, ni interpréter les loix par eux-mêmes, il falloit néceffairement qu'ils s'en remiffent aux juges qu'ils avoient établis pour cette fonction. (2)

Quoi donc ! feroit-il permis aux juges d'inter-

____

(1) *Eft boni judicis eafdem leges ad fingularia hominum facta prudenter pro variis circumftantiis applicare & accommodare. Plato, de L. L. lib. IX.*

(2) *Cum fummi imperantes non femper ipfimet punire, ac leges interpretari omni loco queant, confequitur ut facultas iis fit relinquenda conftituendi judicis leges interpretantem.* Gudling. de J. N. & G. de jure majeft. §. 46. Locke, *Gouvernement civil.* Chap. XIII, de la prérogative.

préter les loix de façon à leur attribuer plus de dureté que ne le porte leur sens naturel , & d'aggraver les peines qu'elles infligent ? Non, sans doute, puisque ces juges ne sont que les gardiens & les exécuteurs des loix , & non point législateurs. Aucune peine ne peut être ajoutée à la loi que par une loi nouvelle ; ainsi , quelque graves , quelqu'atroces , quelque criminelles que soient les circonstances du crime , le juge ne peut légitimement passer d'une ligne sa teneur, puisque quiconque est plus sévere que les loix est un tyran.

Personne n'osera , je pense , m'objecter ici le dicton vulgaire, qu'à mesure que les délits augmentent, il faut augmenter les peines, *crescentibus delictis , pœnas esse exasperandas ;* maxime de droit public, dont les jurisconsultes ont abusé, en en détournant le vrai sens. (1) Car s'ils l'avoient tiré des loix romaines , & sur-tout de celle de Marcian , dont nous avons ci - devant parlé , ils auroient clairement compris que , dans les cas même où les peines sont aggravées par une constitution nouvelle , à mesure que les délits croissent & se multiplient, les juges doivent

---

(1) Grot. de J. B. & P. lib. de æquitate, &c. C. 1, §. 10, Puffend. de J. N. & N. Lib. VIII , cap. III , §. 2).

les exécuter avec quelque tempérament de douceur. (1) De sorte que j'interpréterai la maxime
de cette maniere : Plus les délits vont en croiffant, moins il convient que les juges usent d'indulgence ; mais jamais ces délits ne peuvent croître au point de ne laiffer aucun lieu à l'exercice
de la douceur. Marcian met par fa loi des bornes
aux peines, en les mefurant par la gravité des
délits ; mais il ne prefcrit pas des bornes certaines
à la clémence des juges, & il ne paroît pas même
qu'on puiffe imaginer des délits d'une gravité capable d'épuifer en quelque forte toute la bonté
des juges. Les loix romaines font fi éloignées de
leur permettre de paffer la mefure qu'elles prefcrivent, que par-tout on y voit la bénignité mêlée à l'auftérité des loix : ce qui affurément eft parfaitement d'accord avec la raifon ; car lors même
que les délits croiffent, la peine portée par la loi
ne peut être aggravée que par une loi nouvelle
& duement promulguée ; ce qui alors n'eft plus
notre thefe, parce que cette fonction n'appartient
point au juge, mais au feul législateur ; & fi le
juge pouvoit le faire, le rée feroit jugé par des

---

(1) *In gravioribus pænis quæ crefcentibus delictis conftituuntur, feveritatem legum cum aliquo temperamento benignitatis effe a judicibus fubfequendam.*

loix qui n'auroient jamais exifté, & puni avec
une fouveraine injuftice; vu que fi peu que la
peine qui lui eft infligée excede la mefure pref-
crite, il n'eft plus puni par la loi, ni felon fon
intention. Le législateur étant cenfé avoir envi-
fagé les circonftances les plus graves du crime
contre lequel il prononce, eft cenfé en même
tems avoir attaché à ce crime la peine la plus
adaptée à fa gravité; de forte qu'elle eft dans le
cas d'être diminuée & adoucie, s'il manque quelque chofe à la gravité des circonftances : mais elle
ne peut être augmentée, fi toutes ces circonftances s'y trouvent. Que fi le juge étoit libre
d'étendre à fon gré les peines jufqu'à celle du
glaive ou de la potence, fi les droits du législateur & du juge n'étoient pas féparés & diftinc-
tement connus, leur autorité pourroit fe confondre : l'un empiéteroit fur les droits de l'autre ;
les jugemens ne feroient plus juftes, parce qu'ils
n'auroient plus pour bafe un pouvoir évidemment légitime.

De la compétence des tribunaux.

Une procédure criminelle, inftruite par un juge contre
le rée hors des limites de fa jurifdiction, mais
dans celles de l'état, peut-elle être confirmée par
le prince ou par fon confeil, aux fins de pouvoir
l'autorifer à prononcer une fentence? ou bien, fi
le rée peut exiger du prince ou de fon confeil
qu'il déclare nulle cette procédure?

Ayant ouï derniérement difputer le pour &
le contre de cette queftion par nos jurifconfultes, & réfléchiffant fur fon importance en matiere judiciaire, ma fonction de préfident de la
cour de juftice me fit penfer qu'il étoit de mon
reffort de m'expliquer fur cette matiere; ce que
je vais expofer le plus briévement qu'il fera poffible.

Je prendrai de loin mes principes, & je les ti-
rerai de la naiffance des fociétés. Lorfque les hommes convinrent d'habiter des villes, & fe lierent
par des pactes mutuels pour former des fociétés,
tout ce que chacun avoit d'autorité, & qui jufques là avoit été divifé comme en parcelles chez
les individus & réuni en une maffe, fut conféré

H ij

à celui dont ils avoient fait choix pour les gouverner. Par-là ils aliénerent le droit de pourfuivre leurs propres injures ; il ne leur fut plus permis de lever la main fur ceux qui leur avoient fait quelque tort , à moins qu'ils ne fuffent munis de l'autorité publique du fupérieur. Dès-là il n'appartient qu'au fouverain de protéger les citoyens , & de les garantir de toute oppreffion : mais ne le pouvant fans connoiffance de caufe , & cette connoiffance d'une multitude de cas qui s'élevent dans toute l'étendue d'un grand état demandant un nombre de juges qui les examinent, le prince choifit entre les citoyens ceux qu'il croit les plus propres à en remplir la fonction. Ainfi le pouvoir conféré par les citoyens au fouverain qu'ils avoient élu, fut remis par lui à ces mêmes citoyens pour l'exercer fous de certaines conditions. Mais comme, vu la multitude d'habitans répandus en divers lieux, il faut qu'il y ait des prépofés qui voient de près ce qui fe paffe , qui puiffent en connoître avec promptitude & avec prudence, ou en faire rapport au prince & à fon confeil, il a fallu que le confeil fupérieur fe partageât pour ainfi dire en autant de branches ou de cours inférieures qu'il y avoit de diftricts , pour exercer la juftice fur leurs habitans. Dès-lors celui qui préfide à l'une de ces cours de juftice doit savoir que sa jurisdiction ne s'étend pas au-delà du cercle qui lui est tracé, & qu'il ne peut en passer les limites sans violer les autres jurisdictions, & leur faire injure. Le souverain ne perd cependant rien de ses droits ; mais en conférant à d'autres un certain pouvoir sur certains citoyens, & sur des causes d'un certain genre, il se réserve à lui-même ou à son conseil supérieur une autorité suprême sur tous les citoyens, & dans tous les cas. Et s'il est monarque, cette jurisdiction royale ou sénatoriale n'a de bornes que celles de son royaume, & aucun citoyen n'est plus affranchi de la suprême puissance, qu'il ne l'étoit avant l'institution des juges dont j'ai parlé.

Après ces préliminaires, je viens au fait dont il est question.

Il est permis aux juges par les loix romaines, de procéder contre un coupable, ou à raison du lieu où le délit a été commis, (1) ou à raison de son domicile, (2) ou dans quelque lieu qu'il soit découvert. (3)

------

(1) L. L C. ubi de crim. agi oport. L. II, C. de jurisdict. omn. jud.

(2) Le lieu du domicile est celui où l'on est habitué pour l'ordinaire, *ubi larem quis fovet*, ou celui où git la plus grande partie de ses biens. Peref. in eod. L. III, tit. 13, n. 18.

(3) Dicta L. I. Cod. eod.

Pour ce qui eſt du juge dans la juriſdiction duquel le crime a été commis, aucun autre ne peut agir contre le rée avec plus de droit & de convenance, non-ſeulement parce que plus il eſt voiſin du lieu du délit, plus ce délit peut venir promptement & facilement à ſa connoiſſance; mais auſſi parce que, ſi l'exemple de la peine eſt donné dans le lieu où a été donné l'exemple du crime, il devra plus efficacement en détourner tous les citoyens. (1) Mais ſi ce juge jouiſſoit ſeul de ce droit, autant de coupables qui pourroient échapper de ſon territoire, demeureroient impunis. Voilà pourquoi les légiſlateurs, voulant leur ôter tout eſpoir d'impunité & leur fermer tout aſyle, ont donné le droit de les faire arrêter, aux juges dans la juriſdiction deſquels ils ſe trouveroient domiciliés, comme à ceux dans la juriſdiction, deſquels ils auroient commis le crime; afin que, dans quelque retraite qu'ils ſe cachaſſent, pourvu que ce fût dans l'enceinte du même état, ils fuſſent ſaiſis, & réduits dans les priſons, ſelon le preſcrit des loix, (2) puiſque quiconque a

---

(1) C'eſt par le lieu du délit que ſe regle principalement la compétence en matiere criminelle, & cela tant à cauſe de la néceſſité de l'exemple & de la conſolation particuliere de ceux qui ont ſouffert du crime, que pour la plus grande facilité des preuves. Vouglans, Inſtit. au droit crim. Part. IV, chap. II, n. 1.

(2) Dicta L. I. Cod. ubi de crim.

violé les loix d'un état, peut être arrêté par-tout
également dans fes limites. La perfonne du rée
dépendant du fouverain ou des juges qu'il a établis, fon procès peut lui être fait en fon nom,
pourvu qu'il fe trouve dans la jurifdiction de l'un
d'eux; & la raifon qui m'en paroît la meilleure
eft que tous les juges confidérés non féparément,
mais en corps, en tant que folidairement prépofés à juger les caufes de l'état entier, repréfen-
tent la perfonne du fouverain. Ce pouvoir n'eft
pas refferré dans un lieu particulier de l'état, il
embraffe toutes fes parties. Ainfi, lorfqu'il s'agit de
faifir un coupable, tous les tribunaux inférieurs,
entre lefquels l'autorité fuprême s'eft comme di-
vifée, fe réuniffent en quelque forte de nouveau,
pour empêcher que le coupable n'échappe, &
que s'il fuit d'un lieu, il tombe dans l'autre, de
façon que l'état foit exempt de crainte.

Rien n'eft plus clair, ce me femble, ni plus
certain : mais on pourroit bien ne pas trouver
également clair qu'il foit permis au juge de faifir
le rée hors des limites de fa jurifdiction, qui ne
lui a été attribuée qu'avec des réferves au-delà
defquels il femble l'étendre.

Quant à moi, je ne voudrois pas foutenir qu'il
lui fût permis de faifir indifféremment tout criminel hors de fa jurifdiction. Son pouvoir en effet

ne fauroit être plus étendu que celui que le prince a eu intention de lui conférer. Mais s'il vient à le faire, je ne dirois pas pour cela que cet acte dût être nul & de nul effet. Le rée n'a aucun lieu de fe plaindre qu'on lui ait fait tort ou injure, puifqu'il peut être faifi, accufé & jugé par-tout ; le feul qui pourroit en faire grief feroit le juge dans la jurifdiction duquel eft fait cet acte, ou plutôt le fouverain de l'un ou de l'autre, qui a marqué les limires de chaque jurifdiction. « Le » criminel doit être puni, dit M. le préfident » Seigneux ; (1) & en quelque lieu qu'on veuille » lui infliger la peine qu'il mérite, il ne peut pas » fe plaindre qu'on lui faffe une injuftice en le » puniffant. Il n'y a qu'un juge plus compétent, » qui puiffe fe plaindre fi on lui refufe la reftitu- » tion du délinquant, qu'il a droit de réclamer, » & dont il veut faire juftice, &c. » (2) Le rée ne pourra donc fe plaindre du juge qui l'a fait faifir & mis en caufe, encore moins réclamer l'impunité, & demander d'être élargi. Le juge feul auquel il étoit permis par les loix de l'action-

---

(1) Préfident des confeils du prince duc d'Arem- berg, & ci-devant juge civil & criminel de la ville de Laufanne.

(2) *Syftême de la jurifpr. crimin.* Chap. III. *de la compétence des tribunaux.*

ner, peut s'opposer à ce qu'il ne soit rien pro‑
noncé à son sujet, & demander qu'il lui soit re‑
mis. Mais il n'y a rien en cela qui puisse embarras‑
ser le moins du monde la jurisdiction supérieure
du prince, ni arrêter le conseil qu'il s'est choisi;
parce qu'il peut suppléer promptement & facile‑
ment à ce défaut, étendre ou restreindre à son
gré la jurisdiction qu'il a déléguée, selon que le
bien public le demande. Le célebre Locke s'ex‑
plique en ces termes sur ce sujet : « Tandis que ce
» pouvoir est employé pour l'avantage de l'état,
» & conformément à la confiance de la société,
» & aux fins du gouvernement, c'est une pré‑
» rogative incontestable, & on n'y trouve jamais
» à redire; car le peuple n'est guere scrupuleux
» ou rigide sur le point de la prérogative, pen‑
» dant que ceux qui l'ont s'en servent assez bien
» pour l'usage auquel elle a été destinée, c'est‑
» à-dire pour le bien public, non manifestement
» contre ce bien-là. » (1)

Il est évident que, si l'*informalité* de la saisie
donnoit lieu à ce que le rée fût relâché, le crime
échapperoit aux peines publiques qui lui sont
dues, ce qui seroit l'un des plus grands maux qui
pût affliger l'état. « Car puisque le droit de punir
» les crimes résulte nécessairement de la consti‑

____

(1) Locke, *Gouvernement civil,* Chap. XIII. *de la
prérogative.*

» tution d'un gouvernement quelconque, rien
» ne feroit plus deftructif, plus contraire à fon
» bien-être que l'impunité des crimes, foit qu'elle
» fût autorifée par la loi, foit qu'elle eût lieu par
» le fait. » (1) Benoît XIV, ce pape vraiment
illuftre, avoit depuis bien des années remédié à ce
mal en fupprimant quantité d'afyles ; & nombre de
princes d'Italie l'ont fait auffi par des traités récipro-
ques, dans lefquels ils ont mis en regle la maniere
de fe remettre les prifonniers d'état à état. Je ne
doute pas que mon fentiment fur ce point ne pa-
roiffe un peu étrange à ceux qui ont embraffé le parti
contraire, en foutenant que la faifie du rée dans le
cas fuppofé ne peut être légitime. Mais s'ils réflé-
chiffent mûrement fur le parti qu'eux-mêmes pren-
droient, s'ils avoient à leur charge de pourvoir à
la confervation de l'état ; s'ils penfent avec quel
fouci les hommes fages qui le gouvernent veillent
continuellement à ce qu'on ne laiffe jamais échapper l'occafion de faifir les criminels quand on le
peut, ni de les punir quand on le doit, je m'affure
qu'ils feront bientôt de mon avis.

------

(1) *Sicuti jus puniendi delicta ex neceffaria rei-*
publicæ adminiftratione fluit : ita faluti civitatis
nihil magis repugnat, quam fcelerum impunitas,
five lege ea permiffa fit, five ipfo facto concedatur.
Gribner. *Princip. jurifprud. nat.* Cap. III, §. 5, n. 1.

DISCOURS

SUR L'ADMINISTRATION

DE LA JUSTICE

CRIMINELLE.

Prononcé par M. S**, avocat - général.

Homo fum, nil humani a me alienum puto. TERENT.

NOTE DE L'EDITEUR.

On a dit avec raison que ce petit discours étoit un chef-d'œuvre de raisonemnent, d'éloquence & de sensibilité. Je ne l'ai point accompagné de notes , quoiqu'il en fût susceptible, à la vérité, peut-être moins que tous les ouvrages publiés sur cette matiere , parce qu'elles auroient interrompu l'interêt qu'on prend à le lire. Ce discours a été imprimé en 1767 à Geneve.

DISCOURS

Sur l'administration de la justice criminelle.

En parcourant tous les devoirs du magiftrat, aucun ne m'a paru plus effentiel que l'adminiftration de la juftice criminelle; & j'ai été furpris qu'un fujet fi grand fût traité fi rarement dans ces difcours où l'on s'occupe du bien de l'état & des fonctions de la magiftrature : un fimple coup-d'œil découvre dans cet objet mille rapports utiles; & l'émotion continuelle que j'éprouvois en le confidérant, m'a fait fentir qu'il n'eft pas moins intéreffant qu'utile.

Il n'appartient qu'aux hommes éloquens de communiquer leurs fentimens; je fuis bien éloigné de me flatter de ce fuccès, mais je n'accuferai que moi-même, & j'aurai trompé mon fujet.

Cependant ce fujet & mon zele m'infpirent quelque confiance; il faut même que je l'avoue, je defirerois que tous nos citoyens m'écoutaffent en ce moment : je voudrois leur dire, c'eft pour vous, pour vous feuls, pour vous tous, que je vais parler; je vais parler pour vos biens, vos libertés, vos

vies : qui de vous pourra m'entendre avec indifférence ? Vous êtes libres aujourd'hui ; votre fortune, vos jours vous paroissent en sûreté : mais
demain, peut-être demain, vous serez accusateurs
ou accusés ; & peut-être en cet instant un citoyen
ennemi épie le moment de vous surprendre ;
peut-être un noir complot exposera votre vie aux
soupçons de la justice : qui le sait ? peut-être un
jour vos mains porteront des fers. O mes concitoyens ! écoutez & rassurez-vous ; en exposant
nos devoirs, je vais vous instruire de vos ressources ; apprenez le peu que vous avez à craindre, par les obligations que nous avons à remplir.

Mais en réclamant pour vous la justice la plus
sacrée, j'ose à mon tour vous la demander pour
moi-même ; & l'unique retour que j'espere & qui
puisse me flatter, c'est de vous entendre avouer
que je chéris des devoirs qui m'obligent à vous
chérir vous-mêmes.

Toutes les vertus, toutes les qualités du magistrat entrent dans l'administration de la justice
criminelle ; mais je me borne à décrire les effets
plus sensibles de la vigilance à prévenir & poursuivre le crime, de la diligence à instruire son
jugement, & de l'équité qui doit le former.

Cependant je demande avant tout, d'où vient
la fatale nécessité qui oblige à punir des hommes ?

d'où vient qu'ils ne sauroient se passer de loix criminelles ? Il semble qu'avec de bonnes loix civiles, les loix criminelles seroient à jamais inutiles ; car enfin qu'est-ce qu'une bonne loi civile ? C'est celle qui, paroissant agir de concert avec la nature, ne propose à chaque citoyen que ce qui convient à son bien-être, & ne lui défend que ce qui peut y nuire ; celle qui du bonheur de chacun compose le bonheur public, & consultant tous les intérêts particuliers, en forme un intérêt commun. Comment donc se peut-il qu'un citoyen viole de telles loix, qu'il veuille agir contre lui-même, & qu'il renonce à son bonheur pour trahir ses engagemens ?

Le cœur humain explique aisément cette difficulté. De bonnes loix nous procurent le bonheur dans l'état social ; mais elles retranchent de celui qu'on pourroit goûter dans l'état de nature : elles n'ordonnent rien qui ne convienne à notre bien-être ; mais elles prohibent ce qui convient à nos plaisirs ; & ce qu'elles donnent au repos, elles l'ôtent aux passions : enfin de bonnes loix révoltent d'abord par leurs prohibitions, & il faut une raison assez rare pour découvrir ce qu'elles rendent au travers de ce qu'elles ravissent.

L'homme d'ailleurs, qui ne voit, ne connoît que lui-même, dominé par l'intérêt, forme toujours en secret le dessein de laisser les loix aux autres pour sa sûreté, & de s'en dégager lui-même pour son avantage : le lien qu'il voudroit resserrer pour eux, il le dénoue sourdement pour lui seul.

Et voilà les maux qu'il falloit prévenir ; voilà le but & l'ouvrage des loix criminelles : la punition qu'elles infligent à l'infraction des loix, est un nouveau motif pour les faire observer : & tout l'art des loix criminelles consiste à si bien régler le poids des peines, qu'excédant toujours celui des passions, il fasse pencher infailliblement le citoyen du côté du devoir. Il n'est pas de mon sujet, encore moins de mes talens, d'entrer plus avant dans la nature des loix criminelles ; je n'envisage que l'importance de leur administration ; & la nécessité de la vigilance dans le magistrat, est ce qui me frappe d'abord.

1º. La vigilance du magistrat est une attention continuelle sur les actions des citoyens.

Je vois une mere autour de ses enfans ; elle les suit & les couvre de ses regards, les veille durant leur repos, & les observe sans cesse durant leur veille : plus attentive encore à prévenir les maux, qu'ardente à les soulager, elle dispose autour d'eux les objets, selon qu'ils conviennent à leurs foibles organes ; elle écarte, elle soustrait

tout

tout ce qui peut nuire, & rapproche tout ce qui est utile; elle compose, en un mot, de ses propres mains le bonheur de leur premier âge. Voilà l'idée que je me forme du magistrat au milieu de ses concitoyens; ce que la nature inspire à l'une, le devoir le commande à l'autre : fonctions sublimes, où sont les cœurs assez grands pour vous remplir !

Avant l'ordre civil, l'homme étoit sans doute seul maître de lui-même : libre au milieu de la nature, toutes ses forces étoient à lui, & toutes n'étoient que pour lui : il étoit son premier moteur & son unique objet. Ses facultés, son repos, son bonheur, lui - même n'étoit point un effet social dont ses semblables eussent le droit de disposer; seul il faisoit un tout : si les hommes se choquoient entr'eux, ce n'étoit pas des parties d'un même corps qui se désunissoient, c'étoit des corps séparés qui se faisoient obstacle.

Mais depuis qu'il s'est dépouillé de sa liberté naturelle pour se soumettre aux loix, depuis qu'il a cédé une partie de ses droits pour assurer la jouissance du reste, & resserré sa volonté pour étendre son pouvoir; maintenant que son bonheur est en commun, un nouvel ordre s'est établi; l'homme n'appartient plus à lui-même; il est un bien de la société; il n'est plus entraîné par les mouvemens de sa volonté particuliere ; il est guidé sur le plan d'une raison générale ; il reconnoît quelques supérieurs, mais tous les autres sont ses égaux ; il obéit, mais il n'est plus exposé à la violence : en un mot, le gouvernement est substitué à l'instinct, & le bonheur de l'homme est un ouvrage de la sagesse humaine.

Tel est du moins l'objet de la société civile ; & si les effets n'y ont pas toujours répondu, prenons-nous en à nous-mêmes, qui avons converti souvent en poison le remede le plus salutaire aux maux inévitables de l'état de nature.

Mais certes, ce furent des hommes véritablement grands qui oserent les premiers se charger de gouverner leurs semblables, & s'imposer le fardeau de la félicité publique ; qui, pour le bien qu'ils vouloient faire aux hommes, s'exposerent à leur ingratitude, & pour le repos d'un peuple, renoncerent au leur ; qui se mirent, pour ainsi dire, entre les hommes & la Providence, pour leur composer, par artifice, un bonheur qu'elle sembloit leur avoir refusé.

Du moment que la société fut formée, & qu'ils oserent promettre à leurs concitoyens de les rendre heureux ; dès que ceux-ci se furent reposés sur eux de leur destinée, de leur fortune, de leurs biens & de toute leur existence ;

uniquement occupé de cet important objet, il ne
fut plus permis au magistrat de se regarder lui-
même; amis, enfans, fortune, tout ce que les
autres hommes aiment, tout ce qu'ils doivent
aimer, tant de doux objets dévoient disparoître
devant lui; il n'y avoit plus rien entre lui & la
patrie; & s'il vouloit remplir ses inconcevables
devoirs, il ne lui restoit pas un seul moment pour
le reste.

Les exemples d'un si généreux dévouement
sont rares, même dans l'antiquité; mais ils n'en
sont pas moins dans la loi du devoir. Il me semble
entendre ce vertueux citoyen dire à ceux qui
l'élevoient à la magistrature : *O mes concitoyens,
ayez soin de mes enfans !* Le pere de famille ter-
mina ses fonctions si - tôt que le magistrat eut
commencé les siennes.

Mais nous n'avons pas besoin de rappeller ici
ces traits héroïques, où l'on voit avec étonnement ce que peuvent l'amour de l'humanité, le
respect du devoir & la passion de la gloire dans
un cœur sublime; nous ne parlons que de cette
vigilance si nécessaire dans le magistrat pour la
conservation des mœurs, celle des fortunes, du
repos & du bonheur de tous les citoyens.

On parle souvent de l'équité du magistrat, &
c'est peut-être la moindre de ses vertus; c'est du

moins celle qui doit paroître après toutes les
autres; c'est une ressource quand il n'en reste plus:
juger selon les loix n'est pas un grand art; mais
les faire observer, voilà l'art utile & difficile;
occupons-nous d'abord de prévenir les maux,
il sera tems ensuite de les punir.

Mais quelle est donc cette vigilance d'où dépend l'ordre public? Un magistrat n'a que les
facultés que la nature accorde aux autres hommes; & sans doute, si l'institution politique étoit
un effet nécessaire de la nature, elle auroit donné
aux hommes destinés à diriger les autres, une
intelligence aussi supérieure que leur dignité : mais
l'art a tout fait; il faut que l'art supplée à tout:
un magistrat ne peut pas lui-même veiller avec
cent yeux, agir avec mille bras, être présent par-
tout, tout voir & tout connoître. Non; mais il
peut disposer des forces qui lui sont confiées; il
a des yeux, des bras qu'il peut diriger; c'est à
lui de s'approprier toutes ces facultés étrangeres,
de les concentrer en lui-même, & de se multiplier par ses agens subalternes : c'est ainsi qu'un
méchanicien ingénieux, aidé de quelques leviers,
souleve des poids énormes avec une main foible.

Je ne sais, mais l'idée que je me forme d'un
magistrat vigilant ne me semble pas exagérée;
je l'expose avec plus de confiance, parce que

cette image appartient sur-tout au ministere auquel ma profession m'unit; & je trouve sous ma main les traits que je paroîtrai choisir.

Un magistrat chargé de l'ordre public, souvent immobile en apparence, n'en sera que plus actif en secret; il ne se fera point un vain appareil, une ridicule pompe des ressorts qu'il emploie; il n'appellera point à grands cris ses concitoyens autour de lui, pour leur dire, *voyez ce que je fais pour vous.* Tranquille au-dehors, il paroîtra jouir le premier du repos qu'il fait procurer aux autres. Sans sortir un instant de sa place, il observera tous les mouvemens de cette portion de la société dont il est surveillant; il en appréciera la force, suivra leur direction; & souvent, au lieu de les arrêter avec violence, il saura les détourner avec douceur. Ses opérations mesurées & secretes, comme celles de la nature, produiront comme elle un effet infaillible & heureux : d'autant mieux informé qu'il paroîtra moins s'enquérir; à peine auroit-il besoin de rien demander, parce que tout est disposé pour lui parvenir.

C'est la vanité qui fait les choses d'éclat; c'est l'amour du bien qui fait les choses utiles : le caractere de la vigilance, c'est le silence & l'attention; & rarement on agit à propos, quand on

eft trop preffé d'agir : voir & attendre font deux
grandes regles dans toute adminiftration publique ;
mais enfin, quand il faut agir, ne rien faire que
pour le bien, ne rien donner à fa gloire, à foi-
même, diminuer le bruit pour augmenter l'effet :
c'eft ce qu'un homme vertueux feul peut faire, &
fouvent ce qu'un grand homme ne fait pas, parce
qu'un grand nombre n'eft ordinairement tel que
par l'amour de la gloire.

Ne jugeons donc pas de la vigilance du magiftrat par la multiplicité de fes actions; l'ordre
& l'exactitude en font un meilleur figne. Un magiftrat vigilant n'appefantit point la main fur le
frein des loix, il le tient léger & prefqu'infenfi-
ble fur la tête du citoyen; il obferve plus qu'il
n'agit, & plus il obferve, moins il a befoin d'agir.

Défiez-vous de ces hommes publics, toujours
agiffans, toujours inquiets : ce que d'autres prennent pour vigilance, n'annonce qu'une ame timide & des vues incertaines; leurs yeux toujours troublés ne reçoivent aucune image nette
de tant d'objets divers qui s'y confondent ; ils
s'agitent comme un enfant qui a perdu la lumiere, & ils communiquent à la chofe publique
les ébranlemens qu'ils reçoivent de tous côtés :
encore une fois, ce n'eft pas là être vigilant, c'eft
être inquiet ; rien ne donne plus de fécurité que

de bien voir ce qui est; & rien ne donne plus
de loisir que de ne faire que ce qui est utile.

Un seul exemple fait à propos & pris dans le
principe, en prévient mille autres; & voilà le
grand effet de la vigilance: elle n'épargne au magistrat la peine d'arrêter les torrens, que parce
qu'elle fait tarir les sources, & qu'étouffant le
crime avant de naître, elle n'a presque jamais à
le punir. Nous l'avons déjà dit, la vigilance rend
presque l'équité superflue.

Vous voyez un citoyen qui refuse à la société
le tribut de ses forces ou de son industrie; un
homme oisif est un méchant commencé; semblable à ces liqueurs qui se corrompent dans le
repos & rongent bientôt le vase qui les contient,
il faut ou les jeter sans délai, ou les faire fermen-
ter de nouveau.

L'homme public, s'il est vigilant, ne laissera
pas le tems à l'oisiveté de se changer en vice;
en lui demandant compte de son inaction, il lui
coupera tout d'un coup le chemin du crime; il
fera sentir au citoyen oisif que, devenu suspect,
il est à moitié criminel, & que désormais victime
dévouée à la justice, il ne cessera d'être investi
de ses regards. Que peut devenir l'oisiveté à qui
l'on ôte l'espérance de mal faire? Il faut qu'elle
se corrige, ou qu'elle abandonne une terre qui

ne nourrit que ceux qui la rendent féconde.

Si l'inimitié se glisse entre deux citoyens, aussi-tôt le magistrat vigilant se hâtera d'extirper les racines pénétrantes de la haine ; une légere satis-faction, une menace, un mot étoufferont sou-vent dans leur naissance les monstres de la ven-geance.

Les mœurs, sur-tout les mœurs occuperont son attention : elles sont le garant de toute vertu ; par-tout où les mœurs regnent, non-seulement on observe les loix, mais on les aime ; & c'est le plus doux fruit des soins du magistrat, que d'exciter dans le cœur des citoyens un amour pour les loix qui rejaillit sur lui-même.

Aussi tout ce qui tient aux mœurs, la tendresse des peres, la subordination des enfans, l'union des époux, la décence, la bonne-foi, tous ces liens primitifs, qui entrent si bien dans la com-position du lien social, seront conservés par lui. C'est là que le magistrat chargé de l'intérêt pu-blic doit allier la douceur à la force, l'insinuation à l'autorité.

Tout homme peut bien faire obéir les per-sonnes ; mais qui saura persuader les cœurs ? Les mœurs ne se commandent pas, elles se montrent, elles s'inspirent ; & leur conservation sera le chef-d'œuvre du magistrat. Mais n'oublions jamais que l'autorité de l'exemple eſt toujours la plus forte, & que la vigilance feroit en vain découvrir dans les autres, des vices qu'on pourroit nous reprocher à nous-mêmes.

Je me plais à conſidérer les heureux effets que de tels ſoins doivent produire dans la ſociété politique. Une douce ſécurité ſe répand dans tous ſes membres, comme la chaleur de la vie dans un corps ſain & bien conſtitué; elle anime tous leurs mouvemens; chacun libre & tranquille dans ſa profeſſion, ſe dit à lui-même : ma fortune, ma famille, ma vie eſt protégée par des loix ſages & des magiſtrats vigilans; ſans ceſſe leurs yeux ſont ouverts ſur moi, pour en écarter les dangers de la ſociété, & ceux même de la nature. A peine ils me laiſſent le ſoin de mon bonheur, & je le reçois tout formé de leurs mains.

Le laboureur, avant l'aube du jour, quitte le chaume de ſa cabane pour aller fertiliſer nos campagnes. Le négociant va chercher au loin nos beſoins, ſans craindre qu'un voiſin ennemi faſſe une invaſion dans ſa fortune, ou qu'un vil ſéducteur lui raviſſe ou ſa femme ou ſa fille; la juſtice veille à leur porte; & dans leur abſence chaque maiſon interdite à l'iniquité, eſt l'aſyle ſacré de l'honneur & de la propriété.

Penſe-t-on que le méchant, avec des exemples

toujours préfens de la vigilance du magiftrat, ofe
fe livrer à fes pernicieux deffeins ? Il regarde autour de lui, & il ne voit que des témoins prêts
à le dénoncer, & l'homme du peuple tout prêt
à le pourfuivre : il tremble, il pâlit, il fe cache à
fa vue ; il cherche l'ombre & ne trouve par-tout
qu'une odieufe lumiere : à peine l'idée du crime
fe préfente, qu'il la comprime dans le fond de
fon ame, & il craint encore que l'œil perçant
du magiftrat ne la furprenne. Il fuit enfin une
terre qui ne fupporte pas le vice, ou devient
bon en perdant l'efpérance d'être méchant avec
impunité.

Mais que la juftice ferme les yeux un moment,
& tout va changer de face : à mefure que la vigilance s'endort, le crime fe réveille, le glaive des
loix dans des mains engourdies ne peut plus l'effrayer ; il marche avec audace dès qu'il fe croit
fans témoins ; il attaque infolemment des citoyens
dont les cris & le tumulte raniment trop tard
un magiftrat affoupi ; c'eft alors qu'ils peuvent
fe plaindre à la fois de celui qui a fait le mal, &
de celui qui n'a pas fu le prévenir, & qu'en
dénonçant le criminel, ils accufent le juge.

Que fert aux hommes d'avoir des loix, s'ils
n'ont point de magiftrats ? Que leur fert d'avoir
réuni leurs forces, fi le commun dépofitaire n'en

fait pas faire ufage ? Que leur fert d'être bons, s'ils font livrés aux méchans ? C'eft dans ces triftes occafions qu'on fe rappelle cette réponfe noble & jufte d'une femme qui demandoit le troupeau qu'on lui avoit enlevé pendant fon fommeil. *Vous dormiez donc bien profondément ?* lui dit le magiftrat. *Oui,* répond cette femme intrépide, *parce que je croyois que vous veilliez pour moi.* Ces deux mots font la plus énergique leçon de l'indifpenfable devoir de la vigilance.

Cependant la vertu même a fes bornes, & dans fes excès elle eft vice. Gardons-nous bien de confondre avec la vigilance ces dangereufes inquifitions fur les penfées des hommes, ou fur des actions indifférentes par leur nature ; féparons d'elle ces honteufes délations d'une lâche inimitié qui révele avec malignité des maux qu'elle n'a pas eu le courage de faire. Le magiftrat qui veille à l'ordre public, doit confentir d'ignorer ce qu'il eft inutile ou dangereux de favoir : il ne doit point pénétrer trop avant dans ces myfteres des familles, dont le fecret fait la douceur & le prix ; qu'il ne vienne point troubler par fa préfence févere ces plaifirs innocens, quoique fecrets, & qui prouvent l'ordre même & l'union des citoyens : refferrons bien plutôt ces tendres liens de la fociété, au lieu de les altérer par la défiance ; que l'ami soit toujours sûr de son ami, l'époux de son épouse, le frere de son frere, le pere de ses enfans. Ce seroit un crime d'armer la nature contr'elle-même ; bientôt de vils espions remplaceroient de vertueux citoyens, & vous aviliriez les mœurs pour vouloir trop éclairer les actions. Peut-être, en un mot, il vaudroit mieux qu'on fût toujours assuré de trouver le magistrat au besoin, que de le voir réellement par-tout. Mais sur-tout sa présence ne doit pas être toujours suivie du châtiment & de la terreur ; il est plus doux d'annoncer la protection & la paix ; & l'œil de la justice n'est point celui du cyclope, qui ne s'ouvroit que pour choisir des victimes.

2°. Une regle non moins essentielle pour l'administration de la justice criminelle, c'est la diligence dans l'*instruction* : il est étonnant qu'un devoir si important, si sacré, soit si souvent négligé.

Un crime quelconque nuit toujours à quelque citoyen en particulier, & en général à toute la société dont il est membre. Le magistrat est chargé de ce double intérêt, & la diligence fait une partie de son devoir, parce qu'elle fait tout le succès de ses soins.

L'homme dans l'état de nature avoit le droit de repousser la violence par la violence, & l'injure par l'injure; chacun exigeoit la réparation des maux qu'il avoit soufferts, au gré des circonstances & de ses forces : ce n'étoit pas un des moindres inconvéniens de l'état de nature; les crimes du plus fort étoient toujours impunis, & ses vengeances étoient toujours atroces : l'amour-propre, terrible dans sa délicatesse, écrase sans pitié tout ce qui le blesse; & tel homme dans l'impétuosité de la passion sacrifieroit l'univers pour une sensation.

L'ordre civil ramena tout à l'équité; chacun cessa d'être juge dans sa propre cause : des loix égales pour tous mesurerent la réparation sur le mal, & le châtiment sur le crime, & des magistrats les firent exécuter sans passion comme sans pitié. Ils sont devenus les dépositaires de la force, & du droit que la nature a donné à tous les hommes de veiller à leur conservation, d'éloigner les maux & même de s'en venger. Chaque homme en devenant citoyen n'a cédé ses droits que pour en mieux assurer l'usage; il n'a substitué la regle à la violence, que pour atteindre plus tôt à son but, & n'a renoncé à l'emploi de ses forces particulieres, que pour acquérir celles du public : tel est donc le devoir du magistrat dans sa rigueur; il doit punir l'offense avec plus de modération, mais peut-être avec plus de célérité que l'offensé lui-même, & il semble que ce qu'il lui fait perdre sur la mesure du châtiment, il doit le lui faire recouvrer sur le tems.

Aussi tout citoyen qui dénonce un crime au magistrat, lui dit secrétement : *Je suis offensé, & peut-être je serois déjà vengé, si vous ne m'aviez lié les mains avec vos loix : je ne m'en plains pas ; moi-même j'y ai consenti, mais sous la condition que vous prendriez ma place, en déployant pour ma défense toute la force publique ; j'ai rempli mon engagement & je n'ai point agi, c'est à vous d'exécuter le vôtre en agissant pour moi ; chaque moment perdu est une violation de vos sermens, & il seroit affreux de m'avoir ôté les forces de l'état de nature, pour me livrer sans défense aux maux de l'état civil.*

Voilà ce que tout citoyen dit ou du moins sent en lui-même ; & tandis qu'il sollicite une réparation long-tems attendue, victime en même tems de l'audace du crime & de l'indolence du juge, il contemple sa situation avec amertume.

Mais le public, le public peut aussi demander compte d'un délai qui lui est fatal ; la société toute entiere est blessée dans la personne de chacun de ses membres, & tout crime est un attentat public : l'état politique, on l'a dit mille fois, n'est que la réunion des forces particulieres ; en altérer, en souſtraire une ſeule , c'eſt porter atteinte à l'état, & le mal de chaque membre eſt reſſenti par le corps entier.

Joignez à cet intérêt réel le ſerment ſocial qui oblige les citoyens à prendre la défenſe de chacun d'eux, & vous jugerez quel devoir ſacré doit faire voler le magiſtrat à la punition des crimes.

Un plus grand intérêt me frappe, c'eſt la néceſſité de l'exemple dans l'adminiſtration de la juſtice criminelle; dès que l'exemple du crime eſt donné, il n'y a plus un moment à perdre, il faut que celui du châtiment le ſuive : tout eſt perdu ſi l'on differe ; & peut-être une foule de mauvais citoyens n'attendoit que la premiere étincelle de l'exemple, pour emflammer des vices déjà tout préparés. C'eſt ainſi que les mœurs ſe corrompent, que les loix tombent dans le mépris, que le lien ſocial ſe relâche ; c'eſt ainſi que tout criminel eſt un ennemi public, par la violence qu'il emploie & par la corruption qu'il introduit, & qu'on doit punir à la fois le mal qu'il a fait & celui qu'il ſuggere.

Et voilà véritablement le grand but de la juſtice criminelle, un exemple pour l'avenir, plutôt que la vengeance du paſſé : la vengeance eſt une paſſion, & les loix en ſont exemptes ; elles puniſſent fans haine & fans colere ; elles puniffent même avec regret, & ce n'eft pas fans peine qu'elles confentent à perdre un citoyen par le châtiment, après en avoir perdu quelqu'autre par le crime.

On les verroit plus avares du fang, s'il ne falloit quelquefois en prodiguer une partie pour fauver le refte, fi le facrifice d'un feul coupable n'en retenoit mille autres dans le devoir : tout châtiment n'eft donc qu'un acte politique, dont le premier objet eft la confervation des mœurs ; mais le magiftrat ne remplira jamais cet important objet, fi le châtiment n'eft prefqu'auffi prompt que le crime. Il faut que ces deux idées foient fi intimement liées, qu'elles fe fuccedent fans intervalle, & que le deffein du crime ne fe préfente pas plutôt que la terreur de la peine.

Quand vous aurez ainfi formé la chaîne des idées dans la tête de vos citoyens, vous pourrez alors vous vanter de les conduire & d'être leurs maîtres. Un defpote imbécille peut contraindre des efclaves avec des chaînes de fer ; mais un vrai politique les lie bien plus fortement par la chaîne de leurs propres idées : c'eft au plan fixe de la raifon qu'il en attache le premier bout ; lien d'autant plus fort que nous en ignorons la texture, & que nous le croyons notre ouvrage :

le

le désespoir & le tems rongent les liens de fer &
d'acier, mais il ne peut rien contre l'union habi-
tuelle des idées, il ne fait que la resserrer davantage, & sur les fibres molles du cerveau est
fondée la base inaltérable des plus fermes empires.

Mais, pour former l'union de ces idées, il faut
qu'elles soient réellement inséparables dans les
objets, il faut en un mot que les citoyens voient
toujours le crime aussi-tôt puni que commis.

Considérez ces premiers momens, où la nouvelle de quelqu'action atroce se répand dans nos
villes & dans nos campagnes ; les citoyens ressem-
blent à des hommes qui voient tomber la foudre
auprès d'eux ; chacun est pénétré d'indignation &
d'horreur, les imaginations alarmées peignent
vivement le danger, & les cœurs émus par la
pitié plaignent dans les autres les maux qu'ils crai-
gnent encore pour eux-mêmes : voilà le moment
de châtier le crime, ne le laissez pas échapper,
hâtez-vous de le convaincre & de le juger ; dres-
sez des échafauds, allumez des bûchers, traînez
les coupables dans les places publiques, appellez
le peuple à grands cris ; vous l'entendrez alors
applaudir à la proclamation de vos jugemens,
comme à celle de la paix & de la liberté ; vous le
verrez accourir à ces terribles spectacles, comme
au triomphe des loix : au lieu de ces vains regrets,

de cette imbécille pitié, vous verrez éclater cette joie & cette mâle insensibilité qu'inspirent le goût de la paix & l'horreur du crime; chacun voyant encore son ennemi dans le coupable, au lieu d'accuser le supplice d'une vengeance trop dure, n'y verra que la justice des loix. Tout rempli de ces terribles images & de ces idées salutaires, chaque citoyen viendra les répandre dans sa famille; & là, par de longs récits, faits avec autant de chaleur qu'avidement écoutés, ses enfans rangés autour de lui, ouvriront leur jeune mémoire pour recevoir en traits inaltérables l'idée du crime & celle du châtiment, l'amour des loix & de la patrie, le respect & la confiance pour la magistrature. Les habitans des campagnes, témoins aussi de ces exemples, *les semeront autour de leurs cabanes*, & le goût de la vertu s'enracinera dans ces ames grossieres, tandis que le méchant, consterné de la plus publique joie, effrayé de se voir tant d'ennemis, renoncera peut-être à des projets dont l'issue n'est pas moins prompte que funeste.

Mais, si vous laissez évaporer cette chaleur qu'inspire le premier bruit du crime, si vous punissez tard, vous punissez inutilement; en vain vous voudrez rappeller l'idée d'un attentat éloigné, une courte proclamation ne sauroit en

réveiller l'impreſſion effacée par le tems. Le peuple, inſenſible au péril dont il a perdu le ſou-
venir, ne s'attendrira que pour le coupable; en
le voyant ſortir d'une longue priſon, qui lui
ſera comptée comme un châtiment prématuré,
la pitié parlera pour lui; il n'aura plus cet aſ-
pect odieux que donne un crime encore ré-
cent; & la juſtice reſtera ſeule au milieu des ſpec-
tateurs muets, qui accuſent en ſecret la ſévérité
& ſouhaiteroient de lui ſouſtraire ſa victime.

Mais que deviennent ces accuſés qui, raviſ
tout-à-coup & durant des années entieres à la
ſociété, paroiſſent ſortir de deſſous terre pour
être livrés au ſupplice?

Jetez les yeux ſur ces triſtes murailles, où la
liberté humaine eſt renfermée & chargée de fers,
où quelquefois l'innocence eſt confondue avec
le crime, & où l'on fait l'eſſai de tous les ſupplices avant le dernier : approchez; & ſi le bruit
horrible des fers, ſi des ténebres effrayantes,
des gémiſſemens ſourds & lointains, en vous
glaçant le cœur, ne vous font reculer d'effroi,
entrez dans ce ſéjour de la douleur; oſez deſ-
cendre un moment dans ces noirs cachots, où la
lumiere du jour ne pénétra jamais, & ſous des
traits défigurés contemplez vos ſemblables, meur-
tris de leurs fers, à demi couverts de quelque

lambeaux, infectés d'un air qui ne se renouvelle jamais & semble s'imbiber du venin du crime, rongés vivans des mêmes insectes qui dévorent les cadavres dans leurs tombeaux, nourris à peine de quelques substances grossieres distribuées avec épargne, sans cesse consternés des plaintes de leurs malheureux compagnons & des menaces d'un impitoyable gardien, moins effrayés du supplice que tourmentés de son attente; dans ce long martyre de tous leurs sens, ils appellent à leur secours une mort plus douce que leur vie infortunée.

Si ces hommes sont coupables, ils sont encore dignes de pitié; & le magistrat qui differe leur jugement, est manifestement injuste à leur égard. La loi a prononcé un châtiment public qui doit suffire à la réparation de leur crime & à la satisfaction de la société; ce long tourment d'une prison cruelle est une peine nouvelle dont il surcharge le coupable; & c'est violer la loi que d'en excéder la mesure: excès d'autant plus funeste, qu'il nuit à la fois au coupable & au public, & que tous les momens consumés dans une prison sont perdus pour l'exemple des mœurs.

Mais si ces hommes sont innocens, ô douleur! ô pitié! A cette idée l'humanité pousse du fond du cœur un cri terrible & tendre. Quoi! cet

homme né libre gémit sous le poids des fers ;
cet homme à qui la lumiere & l'air du ciel
étoient deftinés, refpire à peine dans un affreux
cachot ; ce pere de famille eft arraché avec violence des bras de fon époufe & de fes enfans ;
le deuil, le défefpoir & la faim fe font emparés
de fa tranquille habitation ; ces bras qui tenoient
embraffées une époufe tendre, une progéniture
naiffante, ces bras qui leur donnoient la fubfif-
tance, qui femoient, qui recueilloient, ces bras
fi néceffaires à l'état, font indignement liés ; un
cœur pur & fans reproche eft dans des lieux
fouillés de remords ; l'innocence, en un mot,
eft dans le féjour du crime ! C'eft là qu'on ne
peut s'empêcher de gémir profondément fur les
malheurs de l'humaine condition ; c'eft là, qu'en
jetant les yeux vers la Providence, on dit avec
autant d'amertume que d'étonnement, ô homme,
quelle eft ta deftinée ! Souffrir & mourir, voilà
donc les deux grands termes de ta carriere.

Quel magiftrat un peu fenfible à fes devoirs,
à la feule humanité, pourroit foutenir ces idées ?
Dans la folitude d'un cabinet pourra-t-il, fans
frémir d'horreur & de pitié, jeter les yeux fur
ces papiers, monumens infortunés du crime ou
de l'innocence ? Ne lui femble-t-il pas entendre
des voix gémiffantes fortir de ces fatales écritures,

& le preffer de décider du fort d'un citoyen, d'un époux, d'un pere, d'une famille? Quel juge impitoyable, s'il eft chargé d'un feul procès criminel, pourra paffer de fang-froid devant une prifon? C'eft donc moi, dira-t-il, qui retiens dans ce déteftable féjour mon femblable, peut-être mon égal, mon concitoyen, un homme enfin! C'eft moi qui le lie tous les jours, qui ferme fur lui ces odieufes portes! Peut-être le défefpoir s'eft emparé de fon ame; il pouffe vers le ciel mon nom avec des malédictions, & fans doute il attefte contre moi le grand Juge qui nous obferve & doit nous juger tous les deux! Les loix me crient de juger, le public me crie de juger, le malheureux criminel me le crie auffi; & moi je differe, je me livre au repos! Peut-être en ce moment l'efpoir de l'impunité fe gliffe dans le cœur du méchant; il attendoit dans la confternation le châtiment de fon complice : mais le délai le raffure & ranime fes projets; dejà peutêtre il leve le couteau fur la tête de quelque citoyen! Scélérat, arrêtez! les prifons vont s'ouvrir; du moins avant le crime, venez affifter à fon châtiment.

Le comble de la perfection des loix & de l'honneur pour la magiftrature feroit de rendre les prifons inutiles; au lieu de quelques vains monumens des arts, quel triomphe si, montrant nos prisons & nos hôpitaux déserts, nous pouvions dire aux jaloux étrangers, tous nos citoyens vivent dans l'aisance & la vertu! Mais tant de bonheur ne peut être espéré; & des hommes qui ne violeroient point les loix, n'en auroient pas besoin. N'aspirons point à faire un peuple de sages, c'est assez qu'il soit bien gouverné, & sans doute on ne niera pas que la diligence à punir le crime ne soit une des plus importantes regles d'un bon gouvernement. En un mot, veut-on maintenir l'ordre public? Que les méchans soient observés avec vigilance, poursuivis sans relâche & jugés sans délai.

Je m'adresse ici sur-tout aux juges inférieurs, chargés de guider les premiers pas de la justice; c'est à eux qu'il importe le plus d'être diligens. Osons le dire, la justice, qui devroit être égale dans sa marche, inaltérable dans sa force, ne ressemble que trop aux hommes qui la rendent : foible dans sa naissance, elle languit souvent au premier degré, & quelquefois expire avant de le franchir. Quels abus ne pourroit-on pas révéler dans ces justices seigneuriales, où la punition des délits n'est qu'un calcul économique, dans lequel la sûreté des vassaux est toujours comptée comme la plus petite valeur, en comparaison de la fortune du feigneur ! C'eſt là qu'on voit fouvent le crime s'ériger un domicile ſous les yeux même de la juſtice ; ou , ſi le magiſtrat a quelque pudeur & redoute encore la cenſure , le comble de ſon équité eſt de forcer un ſcélérat d'aller nuire au-delà de ſon reſſort : il tranſplante dans les terres voiſines une plante venimeuſe qu'il auroit dû détruire. Magiſtrats , qui veillez à l'entrée de la carriere que doit parcourir la juſtice, c'eſt à vous du moins de l'applanir ; vos ſupérieurs & vos concitoyens vous obſervent ; le devoir parle , & l'éſtime ou le reproche vous attendent.

Je ſais que votre ouvrage eſt long & difficile ; je ſais que c'eſt à vous d'appeller les témoins , de rechercher & de recueillir les preuves , d'entendre le coupable , & de tracer toute l'hiſtoire du crime avant ſon jugement : mais plus vous avez à faire , plus vous devez vous hâter ; le tems qui manque à la pareſſe , eſt créé par la diligence. Je vous annonce déjà le fruit de vos travaux ; & la plus digne louange que vous pourrez recevoir , ſera d'être imités par vos ſupérieurs. Eh ! d'ailleurs , quelle douce ſatisfaction pour un vrai magiſtrat , pour un cœur citoyen , pour une ame ſenſible , de penſer , de ſe dire à ſoi - même : le repos public eſt mon ouvrage ; c'eſt par moi que le crime eſt puni , & que l'innocence jouit de ses droits ; les prisons ne sont plus qu'un dépôt passager, purgé sans relâche du limon de la société ; graces à ma diligence, je ne vois plus que d'honnêtes gens autour de moi ; je n'ai pu souffrir le crime sur la même terre que j'habite, je l'ai exterminé ou banni ; ou s'il reste encore quelqu'homme pervers, il tremble à mon seul nom, comme à celui de son plus terrible ennemi ; il m'en a coûté mon repos, mais j'en suis bien payé ; j'ai fait du bien, & tous les jugemens que j'ai rendus pour les hommes, sont des monumens de vertu !

On vante la diligence du magistrat dans l'administration de la justice civile ; c'est une vertu sans doute, mais sachons la placer à son rang : la diligence dans l'administration de la justice criminelle doit passer bien loin devant elle. Eh ! qu'est-ce que cette justice civile qui s'occupe à distribuer quelques lambeaux de terrein, qui n'a pour objet que des biens si étrangers à l'homme ; qui souvent est forcée de les donner au moins digne, d'enlever malgré elle la terre au citoyen laborieux, pour la donner au citoyen oisif, de dépouiller l'économe pour enrichir l'avare, & qui n'est en effet que l'agente de quelques hommes riches, qui seuls possédant tout, peuvent encore se disputer quelque chose ? Qu'est-ce que cette justice auprès de la justice criminelle, qui traite de la vie ou de la mort des citoyens, de leur honneur ou de leur infamie, de leur état ou de leur néant ? Hommes avides & contentieux, qu'on ne peut approcher fans querelle & fans haine ! vous, qui femez les procès fur les campagnes, & dont les limites dévorent les terres qu'elles touchent, vous follicitez vos juges fans relâche, vous murmurez du moindre délai, le tems même de l'examen vous pefe ; rien n'eft épargné pour communiquer aux magiftrats la vivacité de vos mouvemens ; amis, parens, intérêts, vous les pouffez, vous les tirez par toutes les forces du cœur humain : cependant vous vivez, vous êtes libres, vous jouiffez de tous les avantages de la fociété ; peut-être vous feriez heureux fi vous faviez être modérés, & vous ne fongez pas que des infortunés languiffent dans des cachots entre la mort & la vie : malheureux s'ils font coupables, plus malheureux s'ils font innocens ; vous ne fongez pas que l'ordre public eft violé, & que l'état attend le châtiment d'un criminel ennemi, ou la liberté d'un citoyen innocent.

Soyez juftes une fois, laiffez un moment vos vains débats, & faites place à de plus grands intérêts ; ou fi vous voulez acquérir le droit de vous plaindre, devenez citoyens, oubliez votre cause, & prenez celle du public; sollicitez pour cet accusé qu'on attaque, & vous vous plaindrez alors, si la justice vous renvoie.

Messieurs, unissons ces deux objets, & donnons à la fortune comme à la personne des citoyens une protection aussi prompte que sûre; nous leur devons toutes nos journées; & si le jour ne suffit pas, nous leur devons encore nos veilles. La lampe du magistrat qui travaille pour le public, doit s'allumer long-tems avant celle de l'artisan qui ne travaille que pour lui-même; il n'est plus tems de regretter le repos, de réfléchir sur nous-mêmes; nous nous sommes donnés; notre serment est fait; gardons-nous d'offrir les premiers l'exemple de l'infidélité; & surtout n'oublions jamais que la célérité du jugement fait une partie de la justice; que c'est être injuste que de juger trop tard. Après cela, quel est notre devoir? D'être équitables.

3°. Je vois deux choses dans tout jugement criminel, la déclaration du coupable, & celle de la peine. On y prononce quel est l'auteur du crime & quel châtiment lui convient; l'un est l'ouvrage du juge, l'autre ne devroit appartenir qu'à la loi.

C'est à la vigilance du magistrat à découvrir

le crime, & c'est à son discernement de reconnoître le coupable. Je suppose donc que le crime est constaté, & qu'il ne reste plus qu'à découvrir celui qui l'a commis : alors le magistrat est parvenu à l'instant le plus critique de ses fonctions, & sa raison doit gémir sous le fardeau du devoir.

Tous les jours dans la société l'on demande quel est l'auteur de telle action ; à chaque moment on résout sans hésiter des questions semblables ; & nos fréquentes erreurs ne nous dégoûtent point de notre confiance précipitée.

Peu importe, il est vrai, que l'esprit humain impatient & vain distribue au hasard ses jugemens insensés sur des faits indifférens ; mais sur la vie & l'honneur des citoyens, sur l'existence des hommes & tout ce qui la rend précieuse, que notre foible raison s'arrête avant de prononcer ; qu'elle consulte ses forces & mesure l'abyme qu'elle va franchir.

Qu'est-ce qu'un fait ? Une chose qui se passe hors de nous, & nous ne pouvons rien connoître qu'en nous-mêmes : c'est un être éloigné qu'il faut voir là où il n'est pas, & saisir avec un instrument qui ne peut le toucher. Comment osons-nous l'assurer ? Voilà de ces difficultés que le peuple ne sait pas se faire, & que le philosophe ne fait pas réfoudre. Si-tôt qu'il fe retire en lui-même & ramaffe toutes fes idées dans fon ame, il eft effrayé des étroites limites de fon exiftence. L'univers difparoît devant lui, & bientôt de tant d'objets il ne lui refte plus que Dieu & l'efpace; & quand enfin, après avoir tourné long-tems autour de fon être, il apperçoit l'iffue de fon ame par le fens unique du toucher, quand il connoît que fes deux bras font les foibles appuis fur lefquels elle traverfe en chancelant l'efpace immenfe qui la fépare du monde corporel; s'il eft modefte, il s'ecrie: ô étonnante nature, je ne prétends point t'expliquer; tu es, & cela me fuffit!

Voilà pourtant avec quels inftrumens l'homme entreprend d'envahir les faits préfens & paffés. Être foible & paffager! apprends à te connoître, mefure tes bras, & vois s'ils touchent aux cieux & s'ils pénetrent dans les abymes; efpere moins, obferve davantage; ne t'éloigne pas de toi-même, & contente-toi de ce que tu peux atteindre.

C'eft bien affez qu'en appliquant avec foin tous nos fens, en les guidant l'un par l'autre, en rectifiant leurs erreurs par l'expérience, & fortifiant l'expérience par la raifon, nous puiffions dire quelquefois, *cela eft, & ce fait eft réel.* Laiffons les hommes vulgaires recevoir aveuglé-

ment le réfultat tumultueux de leurs fens, affirmer tout autant qu'ils fentent, & peupler l'univers de faits imaginaires.

Il faut l'avouer, la fcience des faits, qui eft
la bafe de toutes les autres, eft auffi la moins
avancée. Quand le philofophe, recueilli dans lui-
même, pourfuit la vérité au travers de fes propres idées, maître de l'efpace où il la cherche,
il eft rare qu'avec un peu d'attention & de courage il ne parvienne à la découvrir. Mais fi-tôt
qu'il s'agit de la trouver hors de lui-même, fi-tôt
qu'elle erre librement dans l'efpace immenfe dé
la nature, à peine la fagacité des fens & l'induftrie des arts peuvent-elles bien la faifir quelquefois. Auffi les connoiffances humaines font une
mer de raifonnemens, où le philofophe navige
fur quelques faits, pour n'aborder fouvent qu'en
des terres défertes.

Ces réflexions ont plus de rapport qu'on ne
penfe avec les fonctions du magiftrat; & fouvent il eft plus difficile de découvrir l'auteur d'un
crime, que l'exiftence d'un phénomene, ou la
vérité d'un fait hiftorique. Le fcélérat prend foin
de fe cacher & de rompre toute communication
entre fon crime & lui. Le juge eft égaré par fa
propre foibleffe & par l'induftrie d'un autre; s'il
manque une fois le fil du vrai, il ne le trouvera

point ailleurs; le fait qu'il étudie est unique & ne peut être observé dans un autre fait semblable.

Le physicien au contraire, qui cherche un fait dans la nature, la trouve aussi féconde dans ses effets qu'uniforme dans la maniere de les produire; ce qui lui échappe dans le grand, il le retrouvera dans le petit; un fait en indique toujours un semblable, & la route de l'analogie le conduit à la vérité la plus éloignée. Qu'il sache seulement se transplanter où elle est, elle ne fuira point à son approche, il est sûr de la saisir.

Les faits de l'histoire sont aussi la plupart des actions publiques qui ont eu des nations entieres pour témoins, des générations, des monumens & des écrivains pour les transmettre. Cependant prenez l'histoire & laissez-en évaporer l'erreur & le mensonge : vous trouverez, après une longue *distillation, un peu de flegme insipide & quelques élémens grossiers d'un corps dissous;* c'est-à-dire, quelques faits principaux & sans liaison.

L'histoire de la nature n'en est qu'une image défigurée, & il étoit réservé à un philosophe de nos jours de la voir comme elle est, & de la peindre comme elle plait. Enfin nous avons vu des théories entieres s'élever tout-à-coup par la magie de l'esprit humain, & à peine peut-il *planter* dans fes connoiffances quelques faits importans : auffi tout homme fage, qui réfléchit fur lui-même, eft-il tenté de fe jeter dans un doute qui le feroit paroître prefqu'infenfé aux yeux des hommes préfomptueux, qui n'ont jamais voulu fe connoître & vérifier ce qu'ils font.

Tous les jours, dans les circonftances les plus communes de la vie, nous avons occafion de nous convaincre de nos erreurs : ce qui s'eft paffé prefque fous nos yeux, les faits qui font fous notre main nous échappent ; & tel qui pâlit fur l'hiftoire des fiecles paffés, interroge inutilement les hommes qui l'environnent fur les événemens de fa propre maifon. Eh ! comment ne ferions-nous pas trompés par les témoignages ? nous le fommes par nos fens ; ou fi nos fenfations font fidelles, notre mémoire les altere, & fouvent ce que nous croyons ne reffemble en rien à ce que nous avons vu.

Mais laiffons ces exemples éloignés, lorfque nous en avons tant d'autres qui nous font propres. Ayons le courage de nous rappeller le fouvenir de ces *lamentables* hiftoires confignées dans toutes les archives de la magiftrature ; de ces fatales erreurs qui ont fait périr l'innocence fous les apparences du crime. Juges malheureux, mais excufables, vains jouets d'un hafard cruel qui fe

plaifoit

plaiſoit à marquer une tête innocente de tous les caracteres du crime ! Déplorable fatalité, qui égaroit la raiſon par ſes propres regles, & forçoit la main du magiſtrat, malgré les réſiſtances du cœur ! Arrêtons-nous un moment ; & ſi nous ſommes humains, pleurons ſur les cendres de ces infortunés ; écoutons ſur‑tout la voix ſalutaire qui s'éleve du fond de leur tombeau ; elle crie à tout magiſtrat : Toi qui diſpoſes quelquefois de la vie des hommes, & qui peux abréger encore l'exiſtence de cet être admirable, qui ne paroît qu'un inſtant dans le tems ; toi qui juges tes ſem‑ blables, fais‑toi réciter mon hiſtoire, & tremble ſur ce que tu vas faire ; ne t'aſſure ni ſur ton expérience, ni ſur les preuves ; cette confiance a égaré tes prédéceſſeurs ; ſonge que ton intelli‑ gence n'a qu'une forme, & que les combinaiſons des circonſtances ſont variées à l'infini ; meſure ta raiſon avant que de meſurer tout par elle ; ſens ta foibleſſe, & juge après, ſi tu l'oſes. Après ces terribles exemples de l'innocence condam‑ née, oſe dire à ce malheureux accuſé : *cela eſt, c'eſt toi qui l'as fait, & tu mourras.*

Cependant il le faut, & puiſqu'il y a des hom‑ mes aſſez vils pour mériter d'être châtiés, il faut des magiſtrats aſſez courageux pour les condam‑ ner : je dois même l'avouer, la ſpéculation dé‑

couvre dans cet objet des obftacles que la pratique furmonte avec une facilité qu'on n'imagineroit jamais.

L'homme eft admirable dans fa nature ; fon intelligence & fon induftrie femblent fe proportionner à fes befoins ; l'ardeur de la gloire, ou l'amour du devoir , en développant les forces & les talens, donnent à chacun la forme & la mefure de fa place. J'ai vu de jeunes magiftrats deviner les hommes avant de les connoître ; j'en ai vu d'anciens, qui dans la folitude ne les avoient point oubliés, remplaçant tantôt l'expérience par l'attention, tantôt l'attention par la fagacité. En un mot, il paroît auffi difficile de former un bon jugement fur une accufation criminelle, qu'il feroit rare d'en citer un mauvais. A Dieu ne plaife que les principes rigoureux que j'établis puffent dégoûter de nos fonctions ! C'eft affez qu'ils nous infpirent cette défiance de nous - mêmes, dont la fageffe eft le fruit.

Convaincu de la difficulté comme de l'importance de fon devoir , le magiftrat ramaffera toutes les lumieres de fon efprit & toutes les vertus de fon cœur , & marchera, fi je puis ainfi dire, armé de toutes fes forces, à la découverte du crime.

Mais quelle route doit-il tenir ? Je ne puis

& je n'oserois la tracer : dans ces matieres de pure vraisemblance, la raison humaine cesse de se conduire elle-même. Elle n'a presque plus d'autre guide que l'expérience ; ce guide est bien différent pour des lieux, des tems, des hommes différens ; souvent on les voit tous arriver au même but par des routes entiérement séparées ; semblables aux voyageurs obligés de se tracer eux-mêmes un chemin dans ces déserts couverts de sable que les vents transportent de tous côtés ; les motifs infinis de probabilité sont en effet des grains de sable sur lesquels la raison humaine doit imprimer une trace. Cet art n'a point de regles, ou dû moins il n'en a que très-peu, & encore sont-elles si générales, qu'à peine elles trouvent quelque prise sur les cas qui se présentent surchargés de circonstances particulieres.

Nous observerons seulement que le premier soin du juge doit être de bien connoître le crime dont il va juger l'accusation. Nulle circonstance n'est à négliger, le lieu, le tems, les personnes, tous les signes qui accompagnent le délit ; il faut observer le crime par tous les côtés : on a vu souvent sortir d'une ouverture imperceptible, une lumiere soudaine qui éclairoit le magistrat. Que de détails ce soin exige ! le choix des hommes qui vérifient le délit ; l'attention à ne croire que ce

qu'ils peuvent savoir ; la connoissance exacte des
lieux, celle du tems où le crime a été commis ;
le caractere, l'intérêt de ceux qui accusent. Que
de jugemens préalables il faut porter avant le
dernier ! que de fils il faut séparer pour démêler
le nœud d'une seule action ! Malheur au juge qui
ne sentiroit pas l'importance de ces détails ! Rien
n'est petit dans un si grand intérêt ; & puisqu'il
faut confronter, pour ainsi dire, le crime avec
l'accusé, l'on ne sauroit trop les étudier l'un &
l'autre, pour discerner leurs mutuels rapports ;
car, s'il est important de bien connoître le crime,
il l'est peut-être encore davantage de bien connoître l'accusé.

Je sais que nos loix défendent les perquisitions
sur toute autre action que celle qui fait l'objet de
l'accusation ; mais en cela elles ont plutôt voulu
limiter les procédures que régler l'opinion du
juge ; & il seroit bien téméraire de prononcer
sur l'injustice ou la vérité d'une accusation, sans
avoir au moins quelqu'idée du caractere, des
mœurs & des intérêts de l'accusé.

Mais quoi ! faudra-t-il apprendre toute l'histoire de sa vie secrete, pour juger d'une seule
action qui intéresse le public ? Faudra-t-il fouiller
dans les années, pour éclaircir un seul moment ?
Sans doute il seroit à souhaiter qu'on le pût ; il

seroit à souhaiter qu'on pût allier la célérité de la justice à la lenteur de la sagesse : mais tout ce qui est humain a ses inconvéniens ; & dans l'état politique sur-tout, la regle la plus commune du magistrat est de passer sur les petits maux pour saisir les grands avantages. Plus on réfléchit sur cette matiere, plus on voit qu'il faudroit être au-dessus de l'homme, pour bien gouverner les hommes. Il faut savoir renoncer à ces perfections chimériques dans un monde où tous les effets ne paroissent qu'une combinaison variée du bien avec le mal ; & sans doute la morale n'aura jamais dans la pratique cette infaillibilité que nous n'avons pas encore pu lui donner dans la théorie.

Il est donc vrai qu'à prendre les choses dans leur rigueur, ce ne seroit pas trop de la vie d'un homme pour décider de celle d'un autre ; mais notre sagesse est l'art de nous borner. Quelques traits bien choisis, quelques momens bien vus dans la vie d'un accusé, suffiront pour représenter au juge ses intérêts & ses mœurs.

Dans la société, peu d'actions sont isolées ; le mouvement qu'elles excitent se communique de proche en proche à tout ce qui les touche ; les hommes les plus grossiers sont des moralistes très-pénétrans, à qui l'intérêt personnel révele, par un sentiment exquis, tous les défauts de ceux qu'il

leur importe de connoître. Que le juge sache
choisir ses témoignages & régler ses informations :
qu'il veuille savoir seulement, & bientôt il sera
instruit ; il saura si cet homme qu'on accuse d'un
meurtre est violent ou modéré, s'il aime à se venger, s'il avoit intérêt de le vouloir ; le passé lui
éclaircira le présent, & c'est en comparant le crime
& l'accusé, qu'il posera les plus grands termes
de la probabilité, dont le dernier jugement n'est
qu'un calcul général. Est-ce un homme connu
par des mœurs douces, qu'on accuse d'une action
atroce ? Est-ce une fille timide & foible à qui l'on
impute un crime audacieux & difficile ? Un citoyen
chéri par son désintéressement & sa probité, est-il
déféré pour un trait infame & bas ? La raison se
révolte contre une accusation qui choque déjà la
vraisemblance, & fuit d'elle-même à la seule présence de l'accusé.

Vous, qui jugez les hommes, tenez-vous en
garde contre ce faux principe, que les hommes
sont tous également capables de tout ; que le cœur
humain, né pervers, enfante des monstres sans
effort, & qu'il ne faut qu'un moment pour mêler
l'innocence & le crime. Ne déshonorez point
votre nature par un noir penchant à la soupçon-
ner ; ayez toujours égard à une vie jusqu'alors
innocente & pure. Montrez que vous êtes ver-

tueux vous-mêmes par une noble confiance en la vertu. En un mot, je le répete, pour bien juger du préfent, confultez attentivement le paffé.

Mais que cet ouvrage eft difficile! qu'il eft à craindre que la prévention ne vienne défigurer l'image des objets que le magiftrat doit fi bien connoître! Les paffions, que dis-je! les vertus même nuifent à fes lumieres. Une ame fenfible & remplie de maximes aufteres s'indigne à la feule vue du crime, & les noires idées qu'il lui fuggere fe répandent fur l'accufé; le magiftrat s'obftine d'autant plus dans ce fentiment dangereux, qu'il flatte en fecret fa vertu. Il n'y a point d'égarement plus funefte : on peut encore efpérer quelque chôfe des remords d'un juge corrompu; mais on ne doit rien attendre d'un juge féduit par lui-même, qui ne trouve plus de lumiere pour revenir, après les avoir toutes employées à s'égarer. Toutes les circonftances, toutes les preuves s'alterent & fe corrompent dans fon efprit, en fermentant fur un levain aigri par la prévention & par la haine. Les objets perdent à fes yeux leur véritable forme, & l'air même de l'innocence ne lui offre que l'afpeét odieux du crime. Si nous voulons prévenir des erreurs fi fatales, ne perdons jamais de vue que la diftance eft toujours infinie entre le criminel & l'accufé; ne ceffons

jamais de le regarder avec des yeux d'indulgence
& de paix ; & si malgré nous des sentimens trop
vifs s'insinuent dans notre ame, si nous sentons
contre l'accusé les premiers mouvemens de l'indignation & de la haine, ne tardons pas un moment, retirons - nous, cessons d'être juges ; nous
sommes parties, & notre conscience nous récuse.
La conscience ! quel mot ai - je prononcé ! la
conscience éclairée est un oracle divin pour le
magistrat ; mais c'est un imposteur funeste au
genre humain dès qu'elle est aveuglée.

Religion pure & sainte, toi qui-aimes tous les
hommes, & que tous les hommes devroient aimer, par quelle fatalité a-t-on versé des flots de
sang en ton nom ? Tu condamnes ces horribles
sacrifices, & tu puniras plus sévérement les furieux qui abusent de tes loix, que les infortunés qui les ignorent. Voilà la source de la prévention la plus fatale. Toute justice est perdue,
si-tôt que le magistrat s'enquiert de la religion
d'un accusé, s'il juge de sa morale sur ses dogmes,
& s'il lui demande, *que crois - tu,* avant de lui
demander, *qu'as-tu fait ?* Nous avons averti le
magistrat vertueux de se défier même de la haine
du crime : mais que dire au magistrat supersti-
tieux contre les fureurs du fanatisme ? Nous pouvons gémir sur ses ravages ; mais nuls conseils ne

peuvent les arrêter; le voyez-vous un fer sacré dans une main & le code religieux dans l'autre, morne dans son délire, les regards tournés vers le ciel, & s'écriant avec fureur : vils mortels, croyez ou périssez. Il s'avance au travers des siecles, laissant après lui de longues traces de sang : cependant, à mesure qu'il s'approche de nous, la raison naissante, sans oser l'attaquer de front, lui jette des obstacles qui retardent sa marche; mais, patient dans sa fureur & caché dans sa violence, il mine sourdement ces barrieres; & nous l'avons vu tout-à-coup lever sa tête hideuse au milieu d'un siecle qui écoutoit les leçons de la paisible philosophie.

Détournons nos regards de ces tristes scenes, & suivons encore quelques pas le magistrat dans l'administration de la justice criminelle.

Le moment critique est arrivé, où l'accusé va paroître aux yeux de ses juges : je me hâte de le demander, quel est l'accueil que vous lui destinez? le recevrez-vous en magistrat, ou bien en ennemi? Prétendez-vous l'épouvanter ou vous instruire? Que deviendra cet homme enlevé subitement à son cachot, ébloui du jour qu'il revoit, & transporté tout-à-coup au milieu des hommes qui vont traiter de sa mort? Déjà tremblant, il leve à peine un œil incertain sur les

arbitres de son sort, & leurs sombres regards épou-
vantent & repoussent les siens. Il croit lire d'a-
vance son arrêt sur les replis sinistres de leurs
fronts; ses sens déjà troublés sont frappés par
des voix rudes & menaçantes; le peu de raison
qui lui reste, acheve de se confondre, ses idées
s'effacent, sa foible voix pousse à peine une parole hésitante, & pour comble de maux ses juges imputent peut-être au trouble du crime un
désordre que produit la terreur seule de leur aspect. Quoi, vous vous méprenez sur la cons-
ternation de cet accusé, vous qui n'oseriez peut-
être parler avec assurance devant quelques hommes assemblés ! Eclaircissez ce front sévere, laissez lire dans vos regards cette tendre, inquié-
tude pour un homme qu'on desire de trouver
innocent ; que votre voix, douce dans sa gravité, semble ouvrir avec votre bouche un passage à votre cœur ; contraignez cette horreur
secrete que vous inspirent la vue de ces fers &
les dehors affreux de la misere ; gardez-vous de
confondre ces signes équivoques du crime avec
le crime même ; & songez que ces tristes apparences cachent peut-être un homme vertueux.
Quel objet ! levez les yeux, & voyez sur vos
têtes l'image de votre Dieu qui fut un innocent
accusé : vous êtes homme, soyez humain ; vous

êtes juge, soyez modéré; vous êtes chrétien, soyez charitable. Homme, juge, chrétien, qui que vous soyez, respectez le malheur; soyez doux & compatissant pour un homme qui se repent, & qui peut-être n'a point à se repentir.

Mais laissons la contenance du juge, pour parler d'un art dangereux, dont j'ai souvent entendu vanter l'utilité; c'est celui d'égarer l'accusé par des interrogations captieuses, même par des suppositions fausses, & d'employer enfin l'artifice & le mensonge à découvrir la vérité. Cet art n'est pas bien difficile; on trouble la tête d'un malheureux accusé par cent questions disparates: on affecte de ne pas suivre l'ordre des faits; on lui éblouit la vue en le faisant tourner avec rapidité autour d'une foule de différens objets; & l'arrêtant tout-à-coup, on lui suppose un aveu qu'il n'a point fait; on lui dit : *voilà ce que tu viens de confesser; tu te contredis, tu mens, & tu es perdu.*

Quel méprisable artifice ! & quel est son effet ? L'accusé reste interdit; les paroles de son juge tombent sur sa tête comme un foudre imprévu; il est étonné de se voir trahi par lui-même; il perd la mémoire & la raison; les faits se brouillent & se confondent; & souvent une contradiction supposée le fait tomber dans une contradiction réelle.

Est-ce ainsi que doit procéder la naïve équité ? Et depuis quand les actes de la justice font-ils un combat de sophiste ? Encore si l'accusé, comme on l'a fait chez quelques nations sages, avoit un défenseur qui pût parler à sa place & secourir sa foiblesse ; si un homme de sang-froid répondoit à un juge tranquille, & que la sagacité fût interrogée par l'adresse ; s'il y avoit en un mot quelqu'égalité entre l'attaque & la défense : mais un homme grossier devant un magistrat exercé, un accusé saisi d'effroi devant un juge calme & maître de lui-même, un homme dont l'unique ressource est la vérité, tandis qu'on emploie contre lui celle de l'artifice & du mensonge ; non, cet art est odieux autant qu'injuste ; n'en souillons point nos honorables fonctions ; n'ayons d'autre art que la simplicité ; allons au vrai par le vrai ; suivons un accusé dans tous les faits, mais pas à pas & sans le presser ; observons sa marche, mais sans l'égarer ; & s'il tombe, que ce soit sous l'effort de la vérité, & non pas sous nos pieges.

Ici un spectacle effrayant se présente tout - à- coup à mes yeux ; le juge se lasse d'interroger par la parole, il veut interroger par les supplices ; impatient dans ses recherches, & peut - être irrité de leur inutilité, on apporte des torches, des chaînes, des leviers & tous ces instrumens inventés pour la douleur. Un bourreau vient se mêler aux fonctions de la magistrature, & termine par la violence un interrogatoire commencé par la liberté.

Douce philosophie, toi qui ne cherches la vérité qu'avec l'attention & la patience, t'attendois-tu que dans ton siecle on employât de tels instrumens pour la découvrir!

Est-il bien vrai que nos loix approuvent cette méthode inconcevable, & que l'usage la consacre? Et nous reprochons aux anciens leurs cirques & leurs gladiateurs, à nos peres leur épreuve de l'eau & du feu: ah! plutôt que de le livrer au bourreau, faisons combattre un accusé sur l'arene, du moins il aura la liberté de se défendre: qu'on le jete au milieu des flammes, il aura du moins l'espérance du hasard ou de la fuite. Cruels & insensés que nous sommes! sont-ce des gémissemens que nous voulons entendre? Ah! sans doute, on peut ordonner la question; mais si c'est la vérité que nous cherchons, est-ce dans le trouble de la douleur que nous espérons la trouver? Hélas! quel est celui d'entre vous qui n'a pas éprouvé la douleur? Quel homme ignore sa terrible impression sur un être que la sensibilité rend si foible? L'homme qui souffre ne ressemble

plus à lui-même ; il gémit comme un enfant , &
s'agite comme un furieux ; il appelle à son secours
la nature entiere ; sa foible intelligence partage bientôt l'émotion de ses sens , & l'augmente encore
par l'imagination : ses idées ne sont pas moins
altérées que ses traits ; toutes ses facultés agissan-
tes & abattues tour - à - tour , s'agitent & retom-
bent , & dans cette convulsion générale de son
être , rien n'est constant que le violent desir de
la faire cesser. Ramassez , si vous le voulez , tous
les crimes , & poursuivez un homme par la douleur ; il va s'en couvrir , s'il croit y trouver un
asyle. Le plus grand crime pour notre nature ,
c'est de souffrir , & la mort même ne seroit rien ,
si la douleur ne précédoit.

Je sais ce qu'on doit aux coutumes anciennes , & j'étoufferois ici le cri du sentiment ; je
me défierois sur-tout de mon jugement incertain , si je ne voyois les meilleurs gouvernemens
& les peuples les plus sages proscrire avec horreur la *question* , & l'insulter chez nous comme
dans son dernier refuge. Nos plus grands hommes , nos premiers génies l'ont dénoncée à la
raison humaine, en la flétrissant par avance dans
leurs écrits. Je me sens honoré , je l'avoue , de
mêler ma voix avec la leur , & de rendre en public
un témoignage favorable au genre humain ; & si la

superstition de l'usage me suscitoit quelque censeur, l'humanité qui m'applaudit au fond du cœur, me consoleroit des murmures du préjugé.

C'est beaucoup, de bien connoître les circonstances du crime & le caractere de l'accusé, d'avoir exactement comparé ces deux choses, & découvert tous leurs rapports ; mais ce n'est pas tout, & le plus important reste à faire, je veux dire l'appréciation & le jugement des témoignages : triste fatalité ! que la vie d'un homme libre, & qui ne doit dépendre que des loix, soit à la merci des passions & des erreurs de ses concitoyens, & que le glaive de la justice soit dirigé par des témoins souvent imposteurs ou aveugles.

Mais enfin on ne peut justifier ou condamner un accusé sur la nature seule du crime qu'on lui impute, encore moins sur son caractere & sur ses mœurs : nous n'avons plus des citoyens assez grands pour faire taire une accusation comme Scipion, en disant : *allons au Capitole rendre graces aux dieux de mes victoires.* Ce fut assez pour se justifier, de rappeller à ses juges ce qu'il étoit ; ce tems n'est plus, & ces ames sublimes, supérieures au soupçon même, ont passé. Le sort des hommes vulgaires dépend des autres hommes, & la force des témoignages en décide.

Mais avons-nous quelque regle certaine, quelque mefure commune pour déterminer la valeur des témoignages ? C'eft ici que les embarras redoublent, & qu'en avouant la néceffité de nos procédés, on eft étonné de leur hardieffe. Non, fans doute, fes témoignages n'ont point de mefure fixe, & il eft vrai que nous jugeons fans avoir de regle affurée pour régler notre jugement.

Quand notre efprit opere fur fes propres idées, ou que nous formons nos jugemens d'après nos fenfations même, la vérité qui preffe notre ame, pour ainfi dire, par un contact immédiat, produit une conviction prefqu'égale chez tous les hommes. Mais, lorfque l'évidence de l'entendement, ou la certitude des fens nous manquent, lorfque nous fommes contraints d'aller mendier nos connoiffances chez d'autres que nous-mêmes, & de compofer nos jugemens parmi les témoignages étrangers des hommes, il n'y a plus rien de certain & de commun. Quels font en effet ces hommes que je confulte ? Quels droits ont-ils d'être crus? Quel empire leurs fenfations ont-elles fur mes fens, leur entendement fur ma raifon? Quel moyen ai-je de m'affurer qu'ils favent tout ce qu'ils me difent, ou que du moins ils ne me difent que ce qu'ils favent, qu'ils ne font ni

fourbes,

fourbes, ni ignorans ? Quel rapport y a-t-il, en un mot, entre ce qui est, & les vaines paroles dont ils frappent mes oreilles ? L'expérience seule peut en ce point servir de passage à nos connoissances; il faut, pour croire les hommes, avoir expérimenté ce qu'ils disent, avoir vérifié leurs sensations par les nôtres, & leurs connoissances par nos lumieres. L'expérience est l'unique mesure de la probabilité; mais combien cette mesure est variable ! Tous les hommes ont-ils de l'expérience ? en ont-ils tous assez ? tous ont-ils une expérience égale ?

Un courtisan familier avec les vices & les passions, trompé mille fois, ou trompeur à son tour, accoutumé à la défiance par l'exercice ou l'épreuve de la fausseté, ne reconnoîtra pas aisément les caracteres sacrés de la vérité dans la bouche des hommes; tandis qu'un naïf habitant de nos campagnes, qui n'aura vécu qu'avec des hommes aussi simples que lui, croira sans soupçon le plus léger témoignage.

D'où vient qu'un enfant reçoit si avidement l'erreur des mains d'une nourrice, ou de ses premiers maîtres ? C'est qu'indépendamment de ce que l'erreur a de séduisant pour l'esprit humain, accoutumé de recevoir de ceux qui gouvernent son enfance, sa subsistance & ses premiers befoins, les ayant trouvé fideles fur tout ce qui lui importe le plus, l'expérience de leurs lumieres dans plufieurs cas lui fait recevoir leurs erreurs dans tous les autres. Prenez, en un mot, autant d'hommes que vous voudrez; faites-leur mefurer la latitude des mêmes témoignages, & vous ne trouverez que des rapports différens. Quelles feront donc les conditions néceffaires pour déterminer avec précifion la valeur des témoignages & l'étendue de la probabilité? Des conditions impoffibles à remplir. Il faudroit avoir exifté dans tous les tems & dans tous les lieux; connoître à fond les paffions & les intérêts des hommes, les fignes qui les caractérifent, & la force des mobiles différens qui pouffent du vice à la vertu, de l'erreur à la vérité. Il faudroit avoir comparé dans chaque cas tous ces différens termes pour en compofer un terme moyen, une unité commune qui ferviroit de mefure à tous les jugemens.

Mais pourquoi parler de ce qui n'eft point à la portée de notre nature? Revenons à l'homme, & réglons ce qu'il doit fur ce qu'il peut. Que dire à ces magiftrats occupés à fixer le fort d'un accufé fur la valeur des témoignages? Quels confeils leur propofer? L'un, trop jeune encore pour fe défier des hommes qui n'ont pas eu le tems de le tromper, ne les croira-t-il point trop légérement?

L'autre vieilli & toujours renfermé dans des fonctions qui ne lui ont presque jamais montré que l'ignorance ou la méchanceté, ne sera-t-il pas trop endurci contre les témoignages ? Un magistrat plus consommé, qui auroit su mêler l'étude des loix à celle des hommes, leur diroit : défiez-vous de vos jugemens fondés sur une expérience incomplete ; apprenez à connoître les hommes ; ils ne sont ni tout bons ni tout méchans ; mais discernez les cas où les passions les forcent à devenir l'un ou l'autre. Voulez-vous y réussir ? Décomposez avec soin chaque témoignage ; appréciez sa valeur par la bonne-foi du témoin & par ses lumieres ; decomposez encore ces principaux élémens, observez sa bonne-foi dans ses intérêts, ses habitudes, ses passions, ses mœurs ; mesurez ses lumieres par sa profession, son éducation, ses talens, & tant d'autres circonstances non moins essentielles ; comparez ensuite ces témoignages, observez leur conformité ou leur opposition ; & de toutes les quantités qui se détruisent, fixez celles qui vous restent. Que vous dirai-je ! au lieu de vous arrêter à cette premiere impression que produit l'effort d'une aveugle expérience, choisissez & disposez vos motifs ; séparez tous ces traits, & gravez dans vous-même une image nette, qui vous offrant les preuves dans leur ordre véritable, & leur juste étendue, puisse satisfaire votre raison & consoler votre cœur, si vous avez le malheur de condamner un homme.

Si quelque juge, rejetant ces conseils, osoit penser en lui-même que tant d'attention rendroit ses fonctions trop pénibles ; si quelqu'un formoit dans son ame cet odieux sentiment ; ce n'est pas à lui que je parle : c'est à des magistrats qui daignent m'écouter ; ils ne savent point compter quelques jours de leur vie quand il s'agit de décider de toute celle d'un autre. Eh ! quel juge barbare voudroit risquer, par un jugement précipité, de racheter, au prix d'un assassinat, quelques momens d'une vie qu'il doit toute entiere au public ?

Un magistrat, qui s'est rendu célebre, a prétendu que l'étude de la probabilité étoit trop négligée par ceux qui se destinent à la magistrature ; il a desiré que nous eussions un bon ouvrage, où les regles de la vraisemblance fussent développées. Un tel ouvrage seroit sans doute utile, sur-tout si l'on rendoit ces regles sensibles, en les appliquant à un grand nombre d'exemples bien choisis. Mais un magistrat n'auroit presque rien fait, s'il se bornoit à cette étude ; il faut étudier les hommes chez les hommes même ; & j'ose penser qu'un jour d'observation dans la société l'éclaireroit plus que des mois entiers d'une spéculation solitaire. Quelques hommes austeres regardent le monde comme une terre étrangere, où le magistrat ne peut voyager sans s'éloigner trop des affaires publiques. Cependant il est vrai que le commerce des hommes peut devenir pour le magistrat la source des instructions les plus utiles. C'est là que, dans le voisinage des passions, on peut distinguer leurs vrais caracteres, le degré de force, & l'espece de direction qu'elles donnent à l'homme, soit dans leurs chocs, soit dans leur concours; l'habitude de voir les hommes instruit à lire le cœur sur les traits simulés du visage.

L'habitude de les entendre & de comparer leurs discours avec leurs actions, apprend enfin le vrai sens de ce langage de l'intérêt, qui ne dit jamais ce qu'il veut dire.

Ainsi l'expérience & l'attention forment en nous ce tact du faux & du vrai, que l'étude ne donne pas, & sans lequel on ne peut manier les témoignages humains, qu'on n'erre sur leur poids. On parviendra même, tant l'habitude est puissante, à les juger avec autant de promptitude que de justesse; & le magistrat qui jouit de ce double avantage, pourra faire le plus important uſage de ces connoiſſances puiſées en apparence dans la frivolité.

Qu'un magiſtrat accumule dans ſa mémoire toutes ces loix poſitives (ouvrage arbitraire des hommes); le voilà peut-être capable de décider quelques affaires civiles; encore, ſi ſa mémoire n'eſt réglée par un grand ſens, ſes connoiſſances même ſerviront à l'égarer; ſa tête eſt une caverne dont il tire les loix pour les immoler; ſemblable au géant de la fable, qui ne faiſoit ſortir les compagnons d'Uliſſe renfermés dans ſon antre, qu'afin de les dévorer. (1)

Cependant je conſens qu'il faſſe des loix civiles le plus heureux uſage : la juſtice criminelle exige ſes premiers ſoins; un accuſé eſt traduit à ſon tribunal; il ne s'agit plus d'appliquer matériellement une loi claire à un fait avoué; il s'agit de conſtater un fait incertain, un fait caché, un fait qui doit régler la deſtinée d'un homme. De quoi ſervira au magiſtrat, pour remplir ce devoir, la connoiſſance des loix civiles ? Saura-t-il connoître les hommes, diſcerner toutes les circonſtances qui caractériſent leurs actions, ſe faire une idée juſte du caractere & des intérêts d'un accuſé, le com-

____

(1) On a prétendu que c'étoit le défaut du fameux Dagueſſeau. C'étoit l'homme le plus ſavant, mais le plus indécis. *Note de l'éditeur.*

parer par tous les côtés avec le délit qu'on lui impute, évaluer les témoignages, les divifer, les oppofer, les réunir, les fuivre dans toutes les approximations du doute à la certitude? Il ne fait que des loix; elles n'apprennent feulement pas à reconnoître les honnêtes gens, encore moins à démêler ceux qui ne le font pas. Tous ces motifs de probabilités, toutes ces quantités morales fe réuniront au hafard dans fon efprit, pour compofer une maffe informe qui agira, non felon fon poids réel, mais felon la fituation de l'ame qui les reçoit. Tantôt foible & inclinée, le plus léger témoignage fuffira pour l'entraîner; & d'autres fois, inflexible dans fa roideur, elle ne cédera pas à l'évidence; & la vie des hommes, moins refpeſtée que celle des plus vils animaux qu'on ne fait périr que pour le befoin, fera le jouet de l'ignorance ou de l'humeur.

Au défaut de l'expérience, fi le magiſtrat veut recourir aux regles de la vraifemblance, jamais il ne faura les appliquer; jamais il ne reconnoîtra dans un amas de circonftances particulieres & diffemblables les traits principaux des regles générales. Je veux cependant qu'il ofe en faire ufage; c'eft le pire inconvénient, & leur abus eft plus dangereux que leur oubli; je n'en citerai pour exemple que cette maxime fi connue, que *deux témoins directs suffisent pour convaincre un accusé.* Combien les téméraires applications d'une regle déjà si rigoureuse dans son vrai sens, la rendroient funeste & meurtriere ! Quel dangereux glaive pour qui ne saura pas limiter l'espace dans lequel il doit se mouvoir !

Les tems changeront peut-être ; un moment viendra, où l'expérience deffillera les yeux du juge ; où les cris de l'innocence méconnue & condamnée viendront déchirer son ame & troubler sa vie ; où l'on ne pourra plus l'estimer qu'à proportion de ses remords & de son malheur. Mais qu'il les étouffe s'il le peut ; qu'il se console de son ignorance sur sa bonne-foi : jamais il ne pourra sauver son honneur ; le public qui est le premier censeur de ses juges, qui n'est pas plus tôt cité à leur tribunal qu'il les appelle au sien, le public a déjà porté sur eux son irrévocable arrêt. Il est inscrit dans toutes les mémoires, & chaque magistrat peut se dire à lui-même : je suis honoré ou flétri dans l'esprit de tous mes concitoyens ; idée terrible & consolante pour une ame sensible à l'honneur ! Heureux encore le peuple qui fait desirer son estime à ceux qui le gouvernent, & qui regagne par l'opinion l'autorité qu'il a cédée par les loix !

Un magistrat peut bien cacher quelque tems

son ignorance sur les loix ; des objets si sérieux ne sont guere le sujet des frivoles entretiens des hommes : mais ce qu'il ne cachera jamais, c'est son inaptitude à juger les affaires criminelles ; ce qu'il ne cachera jamais, ce sont les passions qui l'enflamment, sa crédulité ou son obstination, ses préventions, ses préjugés, les caprices de son humeur, son ignorance des mœurs & du caractere des hommes : voilà ce que sa famille, ses domestiques, ses amis, sa société savent long-tems avant lui, & bien mieux que lui.

Chaque cercle est un tribunal d'autant plus impitoyable, qu'il est sans regles ; là tous les faits sont discutés, les hommes cités & jugés ; on rapporte les témoignages, on les apprécie, on prononce sur les caracteres, sur les mœurs ; on absout, on condamne, & l'on emploie pour les plus petits intérêts la même sagacité &, à peu de chose près, les mêmes formalités que pour les plus grands. Là, le magistrat opine comme citoyen ; mais ses jugemens laissent une trace profonde ; des hommes intéressés à le connoître les recueillent avec soin ; on se plait à former sur ce qu'on voit, un augure de ce qu'on ignore ; & par l'homme on juge du magistrat. Oui, messieurs, tel est l'intérêt de nos concitoyens ; aucun n'approche un magistrat qu'il ne dise en secret :

quel est cet homme qui juge de ma fortune & de ma vie ? tâchons de le connoître, & sachons à qui mon sort est confié. Quel humiliant spectacle aux yeux d'un homme sage, de voir l'ignorance & la foiblesse d'un enfant dans celui qui décide avec toute l'autorité des hommes ! Quelle affreuse & décourageante idée pour un vertueux citoyen ! Voilà donc l'arbitre de ma destinée ; si quelqu'homme pervers ose m'accuser, voilà le juge qui m'est réservé. Juste ciel ! prends pitié de mon sort, & charge-toi de me protéger ; éloigne de moi les méchans qui voudroient m'attaquer, puisque je suis privé des magistrats qui devroient me défendre. Cette opinion passe de bouche en bouche, & bientôt le magistrat qui en est l'objet est regardé comme un fléau public ; on ne l'entend nommer qu'en frémissant au nombre de ses juges ; on voudroit éloigner de lui sa fortune, sa vie & tout ce qui nous intéresse, comme on écarte les meubles précieux des mains d'un enfant qui brise tout, parce qu'il ne connoît rien.

Que ce découragement des citoyens est funeste ! Que de maux lorsqu'un peuple se défie de ceux qui le gouvernent ! Les châtimens sont sans fruit, parce qu'on doute de leur justice : au milieu du vain spectacle des supplices, la défiance & la pitié demandent en secret si celui qu'on immole est innocent ou coupable ; & loin de goûter cette joie qu'inspire la protection des loix, chacun éprouve la terreur que produit le soupçon d'en être abandonné.

Quelle injure pour la magistrature, que le premier & le plus salutaire conseil qu'on offre à un accusé, soit de se soustraire à la justice ! C'est ainsi qu'un philosophe, accusé après la mort de Socrate, disoit en fuyant la cruelle Athenes : *sauvons la philosophie d'un second outrage.* Homme innocent, restez à votre place ; vous êtes accusé, c'est un malheur de la société ; mais soyez ferme & sans crainte ; les loix sont pour vous, & leurs ministres ne les trahiront pas. Osez même subir un moment l'humiliation de la captivité ; vous n'en sortirez que pour assister au supplice de vos ennemis ; tout ce que la nature a voulu nous départir de lumieres, tout ce que l'étude & la réflexion y peuvent ajouter, nos journées & nos nuits, nous sommes prêts à tout sacrifier pour votre repos. La confiance d'un innocent honore son juge ; il se l'attache par l'estime qu'il lui témoigne & par le bien qu'il lui fait faire ; & le magistrat qui goûte à la fois le plaisir de l'honneur & de la vertu, doit ajouter à ses années toutes celles qu'il aura conservées. Les Romains décernoient une couronne au soldat qui sauvoit la vie d'un citoyen :

laissons la couronne & recueillons la même gloire. Pure & sainte équité ! nous ne t'abandonnerons jamais ; tu passeras de nos cœurs dans nos décrets ; nous y tracerons ta vive image de notre sang, s'il le faut, pour offrir à jamais à nos concitoyens l'exemple de l'amour des hommes & de la patrie.

Mais combien tes ordres coûtent à exécuter, lorsque tu nous prescris de condamner l'accusé que tu viens de convaincre, lorsqu'il faut choisir au crime des peines & des supplices, lorsque tu commandes à des hommes d'envoyer un homme à la mort ! C'est le dernier effort du magistrat ; mais plutôt c'est l'ouvrage de la loi, & dans nos tristes fonctions nous sommes moins les auteurs que les premiers témoins de la condamnation d'un accusé ; c'est nous qui produisons contre lui la loi qui le condamne ; c'est nous qui la proclamons ; il est douteux que nous puissions même l'inter-préter. Et gardons-nous en effet de penser qu'un magistrat ait le malheureux pouvoir de disposer à son gré du châtiment d'un coupable ; la loi seule est dépositaire & distributrice des peines ; elle seule est la maîtresse des citoyens, & c'est comme législateurs que nos rois sont nos vrais maîtres.

Nul homme par sa nature n'a le droit de régler le sort d'un autre homme, d'infliger des peines à ses fautes, & de lui ordonner de mourir. Les peres même n'ont pas ce pouvoir sur leurs enfans, & leur autorité semble expirer vers le tems où la raison rend l'homme susceptible de châtiment, en le rendant capable du crime. Les Romains, dont les mœurs laisserent d'abord si peu de chose à faire aux loix, & qui avoient tant d'intérêt de les maintenir par l'autorité paternelle, se crurent obligés de la limiter : ils penserent que des peres tendres pouvoient devenir des juges iniques, & ils craignirent plus de l'égarement des passions, qu'ils n'espérerent de la rectitude de la nature.

Mais si nul homme n'a reçu de la nature un pouvoir légitime pour disposer du sort & de la vie de ses semblables, certainement il ne l'obtiendra jamais par la convention : quel insensé pourroit renoncer à sa liberté, à sa vie, à lui-même, pour se livrer tout entier à des hommes foibles comme lui, passionnés comme lui, indifférens pour sa conservation, & quelquefois intéressés à le détruire ? Jamais un citoyen ne consentira d'être jugé arbitrairement par quelques hommes de sa société, ni même par sa société toute entiere. Prenez en effet autant d'hommes que vous voudrez, ce seront toujours des hommes contre un autre : qui l'assurera qu'ils seront équitables envers lui, qu'ils le condamneront selon sa faute, & non selon leurs passions ; elon la chose, & non selon le moment ? Quel sera le garant de leur jugement, le nombre des juges ? Mais la multitude s'égare, & c'est le petit nombre qui aime & connoît le vrai. Aristide fut condamné par le peuple d'Athenes.

Seront-ce leurs vertus & leurs lumieres ? Mais qui me garantira les lumieres là où je vois les passions ; & la vertu où je trouve des intérêts particuliers ? Les juges de Socrate furent séduits ou corrompus. L'homme qui n'a reçu de la nature qu'un moment d'existence, ne l'a point ainsi jeté au milieu des écueils & des orages ; & cet amour si vif de sa conservation est un ordre secret de la Divinité de ne se confier aux autres, qu'en ne s'abandonnant jamais lui-même.

Etrange paradoxe, qu'un citoyen ne puisse être condamné sans son aveu, & que nul supplice ne soit légitime, s'il n'est choisi par le coupable ! La nature de la loi éclaircit ces contradictions apparentes : la loi n'est que la volonté publique ; & quoiqu'un seul législateur la forme & la prononce, elle n'en doit pas moins être considérée comme le résultat & l'expression de toutes les volontés particulieres. Le législateur, traçant un cercle autour des hommes rassemblés, circonfcrit les intérêts, & les dirigeant tous par les lignes les plus abrégées, vers un centre commun, il éleve des loix, comme l'infaillible fignal du point où chacun doit tendre.

Qu'eft-ce donc que la loi pour chaque citoyen ? C'eft un acte de fa volonté même, formé dans un moment de fageffe c'eft fa raifon épurée par un autre ; c'eft ce qu'il eût dit s'il eût bien penfé, ce qu'il eût fait en s'appliquant à bien faire ; c'eft un ouvrage du législateur , qu'il s'approprie par une jufte obéiffance. En un mot, le citoyen qui obferve les loix, transforme fa raifon en la raifon publique ; il honore fon intelligence par celle qu'il lui fubftitue , & lie au joug du devoir la prérogative de la liberté.

A confidérer les chofes dans leur nature, une loi criminelle n'eft donc qu'un engagement contracté par chaque citoyen envers tous les autres, de fe foumettre à telles peines dans tous les cas où il commettra tels délits. Il eft donc vrai qu'un citoyen coupable a réglé par avance la peine de fon crime ; & le magiftrat qui vient de le convaincre, peut dire, en lui montrant la loi, je ne fuis plus ton juge ; c'eft la loi qui te condamne, ou plutôt c'eft toi-même qui te condamnes par la loi que tu as reconnue.

Les loix criminelles ne fauroient donc être

trop étendues & trop précises ; précises pour séparer les objets, étendues pour développer chacun d'eux ; car les détails superflus dans les autres
loix font indispensables dans les loix criminelles,
parce que les actions font bien plus difficiles à
déterminer que les droits, & qu'il faut décrire
les unes, lorsqu'il suffit de définir les autres.

Ce n'est pas tout, & même ce n'est rien d'avoir
déterminé les délits, si l'on n'en fixe les peines.
Les loix criminelles doivent offrir au magistrat
un tableau si exact des délits & de leurs châtimens, qu'il n'ait plus qu'à choisir sans peine &
sans incertitude, à mesure que les maux de la
société se présentent, le remede indiqué par la loi.

Il ne faut pas craindre de l'avouer : nos loix
criminelles font bien éloignées de cette perfection ; au lieu de former par une gradation bien
suivie des peines & des délits, une double chaîne
dont toutes les parties se correspondent, pour
envelopper toute la société politique, elles font
éparses, sans liaison, & laissent entr'elles de grands
espaces vuides, où le magistrat peut s'égarer.

En effet, nos loix n'ont distingué ni les délits,
ni les peines ; elles n'ont fait aucune division des
crimes par leur genre, par leur espece, par leur
objet, par leurs degrés. Quelle différence cependant entre les crimes, par leur objet ! Les uns

attaquent

attaquent plus directement les particuliers, d'autres le public, les uns le souverain, d'autres Dieu lui - même. Quelles différences des crimes par leurs degrés ! que de nuances à marquer, que de délits à distinguer depuis l'irrévérence jusqu'au sacrilege, depuis le murmure jusqu'à la sédition, depuis la menace jusqu'au meurtre, depuis la médisance jusqu'à la diffamation, depuis la filouterie jusqu'à l'invasion !

Si nous considérons les délits par rapport aux particuliers qu'ils attaquent, faudra-t-il confondre le délit d'un citoyen envers un autre citoyen, avec celui d'un époux envers son épouse, d'un pere envers ses enfans, des enfans envers un pere ? Le citoyen ne viole que le contrat social ; un époux en viole un de plus ; un pere, des enfans offensent de plus les loix de la nature. Tous ces délits ne sont - ils pas infiniment différens ? & cependant nous ne les avons pas tous distingués. Chose étrange ! nous avons des nomenclatures completes pour les plantes & pour les animaux, & nous en manquons pour nos actions morales. Notre attention a déjà plusieurs siecles d'existence, & ce n'est que d'hier que nous pensons à la morale. Des extrêmités de la carriere des sciences, nous revenons enfin vers nous-mêmes, comme un voyageur qui a tout vu hors fa patrie ; citoyen du monde, étranger dans fa propre maifon.

Si nous avons établi quelque diftinction pour les crimes, elle eft pire qu'une entiere confufion ; car on démêle mieux des objets qui n'ont aucun ordre, que ceux qui en ont un mauvais. Connoiffons - nous bien en effet les vraies limites des délits communs & des délits privilégiés, des cas royaux & des cas ordinaires ? Que de queftions indécifes fur ce point !

N'a-t-on pas confondu trop fouvent les crimes civils & les crimes religieux ? Combien de fautes châtiées dans cette vie, & qui ne devoient être jugées que dans une autre ! Avons-nous toujours affez refpecté les droits de la confcience, cet afyle facré, où chacun doit être en fûreté pour fe juger lui - même fur l'accufation de fes remords ? Si jamais on n'eût perdu de vue la proportion des délits, auroit - on puni la contrebande avec autant de févérité que la conjuration, la violence & l'oppreffion publique ? Si les fautes des époux, des peres & des enfans avoient été diftinguées felon l'ordre de la nature & des mœurs, les fentimens de la nature & l'intégrité des mœurs auroient-ils été fi-tôt dépravés ?

Mais avons - nous mieux déterminé les peines que les délits ? Non, fans doute ; & le premier vice entraîne le second. C'est une espece de maxime, que les peines font arbitraires dans ce royaume : cette maxime est accablante & honteuse ; nous ne connoissons pas seulement la juste étendue de la note d'infamie, cette peine si importante & si délicate, qui pourroit devenir le supplément de tant d'autres, qui convient si bien à un peuple qui aime l'honneur ; en un mot, le vrai châtiment du François.

Nos loix ont-elles fixé la durée & l'étendue du banniffement selon chaque faute, chaque crime ? Il faut donc compter pour rien la patrie, puisqu'on traite l'exil avec tant d'indifférence.

La peine des galeres ne varie-t-elle pas au gré du juge ? Tous les jours les magistrats déliberent s'ils doivent condamner un criminel aux galeres à tems, ou à perpétuité ; les loix font muettes, il faut les suppléer. Cependant une année de douleur de plus ou de moins est-elle donc si peu de chose pour un être si sensible & qui vit si peu, que les loix aient pu négliger d'en disposer elles-mêmes ? Quelle différence avons-nous mise dans nos supplices ? La mort, toujours la mort, & presque sous la même forme : cependant quelle distance dans les crimes ! Le plus affreux assassin n'est pas autrement puni que le malheureux que la misere & la faim ont entraîné sur un grand chemin pour arracher, par la violence, le pain que les hommes refusent de lui donner par charité.

Un serviteur qui aura souftrait sans aveu ce que son maître auroit rougi de lui offrir en don, fera attaché au même gibet que celui qui auroit enlevé toute sa fortune.

On ne sauroit dissimuler ces erreurs de nos loix; & ce que nous osons dire tout haut, chacun l'a dit mille fois en secret à lui-même.

On me dira peut-être que cette exacte distribution des délits & des peines, multiplieroit trop les loix criminelles. Ce n'est pas le magistrat laborieux qui propose cette objection, le nombre des bonnes loix ne l'effraie point; ce n'est pas le magistrat équitable & circonspect, le choix des peines le gêne trop; encore moins le magistrat humain & sensible, ses fonctions le font gémir, & son cœur est pressé par tout ce qui manque aux loix. Est-ce donc un inconvénient d'avoir des loix plus nombreuses, pourvu que nous n'ayons que les loix suffisantes ? Craint-on que le magistrat ne puisse les retenir ? Voudroit-on refuser à sa mémoire la confiance qu'on donne à son jugement, & trouve-t-on plus facile & plus sûr d'interpréter des loix, que de les apprendre ?

Des magistrats instruits des vraies maximes de la justice criminelle, ne réclameront & ne regretteront jamais la triste & dangereuse liberté de choisir des supplices ; ils marcheront avec joie à la suite des loix, & trembleront si jamais ils sont forcés de les guider.

Cependant c'est la fatale nécessité où le magistrat françois est réduit ; & le souverain lui impose le devoir de régler les peines au défaut des loix, ou plutôt selon l'esprit de nos loix.

Moins les loix s'expliquent, & plus le magistrat doit savoir ; plus elles ont de défauts, & plus il doit en être exempt lui-même ; & celui qui les interprete devroit presqu'avoir le génie de les faire. Quelles obligations on vous impose ! quel fardeau que l'administration de la justice criminelle ! Et ce qu'il y a de triste, c'est qu'il s'agit moins de suivre le véritable esprit des bonnes loix criminelles, que de saisir l'esprit particulier des nôtres.

En général, l'esprit de toute bonne loi criminelle est de concilier, autant qu'il est possible, le moindre châtiment du coupable avec la plus grande utilité publique. Le point indivisible où ces deux choses se touchent, est le seul qu'il faut marquer. Une raison droite, aidée d'un cœur sensible, parviendroit infailliblement à le

découvrir ; mais , par une fatalité déplorable ,
nos loix criminelles n'ont point cet esprit. Qui
croiroit que des constitutions canoniques, des
dispositions religieuses, & des idées dérivées
d'une source où la police humaine ne devoit
jamais puiser : qui croiroit que ces choses ont
formé une partie des dispositions de nos loix
criminelles, & qu'elles nous écartent sans cesse
de leur véritable but ?

Rien n'est cependant plus réel. D'ailleurs nos
usages , nos mœurs , les circonstances ayant
changé pendant que nos loix criminelles ont
toujours subsisté, leur esprit est devenu presque
inconciliable avec notre situation présente ; &
quand on voudroit supposer qu'elles ont convenu
à ce que nous étions , il n'en seroit pas moins
vrai que plusieurs ne conviennent plus à ce que
nous sommes. Osons tout dire : en tout tems ,
dans tous les lieux , il faut pour des hommes des
loix humaines , & plusieurs des nôtres ne le
sont pas.

Par-tout , & sans distinction , elles prodiguent
la peine de mort ; les crimes les plus différens
par leur nature , les plus atroces , & quelquefois les plus légers , sont confondus sous le
même supplice : on diroit que , dans leur précipitation , elles ont voulu faire un seul faisceau de

tous les crimes, pour les briser à la fois. La raison s'étonne, & le cœur saigne en parcourant leurs terribles condamnations.

On y voit souvent le vol puni comme l'assassinat; & sur une route publique, la vie d'un homme n'est pas plus estimée que son or. Disposition imprudente, qui expose la tête des citoyens pour garantir leur fortune, & qui oblige un scélérat à commettre deux crimes, lorsqu'il n'en méditoit qu'un.

Les vols avec effraction sont punis de mort, & c'est comprendre presque tous les vols. Depuis que la défiance a fermé les cœurs, quels objets restent à découvert ? Nulle distinction entre le premier vol & ceux qui le suivent, entre la séduction & l'habitude.

Que dirons-nous de la peine infligée au vol domestique ? Des maîtres durs & avares tremblent déjà pour leur propriété, & se révoltent contre la douce voix de la pitié : que deviendront nos fortunes, s'écrient-ils, si nos maisons ne sont pas un sûr asyle ? D'autres pourroient répondre que ces fortunes ne sont pas perdues pour l'état ; qu'elles ne font que changer de maîtres : mais je sais que l'état est garant de la propriété ; mais je sais aussi que l'état est le gardien des personnes, que les richesses des maîtres ne font rien auprès de la vie du dernier de leurs ferviteurs, & qu'on frémit à cet échange inhumain de la tête d'un citoyen contre la plus vile piece de monnoie. Chofe étrange ! cette loi fi dure s'eft corrigée par elle-même : l'horreur de voir un gibet à fa porte, & la crainte de la haine & des malédictions publiques arrêtent la plainte des maîtres ; & l'excès même du châtiment a produit l'impunité d'un vol qu'une loi plus modérée eût infailliblement réprimé : cependant, malgré cette indulgence, trouvons-nous nos maifons moins fûres ? les vols font-ils plus fréquens ? Le choix des ferviteurs & la vigilance des maîtres fuppléent tous les jours à la loi. Hommes, qui poffédez tous les biens de la fociété, voilà votre méthode ! Pour vous épargner la peine de les garder, vous condamnez à la mort ceux qui oferont les toucher ; & ce qu'eût fait un peu de vigilance, vous l'achetez avec la vie d'un homme.

N'auroit-on pas lieu de fe plaindre de la loi qui condamne à la même peine celui qui recele le vol & celui qui l'a fait ? n'y-a-t-il pas quelque diftance entre ces deux actions ?

Conçoit-on bien que le fabricateur d'une fimple obligation pécuniaire foit puni du même fupplice que le témoin dont l'affreux menfonge a mis en péril la vie & l'honneur d'un innocent ? Ne cesserons - nous jamais de confondre les personnes & les chofes , & d'évaluer un homme avec des métaux ?

Eft - il bien jufte auffi que le deffein d'un meurtre foit puni comme l'exécution ? & pourquoi nos loix nous ont-elles ôté , contre le fcélérat , la reffource du repentir ? Avec quelle exceffive rigueur nous puniffons le rapt de féduction, ce crime fi difficile à déterminer , fi différent par fes caufes , par fes effets , par fes circonftances !

Voyez cette jeune fille , gardienne malheureufe d'un dépôt qui la déshonore , expier à un infame gibet le crime de l'honneur & de l'amour.

Un malheureux , fous le vain appareil des armes que la violence l'a forcé peut-être de prendre , introduit quelques denrées prohibées , & on l'envoie payer fur une roue , le modique gain qu'il a fouftrait aux hommes les plus opulens de l'état. Dans le bonheur & le repos , ils ignorent fans doute l'horrible facrifice qu'on fait à leur fortune.

Si nous infligeons de tels châtimens aux crimes que femblent excufer l'honneur & la nature, quels fupplices avons-nous donc réfervés pour ceux qui les offenfent tous deux ? Comment punirons-nous un aſſaſſinat atroce, un parricide ? Le ſang eſt épuiſé pour les moindres délits, il n'en reſte plus aſſez pour les grands crimes. On ordonnera une mort plus cruelle : mais quoi, je vois périr ſur la même roue, le voleur public, & le monſtre qui aura aſſaſſiné ſon pere ! Que lui fait-on de plus ? On mutile le bras qui a commis cet inconcevable forfait : voilà donc la différence des ſupplices, qui doit marquer celle des crimes.

Nos loix ont eu d'abord recours à la peine de mort ; que pouvoient-elles faire après ? Elles en ont un peu varié la forme ; mais cet artifice eſt ſans effet : telle eſt la nature du cœur humain, que dans les ſupplices apperçus de loin, le ſcélérat ne voit que la mort, ſans compter ſes douleurs ; & le gibet & la roue ſe préſentent dans l'avenir ſous une même image.

A quoi donc ont ſervi tant de rigueurs ? A nous faire répandre inutilement du ſang qu'on pouvoit rendre utile à la patrie ; à précipiter la corruption des mœurs, en altérant les vraies notions ſur la juſtice des actions morales ; à rendre les mauvais citoyens plus induſtrieux contre les loix, qu'elles ne ſont puiſſantes contre eux. Les ſupplices infligés aux moindres crimes, favoriſent l'impunité de plus grands ; &

pour vouloir fermer trop tôt une légere plaie, nos loix ont allumé la fievre au-dedans.

Quelle étonnante contradiction dans nos mœurs ! Nous qui mettons tant de joie dans la vie, qui chérissons tout ce qui est aimable, & goûtant si bien tout ce qui est doux ; nous qui n'avons que des fleurs dans les mains & des chants dans la bouche ; nous dont l'ame est compressible par tous les sentimens, dont l'esprit facile s'ouvre à toutes les idées ; nous avons adopté des loix propres à briser des fronts & des cœurs d'airain !

Nous célébrons nos fêtes publiques dans des lieux de carnage & tout arrosés de sang ; ces hommes doux & légers veulent du sang partout (*a*) ; ils ne peuvent vivre un instant avec eux-mêmes, ni se passer du commerce de leurs semblables ; & sans cesse un préjugé barbare leur met contr'eux un glaive à la main. Leurs loix imitent leurs préjugés ; les punitions publiques sont aussi cruelles que les vengeances particulieres, & les actes de leur raison ne sont guere moins impitoyables que ceux de leurs passions. Quelle est donc la cause de cette bizarre opposition ? C'est que nos préjugés sont anciens, & que notre

____

(*a*) Duel.

morale eft nouvelle ; c'eft que nous fommes auffi pénétrés de nos fentimens qu'inattentifs à nos idées ; c'eft que l'avidité des plaifirs nous empê- che de réfléchir fur nos befoins , & que nous fommes plus empreffés de vivre que de nous diriger. C'eft, en un mot , que nos mœurs font douces & qu'elles ne font pas bonnes ; c'eft que nous fommes polis , & que nous ne fommes feu- lement pas humains.

Mais je ne fais quel fcrupule arrête tout-à- coup mes idées , qu'un objet trop intéreffant entraînoit.

Ne m'accufera-t-on point de manquer au ref- pect que nous devons aux loix ? Hommes fages ! dites-moi fi j'outrage les loix , parce que j'en fou- haite de plus parfaites. Je le déclare aux hommes timides , adorateurs fuperftitieux de tout ufage antique ; je le déclare aux hommes violens, qui mettent la tête de la juftice dans un nuage , & ne laiffent voir que fes bras ; je le déclare à tous : tant que nos loix criminelles fubfifteront, je ne cefferai jamais de les refpecter , comme citoyen ; je ne cefferai jamais de travailler à les faire refpecter aux autres, comme magiftrat ; mais comme ami de l'humanité , j'en defirerai fouvent la réforma- tion.

Je publie ce vœu de mon cœur, parce que

je le crois utile & juste ; & si je pouvois être convaincu qu'il est dangereux d'annoncer une vérité pareille, je la renfermerois dans mon ame : mais elle y vivroit autant que moi-même ; tant qu'une goutte de sang couleroit dans mes veines & feroit palpiter mon cœur, je gémirois sur celui que je verrois perdre à mes concitoyens.

Et quand toutes nos loix criminelles seroient bonnes, ne nous seroit-il pas permis de penser qu'il y a d'autres loix plus parfaites ? faudroit-il nous interdire l'espérance, le desir même de les imiter ?

Ne distinguera-t-on jamais la licence qui veut tout détruire, de l'amour du bien qui ne veut changer que le mal ? La licence ne veut tout détruire que pour ne rien substituer ; l'amour du bien remplace le mal par le bien, ou le bien par le mieux : la licence ne respire que l'anar-chie ; l'amour du bien ne demande que la li-berté : la licence ne veut point de loix ; l'amour du bien n'en veut que de meilleures.

Mais la foiblesse, ou la malignité, se plait à les confondre : toute vérité hardie est un sujet de crainte pour l'homme pusillanime, & un pré-texte d'accusation pour le méchant.

C'est ce faux respect qui a fait vieillir le monde sur les erreurs de son enfance ; & souvent une seule vérité que le préjugé a tenu captive dans la tête d'un grand homme, auroit adouci le fort de l'humanité & changé la destinée des nations.

Craignons sur-tout de fermer les bouches sur nos plus chers intérêts; & tandis que nous avons tant à travailler pour nous-mêmes, n'usons pas notre ame sur des objets indifferens.

Mais quoi ! est-ce d'aujourd'hui qu'on parle de la réformation de nos loix criminelles ? Notre dernier roi n'a-t-il pas commencé cette glorieuse entreprise ?

L'ordonnance civile, l'ordonnance criminelle, voilà les vraies conquêtes de Louis XIV ; car c'est conquérir des terres que d'en assurer la propriété ; c'est conquérir des hommes que d'assurer leur vie.

Si l'on veut mesurer l'espace que la justice criminelle a parcouru depuis nos premiers rois jusqu'au dernier regne, depuis les épreuves du feu & de l'eau jusqu'à l'ordonnance criminelle, on verra que la vérité a fait un pas cent fois plus grand que celui qui lui reste à faire. Quel objet d'émulation pour notre siecle ! Verrons-nous inutilement cet ouvrage, & ne travaillerons-nous jamais à le surpasser ? Voilà bientôt un siecle que la justice criminelle se repose dans ce glorieux monument ; n'est-il pas tems qu'elle en forte pour s'élever à des loix plus parfaites?

Tout nous anonce cet heureux changement : jamais on n'a tant parlé de mœurs & de vertu. Déjà la raison commence d'amollir ces duretés que l'ignorance avoit formées dans des ames d'ailleurs fenfibles ; déjà la philofophie a jeté quelques regards fur les loix criminelles. Ses progrès font lents, mais infaillibles : femblables à ces aiguilles qui marquent le tems, on ne l'apperçoit point marcher, mais on la voit arriver.

Graces à quelques hommes fages, nous avons déjà un bon ouvrage fur cet important objet, & de meilleurs font peut-être prêts à paroître ; car un bon ouvrage eft un flambeau qui en allume mille autres, multiplie la lumiere fans perdre fon éclat. Peut-être ne fommes-nous pas éloignés du tems où des loix criminelles plus douces & plus humaines fermeront les bleffures qu'ont faites quelques loix trop rigoureufes.

Eh ! qui fait jufqu'où notre courage peut aller ? Qui fait fi nous n'imiterons pas cette augufte fouveraine qui marqua l'avénement de fon regne par l'abolition de la peine de mort ? Qui fait fi l'humanité ne volera pas des extrémités du nord vers nos contrées ? Embraffons cette idée ; elle honore, elle confole le cœur humain ; du moins ne la rejetons pas avec cette précipitation dont on nous accufe pour tant d'autres vérités falutaires. Examinons avant de nous révolter, & n'imitons pas toujours ces enfans qui maltraitent leur nourice fi-tôt qu'elle veut les fevrer. L'homme ne juge des objets que par leur comparaifon ; & tel eft notre efprit, qu'un fupplice nous paroîtra rigoureux, dès qu'il fera moins doux que tous les autres. Il eft très-vrai qu'on peut diminuer la grandeur des peines en graduant mieux leur diftance ; il eft très-vrai qu'un législateur, en commençant par la punition la plus légere, & fuivant une progreffion toujours correfpondante à celle des délits, ne puniroit les derniers crimes que par des châtimens modérés.

Nous avilirions-nous jufqu'à nous croire incapables d'une regle fi douce ! Nous qui fommes fi fenfibles à l'honneur, qu'avons - nous befoin de mourir pour un crime ! Commençons par en rougir.

Si cependant on craignoit de tomber dans les excès de l'impunité en réprimant ceux du châtiment ; fi l'on vouloit ramener les efprits pas à pas, qu'on laiffe encore fubfifter cette irrévocable peine de mort ; mais du moins gar-

dons-

dons-la pour notre derniere ressource : il faudroit la reléguer vers l'extrêmité de nos loix
criminelles, pour lui abandonner d'inexpiables
forfaits, & nous délivrer des scélérats peu
communs, qu'on ne pourroit conserver sans
danger.

Que cette réformation de nos loix seroit digne
du prince le plus humain qui fût jamais ! Des
loix plus équitables & plus douces sous le regne
de Louis le Bien-aimé, quel auguste rapport !
A cette idée, des larmes d'attendrissement &
de respect doivent couler de tous les yeux :
un monarque qui n'a pas dédaigné les vertus
même qui font aimer les hommes obscurs ;
que tout enfant choisiroit pour pere & tout
citoyen pour ami, chéri comme un égal, res-
pecté comme un maître ; donnant à l'obéissance
le prix de la liberté même, & faisant presque
oublier la loi de le servir, par le plaisir naturel
de l'exécuter. Homme d'abord, & toujours ;
& souverain quand il le faut : voilà sans doute
celui dont nous devons attendre le remede à
nos maux.

L'imagination me séduit ; & je me figure cette
heureuse révolution sous l'emblême d'un monument qui s'éleveroit au milieu de nos citoyens & des cris de leur reconnoissance &

de leur joie. La justice, la religion, la pitié &
les plus douces vertus l'orneroient par leur aspect
vénérable, & des attitudes touchantes : le crime
enchaîné y paroîtroit consterné d'une vie condamnée à la douleur & aux remords pires que
la douleur ; il détourneroit la tête en gémissant,
pour appeller à lui la mort que l'humanité force
de s'écarter. Cette aimable vertu laisseroit voir
dans ses traits séduisans un mélange de joie,
d'horreur & de pitié ; & foulant aux pieds les
instrumens meurtriers qui font couler le sang
des hommes, elle présenteroit au crime les outils
de nos travaux utiles. Au-dessus de ces images,
s'éleveroit celle d'un prince bienfaisant, dictant
à l'immortalité des loix criminelles, d'un air sévere & tendre, tel que celui d'un pere qui
punit ses enfans sans foiblesse & sans excès.

Je m'arrête à ce tableau, & je me plais à
terminer ce discours par les douces idées qu'il
inspire. Ce n'est pas que j'abandonne sans regret une carriere où je laisse tant d'espace devant moi, où je n'ai fait que traverser, sans le
remplir, celui que j'ai laissé derriere ; mais les
bornes du tems font passées ; & ce qui me décide bien davantage, celles de mes talens font
trop éloignées de tout ce qu'il y a de grand
& d'utile dans cette matiere. Le peu de vérité

qui convient à ma voix, je l'ai dit du fond du cœur, mais sans fiel & sans malignité : on me pardonnera cette réflexion dans un tems où l'on doit toujours exposer ses intentions à côté de ses pensées, où l'on est moins accusé des choses qu'on a dites que de celles qu'on a fait entendre.

Je me suis témoin à moi-même que, voulant peindre quelques abus, j'ai toujours été forcé d'en chercher loin de moi les exemples ; & mes regards ne sont jamais tombés sur les magistrats qui m'ont permis de faire du bien avec eux, que pour y découvrir ce que je devois imiter.

Cent fois, en travaillant ce foible ouvrage, je me suis félicité d'être né, d'habiter & de vivre dans une province où je ne voyois point ces crimes atroces, cette incurable malignité, cette corruption profonde, cette audace & cette in-dustrie à mal faire, dont on peut trouver ail-leurs des exemples.

Je jetois les yeux sur nos villes, & j'y trou-vois l'ordre & la paix ; je voyois dans nos campagnes la probité habiter souvent avec l'indi-gence : autant que je pouvois pénétrer dans l'intérieur des familles, je n'y rencontrois pas une affreuse discorde. Sur nos routes publiques

le commerce étoit libre, & le voyageur mar-
choit avec sécurité. J'observois dans les mœurs
de ces contrées plus de finesse que de méchanceté, plus de débats que de violence, plus de
fautes que de crimes; en un mot, plus d'indifférence pour le bien que d'habitude pour le mal.
Et il me sembloit que nous suivions plus len-
tement la fatale inclinaison des mœurs.

Voilà, me disois-je, les signes d'une administration sage & douce; & si les causes de
corruption subsistent, du moins la justice regne,
& force encore au respect des loix ceux qui
ont cessé de les aimer.

La mémoire me rappelloit sur-tout cette scene
touchante que vous renouvellez plus d'une fois
dans une année, lorsque, faisant appeller à
vos yeux tous ces malheureux qui gémissent
dans les prisons, vous ne craignez pas de vous
donner à vous-mêmes, en face du public, une
leçon de vos devoirs.

Je m'attendrissois en vous voyant descendre
dans les détails de la misere & de la douleur;
& lorsque vous observiez le pain dont on nourrit ces infortunés, lorsque vous écoutiez leurs
plaintes que vous les interrogiez sur l'époque
de leur captivité, & les obstacles qui la pro-
longent; lorsque vous ranimiez leur espérance,

& que vous essuyiez leurs larmes ; alors je m'é-
criois : voilà des hommes, voilà des magistrats !
Je desirois que tous les habitans de nos villes
& de nos campagnes vinssent apprendre à de
tels spectacles ce qu'ils doivent espérer des loix
& de leurs ministres ; je m'enorgueillissois, je
l'avoue, de me compter dans leur nombre, &
je me disois : imite ces modeles, & tâche de
t'élever jusqu'à ta place.

Avocats ! vous n'avez pas besoin du secours
de l'exemple ; & les nobles principes de votre
profession suffiront pour vous diriger.

Ces tems, il est vrai, ne sont plus, où votre
éloquence régloit les empires, où tout un peuple assemblé vous écoutoit sur ses intérêts.
L'étroite enceinte du barreau semble ne laisser
plus d'espace à de si grands succès ; mais ne voyez-
vous pas l'issue qui vous reste pour aller à la
renommée ? Vous êtes encore les maîtres de
votre gloire ; prenez seulement la défense d'un
nnocent accusé, & bientôt vous aurez le genre
humain pour client : la pitié court avertir les
hommes de toutes parts, & les rend attentifs
à la cause qui les intéresse tous. Déjà votre
nation vous ecoute ; que dis-je ! les nations étrangeres, nos ennemis même se mêlent avec nous
pour entendre le défenseur de l'humanité. Par-

lez, votre langage leur est commun; c'est celui du sentiment; l'intérêt que vous défendez est le leur; c'est celui d'exister. Vos loix leur sont connues; ce sont celles de la nature; c'est la loi de ne faire aucun mal à ses semblables.

Quel majestueux spectacle qu'un homme éloquent entre ses juges & le genre humain, parlant pour l'innocence au milieu du vaste silence qu'impose un si grand intérêt ! L'attention publique fait pâlir sur son tribunal le magistrat distrait ou passionné; les cœurs se déchirent, les larmes coulent, les acclamations s'élevent, & l'heureux protecteur de l'innocence obtient à la fois le triomphe des talens & de la vertu.

Ainsi la renommée a plusieurs couronnes; les unes, sanglantes & mêlées de funestes cyprès, sont réservées à quelques conquérans; l'ambition qui les saisit avec violence, va les poser sur la tête altiere d'un homme assis sur des ruines, d'où il contemple avec mépris les hommes écrasés à ses pieds.

Quel cœur sensible voudroit acheter la gloire au prix du sang humain ! N'envions pas ces fatales récompenses à ce petit nombre de célebres malheureux, qui n'ont pu connoître les plaisirs du cœur.

Les couronnes plus honorables, quoique

moins relevées, font celles des bienfaiteurs des hommes, celles des Socrates, des Catons, des Montesquieux & de quelques hommes que je nommerois, si la vie dont ils jouissent encore ne les tenoit sans cesse présens à nos mémoires.

Que de tels noms ne vous intimident pas, avocats! Du rang où vous êtes, vous pouvez atteindre à la même gloire; & pour justifier mes conseils, j'atteste des exemples récens : rendez graces au ciel, s'il vous chérit assez pour vous offrir un innocent à défendre; & saisissez avec enthousiasme l'heureuse occasion d'obtenir les deux plus grands biens qu'un homme sage puisse desirer, l'hommage de ses contemporains, & l'approbation de sa conscience.

Et vous aussi, procureurs! rendez-vous utiles aux malheureux; vous le pouvez; gardez-vous de sacrifier à un vil intérêt le plaisir d'être bienfaisans; jamais la fortune ne peut consoler un honnête homme de cette perte. Combien seroit respectable celui d'entre vous dont on diroit : voilà l'agent de tous les malheureux! Mais s'il en étoit quelqu'un qui laissât le pauvre à sa porte & ne voulût servir que le riche, je vous le dénonce; vengez la justice & l'humanité : laissez-lui son or; mais accablez-le d'opprobre.

Ici j'adresse à tous ceux qui daignent m'écouter, cette parole touchante d'un ancien : *Homo sum, nil humani a me alienum puto.* Je suis homme, & rien de ce qui appartient à l'humanité n'est étranger pour moi. Celui qui n'aime pas ses semblables, est un aveugle qui méconnoît la nature ; celui qui pourroit les haïr est un monstre qui l'outrage.

Messieurs, nous sommes tous hommes, & par conséquent amis ; nous voici tous rassemblés dans le temple de la concorde & de l'équité ; profitons de cette solemnité pour renouveller le traité sacré que la nature nous inspire avec tous nos semblables ; & tandis que des hommes d'une profession généreuse vont faire serment de servir le public, jurons tous, au fond de nos cœurs, d'être justes & vertueux, d'aimer les hommes & de leur être utiles.

M. SERVANT a prononcé en 1781 à l'académie de Lyon, un difcours dont on doit parler ici. Il roule fur les *progrès des connoiffances humaines en général, de la morale, de la législation en particulier.* Ce nouvel ouvrage refpire la même chaleur, le même intérêt pour l'humanité, la même éloquence qu'on admire dans le difcours fur les loix criminelles & dans celui fur les mœurs.

Dans un court avertiffement qui précede celui dont il eft queftion ici, l'auteur obferve avec raifon que les loix ont leurs fuperftitieux comme les abus leurs hypocrites ; qu'en lifant fon ouvrage, les premiers pourroient crier à l'irrévérence, les feconds à la calomnie, & tous les deux peut-être à la révolte. Mais l'homme fage, ajoute-t-il, conviendra que plufieurs loix font mauvaifes, que mille abus font crians ; il obfervera les loix, tolérera les abus en attendant & defirant leur réforme ; feulement il pourra dire à l'occafion de cet ouvrage, mais cet homme eft - il inftruit, eft-il eft défintéreffé ?

Sur ces deux points l'auteur répond qu'ayant été long-tems allié à l'un des premiers corps de la magiftrature de France, il a pu, fur-tout dans les momens de crife où elle s'eft trouvée, obferver la marche des loix, de leurs miniftres, des abus de leurs agens ; que depuis, dans sa retraite, il a été plus à portée d'étudier l'homme moral, le François, dont l'empreinte est trop effacée par le frottement dans les villes. Quant à l'impartialité, quel autre intérêt que le bien public, dit l'auteur, peut avoir un homme dans la retraite, ne tenant plus à aucun parti, aucune profession, aucun corps, ne desirant que l'aisance fondée sur l'économie, & la liberté fondée sur les loix ?

Je ne ferai pas une analyse exacte de tous les objets qu'embrasse l'auteur. Le champ qu'il parcourt est immense ; il ne s'agit rien moins que de tracer tous les pas qu'ont fait les sciences & les arts depuis leur berceau jusqu'à nos jours. C'est à peindre leurs progrès qu'est consacrée la premiere partie de ce discours. Physique, histoire naturelle, astronomie, chymie, morale, histoire, science du gouvernement, législation, finances, &c. l'auteur les passe toutes en revue ; il marque leurs vérités, dévoile leurs abus, accuse l'homme qui a fait le bien, dévoue le méchant à l'exécration des siecles, & ce qui frappe surtout, il ose louer les écrivains même dont une proscription forcée condamnoit les noms à languir dans le silence.

Après avoir parlé de nos richesses, il faut, dit l'auteur, parler de notre indigence. Quand on

jette les yeux fur la mappemonde des connoiſ-
fances humaines, on eſt étonné du petit nombre
de pays cultivés, en les comparant à ceux qui
font encore déſerts.

La morale eſt une de ces ſciences à défricher,
malgré les in-folio pleins d'érudition qu'on a publiés ſur elle. L'auteur regrette encore plus l'i-
gnorance des vrais principes du droit des gens,
de ce droit qui daigne à peine tracer avec la
pointe d'un glaive ſanglant quelques manifeſtes
ſur des feuilles abandonnées au vent.

La théorie du droit politique, infiniment plus
utile pour les états, n'eſt encore éclairée qu'à
demi ; & l'auteur aſſure avec raiſon que la plupart
des gouvernemens peuvent être regardés comme
des aveugles, pour qui les loix politiques font un
bâton qui leur ſert plus à frapper qu'à marcher ;
que preſque toutes les nations manquent de pluſieurs loix importantes ; qu'on ne les trouve point
en corps. Un peuple libre, ajoute-t-il, ne rédige
point ſes loix, parce qu'il les fait : un peuple
aſſervi ne peut point rédiger les ſiennes, parce
qu'on ne veut pas qu'il les ſache.

Les loix civiles & criminelles excitent de
même les gémiſſemens de l'auteur. Où trouver
dans notre Europe, s'écrie-t-il, une législation
fondue d'un ſeul jet au moule de l'état ? Quel eſt

le législateur qui n'ait fait le dégât dans les loix des autres ? C'est le fort de la foiblesse humaine : les gouvernemens font comme les hommes ; nul ne fait être foi-même, & l'imitation est la plus générale des loix.

Nous citerons ici le morceau fur les loix criminelles, il convient parfaitemenr à notre cadre.

« En parcourant à la hâte les maux du corps
» politique, je touche enfin avec horreur &
» pitié les plaies fanglantes qu'il a fi fouvent
» reçues de la main même des loix criminelles.
» J'entends par-tout l'humanité qui proteste plus
» ou moins, entre les mains de la raifon,
» contre les loix criminelles de tout l'univers.
» Depuis Socrate & Phocion, jufqu'aux terri-
» bles exécutions de nos jours, vous fuivrez
» ces loix de fiecle en fiecle à la trace enfan-
» glantée de leurs erreurs.

» Je ne connois point de code qui ait dicté
» des loix criminelles, uniquement propres à la
» nature de chaque gouvernement : car enfin
» l'ordre des délits, leur mefure, la qualité
» des peines, la forme des jugemens, tout
» doit différer dans les gouvernemens différens.
» Le délit qui viole une loix politique, & qu'on
» doit qualifier de crime de *lefé-majefté* dans
» une démocratie, ne viole fouvent qu'une

„ loi civile dans une monarchie : la même
„ peine, la même forme de jugement ne leur
„ conviennent point.

„ Dans l'ordre & le dénombrement des dé-
„ lits, quelle législation peut contenter la fa-
„ geſſe? Je n'en veux pour exemple que la
„ claſſe des délits les plus importans, les crimes
„ de leſe - majeſté. Quel code a jamais diſtin-
„ gué les crimes contre la nation même, des
„ délits contre la puiſſance législative? Un mi-
„ niſtre, un courtiſan qui calomnie un peu-
„ ple auprès de ſon roi, n'eſt - il pas un
„ des plus grands criminels de leſe - majeſté?
„ Ne viole-t-il pas à la fois la majeſté du roi
„ qu'il veut tromper, & celle du peuple qu'il
„ veut perdre?

„ Quel code diſtingue les délits contre la
„ puiſſance législative, des délits contre la puiſ-
„ ſance exécutrice? Cependant ils ſont auſſi
„ différens que les loix qu'ils ont violées.

„ Dans les délits contre les loix fiſcales,
„ contre les loix religieuſes, contre les loix civi-
„ les, quel déſordre, & ſur-tout quelle inégalité,
„ quelle fauſſeté dans les meſures!

„ Ecoutez la théorie : elle convient que
„ l'unique meſure du délit eſt le dommage pu-
„ blic; mais dans les loix comme dans le com-

„ merce, la mesure reconnue n'est que rare-
„ ment la mesure employée; & les loix crimi-
„ nelles ajoutent souvent au poids réel de l'of-
„ fense, tout le poids que l'opinion donne à
„ l'offensé.

„ Un homme sensible veut-il considérer les
„ peines infligées par nos loix ? Il recule d'hor-
„ reur & gémit de pitié. Cependant dès long-
„ tems l'humanité a posé le vrai principe sur
„ les peines. Elles doivent être proportionnées
„ au délit : mais quel législateur a fait germer
„ ce principe dans ses loix ? Savons-nous seu-
„ lement avec précision en quoi consiste ce
„ rapport ? Ne s'agit-il, pour l'établir, que d'aug-
„ menter la douleur par degrés, & de la faire,
„ pour ainsi dire, avancer d'autant du pas que
„ le délit ? Cet art est d'un bourreau, non
„ d'un législateur. De quoi s'agit-il donc ? De
„ choisir la douleur plutôt que de l'accroître ;
„ il s'agit d'établir une peine qui attaque la
„ cause même du crime, une peine qui soit
„ dans le cœur le vrai contrepoids de la pas-
„ sion qui l'a dépravé ; de punir les crimes
„ de l'ambition par l'esclavage, de l'orgueil par
„ l'opprobre, ceux de l'intérêt par l'indigence
„ & le travail. Il faut enfin que les loix crimi-
„ nelles portent par-tout la sonde dans le cœur

,, humain ; tant qu'elles y sentent quelque
,, chose de vif, qu'elles appliquent la peine
,, comme un remede ; & quand l'ame du cou-
,, pable paroîtra tout-à-fait morte, alors elles
,, enverront tuer son corps sur un échafaud.
,, Hommes impatiens & cruels, quand il s'agit
,, de détruire un être sensible & raisonnable
,, qui ne doit jamais plus revivre, du moins
,, alors sachez attendre un moment !

,, A nos guerres, à nos loix, à tant d'erreurs
,, meurtrieres, ne diroit-on pas que nous nous
,, sommes chargés de venger sur notre propre
,, espece les carnages que nous ne cessons de
,, faire dans celle de t ous les animaux ?

,, Mais poursuivons ce lamentable sujet. Si
,, nous jetons les yeux sur les loix de l'instruc-
,, tion criminelle, qui ne conviendra en trem-
,, blant, que presque par-tout le tribunal est
,, plus sage & plus humain que la loi ?

,, L'Angleterre s'enorgueillit de ses loix sur
,, les emprisonnemens, & de sa procédure par
,, les jurés : elle a bien raison, & c'est évidem-
,, ment la partie la plus saine de son bonheur
,, & de sa gloire. Mais nous, quelle regle avons-
,, nous sur la force des témoignages & sur la
,, certitude qui en résulte ? A la vue de deux
,, scélérats, quel citoyen ne pâliroit, en disant :

,, voilà deux hommes qui peuvent vendre à
,, qui pourra les payer, ma mort & mon in-
,, fami. ?

,, On frémit en comparant l'offenfe & le
,, fupplice ; mais on frémit bien davantage en
,, comparant la facilité de l'accufation, & les
,, difficultés de la défenfe. Je me trompe : tel
,, eft le vice de nos loix fur la procédure cri-
,, minelle, que le coupable audacieux & rufé
,, y trouve autant de reffources que l'innocent
,, timide y trouve d'écueils. Ce qui eft éva-
,, fion pour l'un, eft mur d'airain pour l'autre.
,, La feule loi de la confrontation & des repro-
,, ches eft une mine inépuifable de délais &
,, d'embarras pour tout homme qui fauroit creu-
,, fer le tems avec des fubtilités ; mais l'homme
,, innocent ne fait rien reprocher aux autres,
,, parce qu'il ne fe reproche rien à lui-même ;
,, il dit en tremblant, *ce n'eft pas moi*, baiffe
,, la tête, & fe traîne à l'échafaud. Dieu pro-
,, tecteur ! cachez l'innocent à fon ennemi, car
,, il eft le maître de fa vie.

,, Je n'en dis pas davantage ; & pour effacer
,, ces lugubres idées, rappellons ici avec amour,
,, avec refpect, que la main d'un monarque de
,, vingt - quatre ans a purgé fes états de cette
,, infame torture qui, depuis tant de fiecles,

avoit

» avoit usurpé le temple de la justice même,
» pour en faire une école de supplices, où
» des bourreaux professoient le raffinement de
» la douleur. A l'aspect d'un être vertueux &
» sensible, cette espece de sphynx, qui dévo-
» roit également ceux qui répondoient & ceux
» qui ne répondoient pas, ce monstre dont l'air
» affreux faisoit mentir le coupable pour son
» salut, & l'innocent pour sa perte, s'est en-
» fin chargé de ses abominables instrumens &
» des malédictions du genre humain. Monstre
» absurde, à peine digne de trouver un asyle
» chez ces peuples sauvages qui lui laissent
» exercer leurs actes de vengeance, tandis que
» nous osions le mêler à ceux de notre justice.

» Que béni soit à jamais le jour de ce bien-
» fait ! Voilà, voilà les victoires de la paix !
» A vingt-quatre ans, Louis XIV n'avoit en-
» core qu'envahi la Hollande. »

L'auteur ne dévoile pas avec moins d'énergie
les abus des loix fiscales, religieuses & militaires. Il propose des remedes qu'il seroit utile
d'employer.

Ce discours étincele de vérités hautes, qui
méritent d'être méditées à loisir; car elles sont
le fruit de la réflexion aidée de l'expérience.
A l'énergie des idées, l'auteur joint un brillant

coloris ; au respect pour les mœurs & pour
la religion, le respect pour l'esprit philosophique, qu'il définit avec justesse. C'est l'art
de ramener, autant qu'il est possible, toutes
les vérités particulieres au principe le plus général, & de rendre par-là la science plus générale, plus facile, plus féconde, où plutôt de
ne faire de toutes ces sciences qu'une science
bien ordonnée dans toutes ses parties. C'est
cet esprit que M. Servant a si heureusement
appliqué à la jurisprudence criminelle.

VUES SUR LA JUSTICE CRIMINELLE.

DISCOURS prononcé au bailliage d'Orléans, par M. LETROSNE, avocat du roi au présidial d'Orléans, associé de l'académie royale des belles-lettres de Caen, honoraire de la société économique de Berne, & membre de la société royale d'agriculture d'Orléans.

Cum judici dicenda sententia est, meminerit se Deum habere testem. CIC. de off. 3.

NOTE DE L'ÉDITEUR.

On ne trouvera pas une grande énergie dans les deux discours de M. Letrosne. On n'y retrouvera pas cette sensibilité douce qui caractérise les ouvrages de M. Servant. M. Letrosne étoit, comme il peint le ministere public, sans chaleur, sans passion, & par conséquent sans véritables beautés. Aussi donne-t-on ses discours plutôt comme des monumens servant à prouver la barbarie de la législation pénale, que comme des monumens d'éloquence & d'humanité.

Les deux discours qu'on va lire ne sont pas les seuls ouvrages que M. Letrosne ait publiés sur la jurisprudence criminelle. En 1763, il prononça à l'ouverture des audiences du bailliage d'Orléans, un discours *sur l'état actuel de la magistrature, & sur les causes de sa décadence*, qui a un rapport très-sensible à l'objet dont nous nous occupons. On y trouve plus de chaleur, plus de mouvement que dans ceux qu'il a donnés depuis. Mais, comme s'il falloit que dans tout les qualités fussent compensées par des défauts, on trouve à la suite une foule de notes interminables, remplies des principes de l'économisme qui commençoit alors à poindre. M. Le-

P iij

trofne a été un des apôtres les plus fideles de ce parti : il l'a prouvé par fon *Ordre focial*, imprimé en 1777 ; ouvrage diꞔé par un bon motif, *celui de rendre les peuples heureux par l'inftruꞔion*, mais qui n'a pas été lu , parce qu'il étoit écrit dans un langage particulier à la fecte qu'il avoit embraffée.

Comme on me foupçonneroit peut-être d'en être l'ennemi, & comme à mes yeux c'eft être l'ennemi du bien public que de l'être des économiftes, je me croirois obligé de donner ma profeffion de foi fur leur doꞔrine , dont j'aurai plus d'une fois occafion de parler.

Les économiftes ont prêché avec courage des vérités utiles. Je les refpecte ; ils leur ont mêlé des erreurs préjudiciables aux hommes ; je plains ces derniers, fans blâmer les autres ; ils ont fait un fyftême de ce mêlange : ni les vérités ni les erreurs ne leur appartiennent entiérement. Roulant dans le cercle commun de l'humanité, ils ont ramaffé des idées qu'avoient laiffé échapper les fiecles paffés ; on les a cru nouvelles , parce qu'elles n'avoient pas été remarquées. Ainfi Hobbes avoit imaginé avant eux ce fameux defpotifme légal, fi affreux dans fes conféquences. Il attira beaucoup d'ennemis au politique de Mamelsbúri ; & par un renver-

sement bizarre, ceux qui attaquerent le despo-
tisme économique, furent accusés de le favoriser. Quoique, dans le fait, les économistes
l'aient prêché, quoiqu'ils se soient élevés contre
le système si bien raisonné des contre-forces,
quoiqu'ils aient soutenu quelques autres principes dangereux, je n'accuserai point leur cœur de
ces erreurs. Je les regarde comme de vrais apôtres de l'humanité, dont la doctrine a eu une très-
grande influence sur une partie de leur siecle,
mais qui en disant, en faisant le bien, ont erré;
c'est le sort de tous les hommes. Je n'ai donc
pas moins de vénération pour les économistes
que j'ai d'éloignement pour quelques – uns de
leurs principes. Nous tendons tous au même but,
le bonheur de nos semblables ; le point important
est de trouver la route la plus sûre & la plus
courte ; si les économistes se sont égarés, ce
n'est pas en déclamant contr'eux qu'on parviendra au chemin véritable.

Le dernier ouvrage qu'ait publié M. Letrosne
roule sur *l'administration provinciale . & la réforme de l'impôt,* à Bâle, 1780. Cet économiste
zélé mourut quelques jours après sa publication.

Le premier qui a écrit sur ce sujet important,
est l'auteur de *l'Ami des hommes.* Dans un mémoire
très-connu *sur les états provinciaux,* il s'est atta-

ché à en démontrer les avantages. Ils avoient été vivement fentis du panégyrifte & du fucceffeur de Colbert, qui, fans fuivre les fentiers des économiftes, voulut cependant comme eux rendre la France heureufe, & auquel il ne manqua que le tems & des circonftances plus favorables pour accomplir ce fublime projet. Il étoit déjà parvenu à établir dans plufieurs provinces cette forme d'adminiftration ; c'eft peut-être ce qui avoit engagé M. Letrofne à travailler fur ce fujet. On remarque que dans fon ouvrage il s'eft beaucoup rapproché des principes de M. Necker : on trouve auffi une prodigieufe différence entre ce traité & l'ordre focial : celui-là eft fimple dans le ftyle, clair dans fes idées, qualités que l'autre eft bien éloigné d'avoir. C'eft l'ouvrage d'un écrivain mûri, qui s'eft dépouillé de ce fanatifme d'opinion fi ordinaire, fi pardonnable dans la jeuneffe, parce qu'il eft prefque toujours le caractere d'une ame fenfible. On fe rappelle tous les projets de réforme financiere, confignés dans plufieurs écrits politiques qui ont eu une grande vogue, tels que la *Théorie de l'impôt*, l'*Anti-financier*, le *Financier citoyen*. M. Letrofne tend au même but, la réforme de l'impôt ; mais il n'y tend pas par la même voie : il n'emploie pas les mêmes moyens. Il n'exhale point, comme leurs auteurs, une chaleur intempérante, ne dévoile point les atrocités des fermiers ; mais il se borne à peindre les abus de l'impôt même. C'est le moyen d'être plus utile, plus goûté des gens sages & impartiaux. Cet ouvrage rare en France mérite cependant la plus grande attention ; & peut-être cette contrée seroit-elle plus heureuse, si l'on y suivoit le système de simplification proposé par l'auteur.

Je reviens à son discours *sur la magistrature*, & aux réflexions *sur les mœurs*, qu'il a données à la suite. Le premier est bien inférieur à un très-profond discours *sur l'humanité que doivent apporter les magistras dans l'administration de la justice criminelle*, publié en 1776, dont j'ignore l'auteur, de même que le discours' de M. Servant *sur les mœurs* l'emporte de beaucoup sur l'autre ouvrage du même genre de M. Letrosne. Cependant, comme ces écrivains n'ont pas envisagé les objets sous les mêmes points de vue, il sera utile de les lire tous & de les comparer. C'est ce qui m'engage à les publier dans cette collection : je mettrai cependant de côté les notes économiques qui accompagnent ceux de M. Letrosne.

DISCOURS

Sur la justice criminelle.

Frustra judicia fiunt de rebus justis, nisi ad finem perducantur : ita si sublatis judiciis nulla hominum inter ipsos communio esse potest, nec erit quidem, si nemo quod judicatum fuerit exequatur. Aristot. lib. VI, de repub.

LES loix ne sont si dignes de notre soumission & de nos hommages, que parce qu'elles sont l'expression de la justice qui renferme essentiellement l'intérêt général & le vœu de la société. Le principe de leur puissance & de leur stabilité est dans elles-mêmes : il naît de la certitude que l'on a de leur équité, des avantages qu'elles assurent, & des malheurs qu'entraîne leur inexécution. Si l'éclat & la beauté de la justice, si sa conformité avec notre raison, emportent la conviction de l'esprit, & le forcent d'acquiescer au jugement qu'elle prononce sur la moralité des actions ; l'amour du bien-être, l'aversion des peines & des privations, ces deux puissans mobiles de la conduite de l'homme, semblent devoir lui soumettre sa volonté, & lui répondre de son obéissance. Peut-il réfléchir sur sa nature, sur son état, sur ses besoins, sans reconnoître la nécessité de l'association, ni concevoir la possibilité, la durée & le bonheur de cette association, si elle n'est gouvernée par la justice, & fondée sur ses loix?

Cependant, malgré tant de motifs si capables d'agir sur l'homme, de l'attacher fortement aux préceptes de la justice, de lui en faire sentir la convenance avec son être moral & physique, l'homme est souvent injuste : l'ignorance qui offusque sa raison, l'empêche de tirer les conséquences naturelles des vérités qu'il a sous les yeux : plus souvent encore les passions le séduisent, l'aveuglent & l'asserviffent ; leur voix plus plus forte, & malheureusement plus écoutée que celle de la justice, l'entraîne au-delà du devoir. (1)

Que deviendra la société, si les hommes ne

---

(1) Il est inconcevable que le même homme qui écrivoit ces paroles si raisonnables, ait dans son *Ordre social* montré une foi si aveugle pour l'évidence & son influence sur les esprits. Il reconnoît ici l'empire des passions ; les économistes n'y croient pas & ne croient qu'à l'évidence, ne demandent, ne suivent qu'elle pour gouverner les peuples.

Note de l'éditeur.

voient que la justice au-dessus d'eux, & si elle-même n'a pour appui que les motifs qui devroient lui garantir leur fidélité ? Que chacun soit le maître de faire valoir ses prétentions, de donner à ses passions un libre cours, de ne consulter que les desirs de la cupidité insatiable & usur-patrice, d'employer la ruse ou la violence à l'exécution de ses desseins; la société est détruite, & l'homme privé des avantages qu'il doit trouver dans la réunion des secours mutuels & des services, ne verra sa sûreté que dans la solitude.

La justice est donc ici - bas une trop foible barriere; elle prescrit des devoirs que l'homme vertueux remplit avec fidélité, sans qu'elle lui garantisse la jouissance de ses droits : elle ne peut rien pour sa sûreté, elle n'a que des préceptes à lui intimer, sans pouvoir lui en assurer la récompense actuelle. Ses loix sont, à la vérité, respectives & générales; mais les autres les violent envers lui, tandis qu'il les observe à leur égard; elle ne lui laisse de ressource que sa force personnelle, dont elle ne lui permet même l'usage que dans les bornes qu'elle met à la défense légitime : il seroit presque tenté de lui devenir infidele, s'il ne l'aimoit pour elle-même.

Trouvez, au contraire, un moyen de soumettre à la justice tous les intérêts particuliers qui se croisent & se combattent, de contenir la cupidité, de mettre aux passions désordonnées un frein qu'elles soient forcées de respecter, d'enchaîner la force privée, dont l'abus fait prévaloir l'injustice, dont l'usage même légitime est si contraire à l'état social, & si dangereux pour celui que le soin de sa conservation oblige de s'en servir : vous verrez aussi-tôt la paix succéder à la discorde, l'harmonie & le bonheur public au désordre & au regne tumultueux des passions : vous verrez naître & prévaloir un intérêt commun, qui gouvernera souverainement tous les rapports des hommes réunis, qui réprimera les efforts & les projets de la cupidité exclusive, qui réunira toutes les volontés, qui des forces particulieres dirigées vers le même but, formera une force commune : vous verrez tous les citoyens, convaincus que leur intérêt privé ne peut se rencontrer que dans cet intérêt commun, accourir aux pieds des autels de la justice, lui jurer l'observation de ses loix, & dévouer les infracteurs à la peine & au supplice.

Mais où pouvons-nous trouver ces avantages inestimables ailleurs que dans *l'ordre civil* ? Par quel autre moyen les hommes pouvoient-ils maintenir l'ordre social, assurer la jouissance de tous les droits par l'observation de tous les devoirs ; faire régner entr'eux la justice , & protéger l'intérêt commun qui en est inséparable ? (1) L'ordre civil ne désarme les citoyens que pour leur procurer une protection supérieure à toute résistance. Il fait en même tems contenir & employer au maintien de la société cette même force qui , dans l'état d'indépendance & d'anarchie, la rempliroit de trouble & de discorde : fait faire servir à la sûreté de tous , & à la garantie des propriétés , cet instrument aveugle dont les passions livrées à elles-mêmes ne pourroient qu'abuser pour la ruine & l'oppression publique. La force ne consiste que dans l'exercice d'un pouvoir physique. Cette arme utile ou funeste , suivant la direction qu'elle reçoit, ca-

------

(1) Pour que l'ordre civil procure aux hommes tous ces avantages , il faut qu'il soit organisé comme il doit l'être : il faut que toutes ses institutions & ses loix soient parfaitement conformes à l'intérêt commun, toujours inséparable de la justice : ils perdent une partie de ces avantages , à proportion de ce qu'ils s'en écartent. L'association naturelle est établie sur les deux loix primitives & fondamentales de la liberté personnelle, & de la propriété mobiliaire & fonciere. L'ordre civil a pour objet , non de restreindre l'étendue de ces deux loix , ni de modérer l'exercice des droits qui en résultent ; mais d'en assurer l'exécution entiere & inviolable , en réprimant toute entreprise qui y porte atteinte.

pable de tous les excès lorsqu'elle est maniée par la vengeance & la cupidité, devient dans l'état civil l'appui inébranlable de la société, & le bras qui exécute les mouvemens qu'exige l'intérêt commun.

Mais cet intérêt qui réunit toutes les volontés, & qui, dans l'état civil, est soutenu de toute la force publique, doit avoir un point de réunion. Ce seroit rentrer dans l'indépendance que l'état civil doit faire cesser, que d'en charger chaque citoyen. La premiere institution sociale consiste à le déposer dans les mains d'un souverain, à lui donner le droit, & à lui fournir les moyens de le faire valoir. (1) En effet, le droit de commander, privé du pouvoir physique de se faire obéir, seroit inutile & illusoire ; comme le pouvoir physique, sans le droit de commander, ne seroit qu'un abus de la force : l'un & l'autre réunis constituent l'autorité souveraine, telle qu'elle doit être pour atteindre à son but : elle devient en

______

(1) On voit encore ici un levain d'économisme. Ses adeptes ne reconnoissent qu'une sorte de gouvernement, que la monarchie illimitée ; ils nient la bonté, ils nieroient presque l'existence d'un gouvernement républicain. Voyez tous les rêves qu'a faits sur cette matiere l'auteur de l'ordre essentiel des societés politiques. *Note de l'éditeur.*

même tems légitime par le concours des volontés qui lui vouent l'obéissance, & toute
puissante par la réunion des forces qui s'em-
pressent d'exécuter ses ordres.

Il n'y a donc que l'intérêt commun, nécessairement dérivé de la justice essentielle & absolue, qui puisse soumettre les hommes, égaux
par leur nature à une autorité souveraine, trop
différente à tous égards de la puissance paternelle, pour avoir été formée sur elle. (1) Il

---

(1) C'est une façon de parler communément reçue, de dire que *le souverain est le pere de ses sujets*, & d'appeller *paternel* un gouvernement sage &
modéré. On ne pourroit pas trouver dans les relations
que la nature met entre les hommes, des rapports
plus intimes, plus chers & plus sacrés, plus propres
à inspirer au souverain & aux sujets les sentimens res-
pectifs d'amour, de bienfaisance, de soumission & de
respect.

Mais on seroit dans l'erreur, si de cette maniere
de parler, bonne & vraie à certains égards, on en
inféroit le principe, que la souveraineté dérive de
l'autorité paternelle, & qu'elle en a réuni & con-
servé la nature & les droits.

Dans la famille, les enfans tiennent du pere la vie
& la subsistance pendant plusieurs années, sans pouvoir lui être d'aucun secours. Sont-ils ensuite en état
de travailler ? c'est au pere à diriger l'emploi de leur
tems & de leurs facultés, & à s'en appliquer les
fruits. Tout le patrimoine lui appartient ; les enfans
y trouvent leur subsistance commune ; mais ils ne deviendront propriétaires qu'après sa mort, ou lorsqu'il
voudra se dessaisir en leur faveur. Les enfans s'éta-
blissent ensuite & deviennent eux-mêmes peres &

n'y a que cet intérêt qui puisse donner à des hommes le droit de juger leurs semblables, légitimer & autoriser le droit de glaive.

---

famille ; ils forment alors un patrimoine & une admi-nistration particuliere ; ils travaillent & amassent pour eux-mêmes. L'autorité du pere, dirigée vers le but de l'éducation, change de nature à mesure que les en-fans s'élevent ; elle cesse lorsqu'ils sont en état de se gouverner eux-mêmes ; elle est remplacée par une su-périorité d'un autre genre, qui doit durer autant que la vie, & qui n'a plus pour base le besoin des enfans, mais les devoirs de respect & de reconnoissance dont ils sont tenus.

L'autorité souveraine n'est rien de tout cela. Les sujets sont une collection de familles, dont les chefs ou les individus ont chacun leurs droits & leurs pro-priétés ; qui ne tiennent pas leurs biens du souverain ; qui n'attendent pas de lui la direction de leur tra-vail ; qui sont libres, propriétaires, jouissans de leurs droits indépendamment de lui, & qui ne reçoivent de lui que la garantie de ces mêmes droits & la sûreté civile.

Ce n'est pas par lui-même que le souverain peut leur procurer cette sûreté, mais par le moyen de la force dont il dispose ; & cette force n'est pas propre au souverain ; c'est la force même de la société, for-mée par elle, payée & entretenue par elle.

La comparaison de ces deux autorités, admissible sous des rapports vagues & généraux d'affections & de sentimens, absolument défectueuse dès qu'on la presse, & incapable de servir de base à aucun rai-sonnement exact, pourroit devenir dangereuse, si l'on vouloit en inférer des principes sur la nature de la souveraineté, & en argumenter, pour lui attribuer la direction des travaux, la propriété du territoire & le droit indéfini de s'en appliquer les fruits.

L'exercice de ce droit terrible ne peut donc jamais être arbitraire, parce que la justice ne l'est pas. Mais il le deviendroit, si elle ne s'annonçoit que par les notions générales & communes à tous, qui suffisent pour juger de la qualité d'un crime, mais qui ne déterminent pas le genre & le degré de la peine : il le seroit, si le dépositaire de l'intérêt commun n'étoit pas en même tems législateur ; c'est-à-dire, s'il n'étoit pas autorisé à puiser dans les notions les plus exactes de la justice, combinées avec l'intérêt de la société, des regles précises & certaines, qui pussent servir de base aux jugemens ; ou s'il ne proposoit ces regles que par des ordres particuliers, & non par des décisions publiques, revêtues de ces caracteres respectables qui constituent la forme essentielle de la loi civile, qui garantissent son existence, & la font regarder comme le vœu de la volonté commune : il le seroit encore, si l'ordre des tribunaux, leurs fonctions & leur compétence restoient dans l'incertitude ; si la loi qui doit régler tout ce qui tient à l'ordre public, & n'abandonner aux hommes que l'exécution, ne déterminoit pas d'une maniere fixe & invariable les juges qu'elle présente à la société comme ses ministres.

Telle est, messieurs, la forme essentielle, sous laquelle la justice doit annoncer ses oracles dans l'état civil. Elle existe sans doute par elle-même, comme lumiere & comme vérité ; mais pour être appliquée au besoin de la société, il faut qu'elle se montre sous une forme sensible, qu'elle emprunte l'organe des hommes, qu'elle existe au milieu d'eux comme loi écrite, comme la loi vivante, active & munie de tous les moyens nécessaires pour se faire craindre & obéir. Il lui faut donc un interprete, des ministres & des instrumens ; il lui faut un homme qui annonce ses loix avec autorité, des tribunaux qui les fassent exécuter, & une force publique qui reconnoisse la voix des magistrats dans l'application qu'ils en font, & qui exécute leurs jugemens.

Sous ce point de vue, le magistrat est un homme présenté à la société par le souverain, pour être l'organe de la justice & le ministre des loix. Mais, si toutes ses fonctions sont importantes, la premiere sans doute par son objet, est celle qui intéresse en même tems les biens les plus précieux à l'homme, sa liberté, son honneur, sa vie, & les intérêts les plus chers de la société, sa sûreté, son repos & son bonheur. (1)

____

(1) Dans l'ordre judiciaire, la partie criminelle

Les citoyens environnent le tribunal du magistrat, pour lui exposer leurs demandes, & recevoir avec soumission le jugement qui doit terminer leurs contestations. Mais le méchant qui

---

l'emporte beaucoup sur la partie civile par sa simplicité, & par la facilité d'y appliquer les premiers principes de la justice, dont les conséquences sont bien plus éloignées & plus difficiles à saisir dans la partie civile, par la complication des rapports, & l'opposition des intérêts qui se présentent. Cette difficulté n'est cependant pas à beaucoup près aussi grande en elle-même qu'elle l'est devenue dans le fait. On peut concevoir une législation très-simple, lorsqu'on voudra en écarter tout ce qui est arbitraire, ne consulter que les deux premieres loix de la *liberté* & de la *propriété*, & ne point admettre de loix positives qui ne tirent *leur raison* de ces deux loix souveraines de la justice essentielle & absolue.

Mais qui pourroit reconnoître la trace de ces deux loix, qui sont la base de toute bonne & sage législation, dans cette foule énorme de loix positives, sous le joug desquelles il a plu aux hommes d'asservir leur liberté & la disposition de leurs biens? Quel rapport ont avec les vrais principes de la justice distributive, tant de principes factices, de loix purement arbitraires, de coutumes locales & bizarres, d'autorités & d'opinions contradictoires, qui semblent n'avoir pour objet que de jeter l'incertitude dans les propriétés, d'accabler le droit sous les formes, de semer les occasions de trouble, de mettre le citoyen aux prises, & d'enfanter la discorde civile?

N. B. Cette note n'est point d'un illuminé, elle est d'un sage. C'est le pur langage de la raison. Je me réconcilie bien vite avec l'économie, quand j'entends sortir de sa bouche ces principes si vrais & si méconnus.
Note de l'éditeur.

offense la société par ses forfaits, n'attend de
la justice que des châtimens, & se dérobe à
ses regards. Il médite en secret des crimes, il
trame des complots funestes à la tranquillité
du citoyen, il lui dresse des embûches cachées
pour le faire tomber dans ses pieges ; il attaque son honneur, il menace ses jours, il
ravit ses biens, il le surprend dans la solitude
& dans les ténebres : fertile en projets coupables , il est ingénieux à en préparer & à en
assurer le succès. Le desir insatiable d'avoir ,
la vengeance cruelle, la haine implacable, l'en-
vie meurtriere , l'amour jaloux , la débauche
effrénée; toutes les passions, sous mille formes
différentes, conspirent à l'envi contre la sûreté
publique : elles se déchaîneroient sans mesure,
& feroient de la société un théatre affreux de
perfidie, d'horreur & de carnage, si la justice
n'opposoit une digue salutaire à ce torrent de
crimes, si le glaive étincelant dans sa main n'étoit
toujours levé pour menacer, frapper & punir
le coupable.

C'est donc principalement par l'exercice de
la justice criminelle, qu'existe & se maintient
l'ordre civil, que le pouvoir des loix se déploie,
& que les citoyens jouissent des avantages qu'ils
doivent trouver dans leur protection.

J'expoferai d'abord la nature & les caracteres de la juftice criminelle; en fecond lieu, je parlerai des formes & de l'inftruction; en troifieme lieu, des jugemens & des loix pénales.

PREMIERE PARTIE.

De la nature & du caractere de la juftice criminelle.

Legislatoris judicium non de fingulis nec de præfentibus, fed de univerfalibus & de futuris eft. Senator vero & judex de præfentibus jamque determinatis judicat. Ariftot. Lib. I, rhet.

LA fociété civile ne peut exifter & fe maintenir, fi elle n'eft pourvue de tous les droits néceffaires à fa confervation. Si l'intérêt commun qui en eft le lien, l'autorife à affurer fon repos intérieur & la fûreté de fes membres, à réprimer par la crainte des peines les crimes qui peuvent la troubler; ce même intérêt lui donne le droit d'employer la force commune à fa défenfe extérieure, de maintenir fon indépendance au-dehors, de repouffer les attaques injuftes, & de résister à l'invasion qui menace son territoire. Ces deux droits ont la même origine, & font également partie du *droit de glaive* : mais la maniere dont il agit sur les individus pour la punition des crimes, est bien différente de celle dont il s'exerce contre une nation ennemie.

La guerre sans doute, tout ainsi que la punition d'un citoyen, ne peut être légitime, qu'autant qu'elle est entreprise sur des motifs avoués par la justice. Mais c'est la force qui préside uniquement à ses opérations ; c'est elle qui décide souverainement du succès. La justice, qui a fait un devoir au souverain de s'armer pour la défense de la société injustement attaquée, ne peut lui garantir l'événement, qui ne dépend plus que de l'habileté des chefs, de la discipline, de la valeur des troupes, & sur-tout des moyens de soutenir les dépenses de la guerre. Mais combien cette terrible maniere de procurer la sûreté publique n'entraîne-t-elle pas de malheurs inévitables & d'injustices particulieres ! Combien d'innocens opprimés & sacrifiés à la nécessité des circonstances ! D'ailleurs, quel étrange moyen de repousser l'injure, & de réparer le tort fait à la société, que celui qui l'expose au même danger que l'agresseur, qui ne parvient à la venger qu'en riſquant ſon exiſtence, & qui lui coûte ce qu'elle a de plus précieux, la vie d'une partie de ſes membres ! (1)

Dans la punition des crimes, au contraire, c'eſt la juſtice ſeule qui agit, qui ordonne & qui exécute : tout ſe paſſe ſous ſes yeux & par ſes ordres : elle eſt armée de la force ; mais la force ne ſfait que marcher à ſa ſuite, pour lui obéir. Le ſouverain, qui dans la guerre agit immédiatement, qui en dirige tous les mouvemens, qui prépare, décide & fait exécuter toutes les opérations, ne ſe montre dans l'adminiſtration de la juſtice, que comme légiſlateur ; il n'annonce ſes ordres que par des loix ; & en confiant aux magiſtrats qu'il inſtitue, le pouvoir de juger, il leur remet en même tems le dépôt des loix qui doivent en éclairer l'uſage. Ce n'eſt donc point une autorité arbitraire qu'il leur communique ; il eſt bien éloigné de la prétendre pour lui-même ; & pour en préſerver le magiſtrat qui eſt homme,

---

(1) Ce ſeroit un traité bien curieux à faire que celui du *Droit de la guerre* ; car je regarde la pédanteſque diſſertation de Grotius, plus comme une amplification de rhéteur, farcie de grec & de latin, que comme un ouvrage propre à éclairer les ſouverains. Mais il n'appartient qu'à un philoſophe coſmopolite & impartial de tenter une ſi belle entrepriſe.

Note de l'éditeur.

Il ne se contente pas de lui donner pour regle de ses décisions, des loix précises & formelles; il assujettit toutes ses opérations, & les actes préparatoires des jugemens, à des formes exactes & rigoureuses, qui en assurent la régularité & qui le tiennent dans la dépendance continuelle de la loi. Pour lui, il se fait gloire de renfermer sa puissance dans les bornes que sa dignité lui impose; il ne s'attribue donc pas la fonction d'appliquer lui-même les loix ni de réformer les jugemens *sur le fond*. Un jugement erroné, & qui est sans appel, est un mal auquel la loi ne peut apporter de remede: le recours au souverain pour lui demander la réforme d'un jugement, auroit encore de plus grands inconvéniens: il le rendroit l'unique juge; il anéantiroit l'autorité de la loi dans les tribunaux, qui n'est autre que l'autorité même du souverain, & concentreroit en lui toute l'administration de la justice. Mais en laissant aux magistrats l'exercice des fonctions pour lesquelles il les a établis, il veille sur la régularité des jugemens qu'ils prononcent: il se réserve d'examiner si les formes ont été observées, si la loi a été suivie dans la route qu'elle prescrit pour parvenir à asseoir une décision; & s'il se trouve que les formes aient été violées,

il déclare qu'il n'y a point eu de jugement, &
renvoie à un autre tribunal. (1)

Il fait que, s'il vouloit cumuler les deux fonctions fi différentes, de législateur & de juge,
tout feroit confondu, & que rien ne garantiroit
ni la ftabilité des loix, ni la certitude de leur
application. En effet, le législateur qui ne fe pro-
pofe que l'intérêt public, ne ftatue qu'en général; il embraffe dans l'univerfalité de fes vues
la totalité des citoyens; & n'en confidérant aucun en particulier, il eft néceffairement exempt
de prévention & de tout motif de faveur ou
de haine. Mais le juge qui porte fes regards fur
l'affaire foumife à fa décifion, peut être fufcep-
tible d'affection & de partialité : s'il étoit le maître
de ftatuer à fon gré, fouvent il dicteroit une
loi, & il ne doit prononcer qu'un jugement:
l'adminiftration de la juftice livrée à l'incertitude
des opinions, ne préfenteroit que l'expreffion
d'une volonté momentanée & fouvent contradictoire. Il faut donc que fon avis foit fubor-
donné à une regle conftante, invariable, établie
non pour l'efpece préfente, mais pour tous les

---

(1) Ce feroit une queftion intéreffante & bien délicate que d'examiner fi une pareille inftitution n'offre
pas plus d'inconvéniens fenfibles que d'avantages rééls.
Note de l'éditeur.

cas semblables, & qu'il ne soit autorisé qu'à en faire l'application.

Mais si le magistrat, fait pour statuer sur les cas particuliers, ne doit jamais usurper la fonction de législateur, & prononcer de sa propre autorité, le souverain étant législateur, doit regarder la fonction de magistrat comme subordonnée à la sienne, & incompatible avec elle. C'est lui qui place la loi sur le tribunal, à côté du juge, pour être la regle constante de ses décisions : si, oubliant que la loi & lui ne font qu'un, il vouloit s'y asseoir avec elle, il auroit à craindre que cette unité si précieuse ne se trouvât rompue ; que son avis particulier, comme homme, ne fût pas toujours conforme à sa volonté légale ; que la loi, dont les dispositions doivent être stables & irrésistibles, ne cédât à l'opinion actuelle du souverain, & que le poids de cette opinion n'entraînât le suffrage des juges qu'il s'associeroit dans cette fonction, & auxquels il enjoint, comme législateur, de ne déférer qu'à l'autorité de la loi. Il auroit à craindre d'ordonner comme législateur, lorsqu'il s'agiroit de décider comme magistrat, & de dépouiller ainsi les loix de l'autorité qui leur est propre, lors même qu'il prononceroit d'après elle, en donnant lieu de la confondre avec l'autorité personnelle dont il est revêtu. Aussi nos rois, plus jaloux de régner par les loix que de ramener l'autorité à leur personne, ont-ils toujours renvoyé les jugemens à des tribunaux fixes, dépositaires des loix & chargés du soin de les appliquer. Ils ne se sont réservé, par rapport à la justice criminelle, que le droit de pardonner, de décharger de la peine, de la modérer ou de la commuer, suivant les circonstances; ils se sont même engagés à ne céder au penchant de la clémence, que dans les cas où la loi, si elle pouvoit prévoir les especes particulieres, y auroit elle-même consenti : & pour se mettre à couvert du danger de la surprise, ils renvoient aux tribunaux l'examen des lettres qu'ils accordent, & ne leur ordonnent d'y déférer qu'autant qu'ils en trouveront l'exposé fidele. Ce n'est donc pas comme juge que le prince fait grace aux coupables, c'est comme dérogeant à la rigueur de la loi par la plénitude de sa puissance. S'il exerçoit alors la fonction de juge, on ne pourroit savoir s'il a absous l'accusé comme innocent, ou s'il lui a fait grace ; s'il a parlé comme magistrat, ou comme souverain.

C'est ainsi que s'accordent la puissance législative avec l'administration de la justice, l'autorité souveraine avec l'exercice de cette autorité

confiée à des tribunaux defignés par la loi &
fubordonnés au prince dont ils reçoivent leur
jurifdiction. C'eft ainfi que fe concilient le pouvoir abfolu avec les droits des citoyens, la liberté
légitime des fujets avec l'intérêt de la fociété,
qui demande la punition des coupables.

La liberté civile confifte dans la fûreté & dans
l'opinion qu'on en a ; dans le droit de faire tout
ce qui n'eft pas contraire aux loix, d'être tranquille fous leur fauve-garde, de n'être foumis
qu'à leur autorité, & d'être affuré de n'être jugé
que par elles, fi l'on a eu le malheur de les en-
freindre.

La maniere de procéder à la punition des
crimes, conftitue principalement la différence
entre les gouvernemens fondés fur la juftice, &
les états defpotiques.

Le defpote ordonne, & il n'eft pas d'autre
loi que fa volonté : elle eft telle aujourd'hui,
demain elle fera différente, & elle ne forme aucun préjugé pour un cas femblable. Cette loi faite
pour l'affaire préfente, & fans fuite pour l'avenir, s'applique fur-le-champ à celui qui en eft
l'objet ; elle s'exécute fans examen, fans forme,
fans inftruction préalable. Les formes fuppoferoient la néceffité reconnue de s'affujettir à quelques regles dans les jugemens, & le defpote fait

confifter fon pouvoir à n'en reconnoître aucune : elles fuppoferoient un magiftrat qui ne prononce qu'avec précaution , & il n'y a ici qu'un maître qui commande ; un jugement régulier , & il ne s'agit que d'un ordre abfolu ; des citoyens en qui l'on reconnoît des droits , & il n'y a que des efclaves faits pour courber la tête fous le joug , & qui ne jouiffent que d'une exiftence précaire. Là où il n'y a point de loi , il n'eft pas befoin de tribunaux. Il ne faut que de fimples prépofés que le defpote établit & deftitue à fon gré , qui exercent une autorité femblable à la fienne , & concentrée dans un feul homme , qui ne jugent pas , mais qui ordonnent. S'ils veulent bien prendre la peine de s'inftruire avant de prononcer, c'eft pour leur propre fatisfaction : l'accufé ne fait pas s'il eft condamné par un acte d'autorité arbitraire , ou s'il a été convaincu ; fi l'on a reconnu fon innocence , ou fi l'on a voulu lui faire grace. Il n'y a donc pour les fujets ni fûreté , ni opinion de leur fûreté ; ils ne peuvent la tenir que du filence & de l'obfcurité qui les couvrent. (1)

----

(1) L'auteur n'a écrit tout ce morceau fur l'état de la légiflation criminelle fous le defpotifme , que d'après le préjugé reçu & établi par les relations menfongeres de certains voyageurs. Un pareil gouverne-

Mais dans les gouvernemens où le souverain a l'avantage de commander à des hommes libres, l'état des citoyens est précieux ; leur honneur, leur vie, leur liberté sont à couvert sous la protection publique. L'intérêt que la société prend à la punition des coupables, ne prévaut pas tellement sur les droits des citoyens, qu'aucun d'eux lui soit sacrifié sans examen, ou même sur de simples présomptions, quelque graves qu'elles puissent être.

C'est la société qui se prétend blessée, & qui accuse ; c'est à elle à prouver : jusques là, le citoyen en possession de son état, ne peut en être dépouillé. Au milieu des fers, il reste vraiment libre ; car il n'est soumis qu'aux loix, elles le protegent tant qu'il n'a pas encore été déclaré avoir encouru la peine ; & s'il meurt en cet état, il meurt citoyen. Qu'il soit absous ou condamné, la loi est également satisfaite ; elle a été obéie ; elle venge l'ordre public troublé par un crime, ou maintient dans la personne de l'innocent la sûreté de tous les citoyens. Mais cet acte définitif sera précédé de l'observation exacte de tous les formes établies pour convaincre le coupable,

---

ment n'est qu'une chimere. Cette vérité est démontrée dans la *Théorie des loix criminelles.*

Note de l'éditeur.

ou pour justifier l'innocent ; & l'incertitude qui subsistera jusqu'au jugement, la loi la tournera en une présomption naturelle pour l'innocence de l'accusé ; (1) elle lui appliquera la faveur & l'avantage du doute. La conviction manifeste pourra seule changer son état, lui faire perdre la protection de la loi pour le livrer à ses vengeances, & faire d'un homicide un acte de justice.

Ce n'est donc pas proprement le souverain, ni les juges, qui décident du sort de l'accusé : le souverain n'y influe que comme législateur ; le juge ne fait que constater le crime, juger de la preuve, & consulter la loi : c'est elle qui condamne ou qui absout. Le crime, la loi primitive qui le défend, la loi positive qui détermine la peine, la preuve constatée suivant les formes reçues ; voilà ce qui forme le jugement définitif qui n'est qu'une simple déclaration, & l'application de la loi à un individu.

C'est donc en face de la loi que l'accusé se défend, de la loi qui ne cherche pas à le trouver

---

(1) Ce n'est pas dans les tribunaux françois que tout se tourne en faveur de l'accusé. Car depuis le premier acte de la procédure jusqu'au dernier, tout est contre lui. Je l'ai prouvé ailleurs.

Note de l'éditeur.

coupable

coupable s'il ne l'est pas, qui ne l'a point eu en vue, qui statue en général, & non contre les personnes ; de la loi qui, forcée d'employer contre lui le ministere des hommes, a établi un ordre d'instruction le plus propre à éclaircir la vérité & à éviter la surprise. Il se défend devant un tribunal qui lui promet la même impartialité, qui n'a pas été composé pour lui, que la loi désigne & avoue, que son domicile ou le lieu du délit lui donne. S'il a de justes motifs de récusation contre quelques-uns des juges, il est admis à les proposer ! la loi, toujours juste, a été attentive à écarter des tribunaux jusqu'au soupçon de partialité : elle a voulu que l'accusé, assez occupé du soin de sa défense, assez accablé de son infortune, fût tranquille du côté de ses juges, & n'eût point à craindre les effets de la prévention ou de la haine. (1)

Tout crime renferme un attentat contre la société, une violation de l'ordre, une infraction des loix, dont les hommes, en se réunissant, ont cherché principalement à assurer l'exé-

---

(1) Il faut toujours se souvenir que M. Letrosne peint ici les tribunaux *tels qu'ils devroient être.* Mais que ce brillant tableau est loin de la réalité ! J'en appelle à tous les accusés, j'en appelle à tous ceux qui connoissent un peu la machine délabrée & vicieuse de notre jurisprudence pénale. *Note de l'éditeur.*

cution. Tout crime majeur devient donc une affaire publique, & doit être pourſuivi ſur une ac-
cuſation publique ; auſſi chez les Romains l'accuſation étoit-elle ouverte à tous les citoyens ; chacun d'eux ſembloit tenir en ſes mains les droits
de la patrie, & étoit autoriſé à les faire valoir.
Nos loix ont auſſi conſervé la publicité de l'accuſation ; mais infiniment plus ſages, elles ont, par une
inſtitution admirable, déchargé les citoyens de
ce ſoin, dont l'exercice ne pouvoit qu'ouvrir la
porte aux délations, ſuſciter des haines & des
vengeances particulieres (1) ; & elles ont pré-
poſé dans chaque tribunal un officier public aux
accuſations. Elles ne permettent de ſe plaindre
qu'aux parties offenſées ; & en les admettant à
demander la réparation qui leur eſt due, elles
leur interdiſent la pourſuite du châtiment, à laquelle ils ne pourroient ſe porter que par le deſir
de la vengeance. Elles ſéparent ainſi les deux

------

(1). Cette aſſertion eſt entiérement fauſſe & ca-
lomnieuſe. Le plus beau tems de la république romaine fut celui où les accuſations publiques étoient
permiſes à tout citoyen. Il n'y avoit point, & il ne
pouvoit y avoir alors de délateurs. Je ſens les avantages de l'inſtitution du miniſtere public ; mais elle
n'eſt pas préférable, ſelon moi, à l'inſtitution de Rome.
M. Letroſne devoit penſer & parler autrement. Il étoit
membre de ce miniſtere public.

Note de l'éditeur.

intérêts qui se trouvent à la fois blessés ; celui du citoyen qui exige une réparation, & celui de la société qui demande une peine proportionnée. Elle confie ce grand intérêt à un officier public, qui sans chaleur, sans animosité, sans passion, se porte pour accusateur. (1)

La partie offensée est libre de ne point agir, de pardonner ou de poursuivre, parce que chacun peut disposer de ses droits ; elle peut, après avoir intenté son action, s'en désister ; elle peut composer avec son adversaire, & en tirer, par une transaction, la satisfaction qu'elle pouvoit en attendre. Le ministere public a un objet indépendant à remplir. C'est la société offensée qui parle en sa personne ; c'est elle qui se plaint, qui accuse, qui poursuit le coupable : comment pourroit-il disposer d'un intérêt qui ne lui appartient pas ?

Quoique dégagé de tout sentiment de partialité, le ministere public se regarde comme chargé de la défense de la société ; il cherche des témoins, il ramasse des preuves, & tâche

____

(1) C'est bien là le plus grand inconvénient que cet officier soit *sans chaleur, sans animosité, sans passion.* Quel intérêt a-t-il alors à suivre l'accusation d'un crime ? *Note de l'éditeur.*

de les accumuler sur la tête de l'accusé ; il semble faire tous ses efforts pour le trouver coupable. (1) On diroit que , préoccupé de son objet , il demande une victime , & qu'il craint qu'elle ne lui échappe. Qu'il observe cependant que son zele doit toujours conserver un caractere de modération qui lui est propre , & qui le distingue de la passion qui anime un accusateur privé. Qu'il mette dans sa poursuite plus d'exactitude que de vivacité ; qu'il y porte la froide inflexibilité de la loi , & jamais la chaleur d'un ennemi ; qu'il attaque le crime , mais sans animosité personnelle contre le citoyen ; & en se regardant comme partie , qu'il n'oublie jamais qu'il est en même tems magistrat , & qu'il se doit à la protection de l'innocent , autant qu'à la poursuite du coupable.

Le juge remplit une fonction plus désintéressée. Il est établi juge entre la société qui se plaint par l'organe du ministere public , & l'accusé qui se défend ; & il doit éviter comme deux écueils également dangereux , ou d'identifier en quelque sorte le crime avec l'accusé qu'on lui pré

---

(1) Quel aveu ! & ne faut-il pas convenir que notre jurisprudence est digne des Cannibales , en accumulant tant d'obstacles au-devant des pas de l'accusé !
Note de l'éditeur.

fente, & de le regarder comme coupable avant la conviction, ou de se prévenir trop facilement en faveur de son innocence. La compassion, qui dans les autres hommes est une vertu, deviendroit en lui une prévarication, si elle le portoit à dissimuler le crime, ou à favoriser l'impunité. La voix rigoureuse du devoir ferme son cœur à cette foiblesse ; ou plutôt, sans détruire en lui les droits de l'humanité, elle fait les concilier avec ceux de la justice. Le sentiment d'indignation qu'excite la vue du crime, est le cri de la justice qui s'éleve contre le coupable, & le dévoue à la peine. Ce sentiment, joint à l'intérêt de la société, arme le magistrat de force pour la poursuite du coupable ; mais le zele dont il est animé ne produit point en lui le desir d'une vengeance aveugle & précipitée. Ministre des loix, il en a tout le flegme : il sait qu'il n'a de pouvoir que celui qu'elles lui donnent, & tient continuellement les yeux attachés sur elles, pour ne faire que ce qu'elles lui prescrivent, & pour n'en rien omettre. Ce n'est donc pas sur ses lumieres particulieres, ni sur les connoissances qu'il peut avoir encore moins sur ses soupçons, qu'il se détermine pour ou contre l'accusé ; il ne voit que par les yeux de la loi ; tout ce qu'il ne sait pas comme juge, il l'ignore ; tout ce qui n'est pas juridiquement établi, est par lui comme s'il n'étoit pas. A l'exemple de la loi, toujours juste, il craint infiniment plus de prononcer la perte d'un innocent, que le salut d'un coupable : il frémit à l'idée seule d'un tel malheur, & redouble d'attention pour l'éviter.

SECONDE PARTIE.

Des formes & de l'instruction.

Est sapientia judicis in hoc, ut non solum quid possit, sed etiam quid debeat, ponderet; nec quantum sibi permissum meminerit, sed etiam quatenus commissum sit. Cicer. pro Rabirio. Post.

UN crime est un fait dont ordinairement il reste des traces, & dont la preuve est facile à obtenir. Mais quel est l'auteur de ce crime? Il a cherché les ténèbres pour le commettre; il s'y enfonce encore plus après l'avoir commis, & fait tous ses efforts pour se dérober aux regards pénétrans de la justice. C'est dans cette obscurité que le magistrat doit chercher le coupable; & si de simples indices lui suffisent pour s'assurer d'un citoyen suspect, (1) la pleine conviction

____

(1) La prison par elle-même n'est point une peine.

néceffaire pour le condamner ne peut s'acquérir que par un concours de preuves affez fortes
pour lever tous les doutes.

La maniere de raffembler ces preuves & de
les conftater, eft l'objet de l'inftruction, qui doit
être affujettie à des formes fixes & régulieres,
afin qu'il ne dépende pas de chaque juge de fe
conduire arbitrairement, & de prendre pour conf-
tant ce qui ne l'eft pas. Auffi les loix ont-elles donné
la plus grande attention à cette partie de la juftice criminelle, & cru devoir prefcrire non-feu-

---

La détention de l'accufé eft une précaution néceffaire
pour s'affurer de fa perfonne, & l'avoir en fa difpo-
fition pendant le cours de l'inftruction, jufqu'à la fin
du procès. La prifon peut donc renfermer des innocens, comme des coupables. Mais de la maniere dont
nos prifons font conftruites, elles deviennent une véritable peine: ne feroit-il pas de la juftice & de l'humanité de l'adoucir, en les rendant moins dures & plus
faines ? Pour cela il faudroit qu'elles fuffent plus fpa-
cieufes. Elles doivent fans doute contenir des cachots
pour les accufés prévenus de grands crimes, & dont on
doit s'affurer avec les plus grandes précautions: il n'y
a pas même, pour l'ordinaire, affez de cachots pour
féparer les co-accufés, autant qu'il feroit néceffaire;
il s'agiroit de joindre la fûreté à la falubrité.

Mais ce qui paroît intolérable, c'eft qu'il n'y ait
qu'une forte de prifon; de maniere qu'on foit forcé de
renfermer dans la même enceinte que les fcélérats,
les gens détenus pour dettes, ou que la police condamne à quelques jours de prifon, par forme de cor-
rection. Il devroit y avoir une prifon civile & une prifon criminelle.

lement tous actes qui doivent en compofer la fuite, mais la forme de chacun d'eux, & en affurer l'obfervation par la nullité dont elles frappent la moindre omiffion. La preuve la plus complete eft rejetée, fi elle eft irréguliere; & la loi, quelque jaloufe qu'elle foit de la punition des crimes, l'eft encore plus de l'obfervation fcrupuleufe des formes qu'elle a établies.

Cette rigueur ne peut paroître minutieufe qu'aux efprits fuperficiels. Les formes font les gardiennes des loix; elles garantiffent la maturité des jugemens contre la légéreté de l'efprit humain: elles fixent l'attention du juge fur chacune de fes opérations; elles lui font fentir à chaque pas l'empire de la loi fous les ordres de laquelle il agit, & dont il doit fuivre toutes les impreffions. Par ces précautions multipliées, la loi s'affure que les jugemens ne font point tumulaires & précipités; elle annonce combien l'honneur, la liberté & la vie des citoyens lui font précieufes: elle fe juftifie elle-même aux yeux de l'accufé, & le force d'avouer que s'il eft condamné, il ne l'eft qu'avec la plus grande maturité.

Le but de l'inftruction eft de parvenir à la découverte de la vérité que le coupable a fi grand intérêt de cacher. Tous les actes qui la compofent, font autant d'anneaux dont eft tiffue la chaîne qui, en partant d'un fait dont on ignore l'auteur, doit conduire au même fait positivement établi contre un individu certain. (1) Or il n'y a rien d'arbitraire dans les actes que les loix prescrivent pour conduire à cette découverte.

La plainte n'est d'abord qu'un fait mis en-avant pour avertir le juge, & exciter son ministere. Le plaignant allegue qu'il a été commis un tel crime, qu'un tel en est l'auteur, & demande à le prouver ; souvent même il ne nomme pas l'auteur, & en laisse la découverte aux témoins.

Il est d'abord une opération fondamentale & préliminaire, c'est de constater le corps du délit. Avant que de chercher un coupable, il faut s'assurer qu'il a été commis un crime, & en vérifier les circonstances, qui souvent même servent à faire connoître l'auteur & à indiquer les témoins.

La preuve se commence par l'information & l'interrogatoire de l'accusé, qui ne doit pas être jugé sans être entendu dans ses défenses.

Elle se perfectionne par le récolement, dans

______

(1) Mais je ne vois pas pourquoi l'instruction ne seroit pas plutôt une chaîne d'actes, qui, en partant d'un fait qu'on ignore, doit conduire à la preuve de ce fait, & à la justification comme à la condamnation de l'accusé de ce fait. *Note de l'éditeur.*

lequel on rappelle au témoin sa déposition, pour qu'il soit à portée d'y changer, d'y ajouter, ou d'y persister.

Elle se consomme par la confrontation, qui applique à l'accusé présent ce qui a été déposé contre lui, & lui permet de présenter tout ce qu'il croit capable d'affoiblir ou de faire rejeter sa déposition.

La forme de ces actes a sans doute besoin d'être déterminée par des loix positives ; mais ces actes en eux - mêmes sont pris dans les notions de la plus exacte justice.

Il ne suffit pas que l'accusé soit présumé coupable par toutes les circonstances, il faut le constater régulièrement, & prendre, pour éviter la surprise, toutes les précautions qu'exige la prudence. Il faut établir le fait & la preuve du fait contre lui, & consigner cette preuve dans des actes subsistans & revêtus d'une forme qui atteste que les regles ont été suivies.

Le jugement définitif n'est qu'une conclusion tirée des prémisses, & c'est l'instruction qui les fournit. Toute l'administration de la justice criminelle roule donc principalement sur le juge qui en est chargé. Les autres ne peuvent voir que par ses yeux, & ne décident que sur la preuve

qu'il leur préfente. (1) Auffi la loi, en confiant
à un feul homme une fonction fi importante,

***

(*a*) Le miniftere du juge d'Inftruction eft de la
plus grande importance, puifque tout dépend de fon
opération. L'inftruction étoit publique chez les Romains, & tous les juges y affiftoient : elle eft fecrete
chez nous, & confiée à un feul homme. Notre ufage
eft-il préférable ? ne pourroit-on pas prendre un milieu ? On peut dire, en général, *que fi le juge a
toutes les qualités qu'il doit avoir*, il n'y a point
d'inconvénient à confier à un homme feul des fonctions auffi délicates, & qu'il peut y avoir bien du danger s'il ne les a pas : mais comment s'affurer s'il les
a ? Eft-il prudent d'agir comme fi l'on avoit cette
certitude ? La loi doit-elle fi fort préfumer de la capacité, des lumieres & de la probité d'un homme,
fur-tout lorfqu'il eft pris au hafard, ou, ce qui eft la
même chofe, lorfqu'il ne fe trouve en place que parce
qu'il a été en état d'acheter un office ?

Airault, lieutenant-criminel au préfidial d'Angers,
dans fon ouvrage de l'ordre, formalité & inftruction
judiciaire en matiere criminelle, apporte encore d'autres raifons pour defirer que tous les juges fuffent
préfens à l'inftruction, & trouve de grands inconvéniens à l'inftruction fecrete, faite par le juge accompagné de fon greffier : peut-être fera-t-on bien aife
d'en trouver ici l'extrait. « Nous, dit-il, livre III,
» numéro 67. Nous, au contraire, fi plus qu'un ou
» deux juges & le greffier y font préfens, nous ne tenons pas que l'inftruction foit fecrete ; & fi elle ne
» l'eft, tout ne vaut rien. Mais je dis qu'étant fecrete
» comme nous voulons qu'elle foit, elle eft fujette à
» beaucoup d'iniquité & injuftice. Je veux, quant
» aux parties, qu'elles n'y foient pas préfentes (&
» toutefois anciennement, tant s'en faut qu'il fût
» ainfi, que, comme nous avons dit, c'étoient les
» parties & leurs avocats, lefquels en préfence des

n'y a-t-elle rien laissé d'arbitraire ; elle a réglé toutes ses démarches, & soumis chaque acte à des formes rigoureuses.

____

» juges s'interrogeoient & examinoient eux & leurs
» témoins) ; mais que ceux qui doivent donner avis &
» opinion au procès, le puissent faire qu'ils n'aient
» été & assisté à l'instruction, c'est ce qui se peut
» dire être par trop absurde. Voyons comment. Nous
» n'avons partie sur nous de laquelle ne parlions &
» exprimions ce qui est au - dedans, autant & plus
» que de la bouche. Je dis bien davantage ; la bou-
» che meut le plus souvent, ou se tient close tout
» exprès, de peur de se couper & surprendre soi-
» même. Mais nos gestes & mines extérieures, le
» veuillons ou non, parlent toujours & parlent vrai ;
» si ce n'est en une façon, c'est en l'autre. S'il est donc
» inique de donner son jugement sans ouir, ceux qui
» n'ont point assisté à l'instruction faillent en cela dou-
» blement ; ils n'ont vu, ne oui, soit l'accusateur,
» soit l'accusé, soit les témoins. Quelques cahiers de
» réponses, auditions, récolemens, confrontations,
» qu'on leur rapporte, qu'ils les lisent & relisent deux
» fois, trois fois ; ils ne voient pas le procès, ils
» ne voient que l'ombre & la fumée ; les principales
» parties y défaillent, que ni rapporteurs, ni greffiers,
» ne peuvent mettre ni représenter sur le bureau.
» Qu'y-a-t-il de plus preignant à avérer tous les cri-
» mes que les yeux, la couleur, les gestes, la con-
» tenance de l'accusé, & non-seulement de lui, mais
» du demandeur & des témoins ?.. Que faisons-nous
» aujourd'hui ? De plusieurs juges qui voient au pro-
» cès, celui qui l'a instruit le juge *testibus*, les au-
» tres *testimoniis*. L'un a informé sa religion & con-
» science par tout le cours du procès ; les autres en
» voient autant que des choses mortes & muettes
» leur en présentent. Les contenances dont les par-
» ties & leurs témoins ont usé le long de l'instruction

Cependant, messieurs, n'allons pas croire que le ministere du juge d'instruction soit tellement

---

» sont-elles au sac ? à tout le moins sont-elles peintes
» & en figure pour en juger. . . . . La parole & les
» gestes ne s'accordent pas ; la langue dit une chose,
» l'épaule une autre : même parole la voyant profé-
» rer, emporte la négative ; la lisant seulement, em-
» porte confession. . . L'action vraie ne se répete ja-
» mais ; celui qui a rougi, qui a pâli, qui a tremblé
» à la premiere demande qu'on lui a faite, ne le fera
» pas à la seconde, à la troisieme encore moins. . .
» Nous ne voyons pas toutes les preuves, ni les
» meilleures. Les juges ne croient pas à celui qui
» a instruit, les supérieurs encore moins aux juges
» des lieux ; c'est d'où vient tant souvent qu'ils ou-
» vrent les portes à ceux que les inférieurs condam-
» nent, & condamnent ceux qu'ils ont absous. Pour-
» quoi cela ? Les uns voient la bataille, les autres ce
» qui en est écrit, &c.

Ne pourroit-on pas répondre à ce raisonnement d'Airault, que l'avantage qu'il fait tant valoir dans l'instruction faite en présence des juges, de les mettre en état de tirer des inductions des yeux, des gestes & de la contenance de l'accusé, n'est peut-être pas aussi grand qu'il le présente ; que quoique ces indi-ces puissent faire présumer la vérité, il seroit diffi-cile que la loi permît aux juges de les admettre au rang des preuves, & d'y avoir égard en jugeant, parce que la maniere de voir & de saisir ce qu'ex-prime l'extérieur d'un homme, deviendroit trop arbi-traire. La meilleure raison, ce semble, est celle qu'il ajoute, que le tribunal ne voit le procès que comme le juge d'instruction l'a rédigé, & par son organe ; que la maniere de rédiger est quelquefois décisive & toujours très-importante ; ce qui donne à un seul homme une très-grande influence sur le jugement.

fervile, qu'il n'ait d'autre mérite que celui d'une scrupuleufe exactitude, quoique continuellement fous l'empire de la loi qui regle tous fes pas ; il n'eft point un inftrument paffif & inanimé.

A la vérité, toutes fes démarches font ordonnées & tracées par la loi, tous les actes qu'il doit faire font foumis à des formes rigoureufes ; mais la loi ne donne que la lettre qui peut faire un praticien affervi à un méchanifme d'habitude, & non un juge éclairé & capable. L'inftruction peut être très-réguliere & très-imparfaite, très-conforme à l'ordonnance, & très-dépourvue de cet efprit qui conftitue le talent propre à chaque chofe, & met une fi grande diftance entre un homme & un autre. Elle demande dans celui qui en eft chargé, non-feulement beaucoup de droiture, de délicateffe & de zele pour la juftice ; mais des difpofitions particulieres, & un goût décidé pour un état pénible & défagréable.

Rédiger les dépofitions avec précifion & netteté, ne faire dire aux témoins que ce qu'ils difent, & le leur faire dire tout entier ; ne leur rien fuggérer, mais favoir démêler dans leur récit ce qu'ils veulent dire, s'ils favoient l'exprimer ; être l'accoucheur de leurs penfées, pour nous fervir de l'expreffion d'un ancien, & les rendre avec fimplicité & vérité ; n'omettre aucune des circonstances, & n'en dénaturer aucune; n'en rien affoiblir ni exagérer : tel est le devoir du juge par rapport à l'information, & il faut plus de talent qu'on ne pense pour le bien remplir.

Mais quelle présence d'esprit, quelle sagacité ne doit-il pas mettre dans les interrogatoires! Chacun de ces actes est un combat entre la vérité & le mensonge, entre le juge qui cherche à la découvrir, & l'accusé qui s'obstine à la cacher, & qui y est déterminé par le plus grand intérêt. Le juge ne doit pas se contenter de simples négations; il insiste, & pousse l'accusé dans les derniers retranchemens. Instruit des circonstances, il les a présentes à l'esprit pour les mettre sous les yeux de l'accusé, & le forcer de s'expliquer sur les détails. Qu'il est difficile de soutenir long-tems un mensonge, ou plutôt une suite de mensonges ! Plus on veut y mettre d'art, plus on se laisse facilement surprendre. C'est là où le juge attend l'accusé pour le confondre par ses propres réponses, pour profiter des moindres ouvertures, & le mettre en opposition avec lui-même.

Cependant, qu'un desir trop ardent de parvenir à la preuve n'entraîne jamais le juge au-delà des bornes que la justice & la modération lui imposent; qu'il ait soin de ne jamais blesser l'impartialité qui doit former son caractere;

qu'il ait toujours devant les yeux que ce n'est pas déterminément un coupable qu'il doit chercher dans l'accusé, mais la vérité du fait, de son innocence ou de son crime. Un interrogatoire peut donc être pressant; mais qu'il le soit avec mesure, qu'il ne devienne jamais un acte d'inquisition qui tende à créer des crimes, à envenimer des actions innocentes; qu'il soit adapté & proportionné à l'état, à l'âge & au caractere de l'accusé; qu'il ne présente pas un tissu de questions captieuses qui soient propres à embarrasser son ingénuité, à égarer sa mémoire, qui tendent à préparer des pieges sous ses pas, à altérer les faits par des rapprochemens étudiés de circonstances étrangeres les unes aux autres, & à ménager des contradictions frivoles entre les réponses.

Ce n'est pas au reste qu'on doive ordinairement espérer la preuve par les interrogatoires. La maniere dont l'accusé se défend suffit presque toujours pour le faire présumer coupable, & rarement pour le convaincre. Mais les présomptions qui en naissent donnent un nouveau poids aux preuves qui sont acquises, & concourent à tranquilliser les juges sur l'équité du jugement qu'ils vont prononcer. D'ailleurs, les interrogatoires fournissent souvent des lumieres qui

qui servent à découvrir de nouveaux témoins,
& à expliquer des faits qui étoient obscurs. Pendant que d'une part le juge les réitere, de
l'autre il continue l'information; il emploie ha-
bilement tout ce qui peut conduire à la preuve;
il rassemble les indices & les effets qui doivent
servir à la conviction; il sait que d'une ouverture imperceptible, d'une circonstance qui sembloit indifférente, il peut sortir une lumiere propre à répandre du jour sur le fait principal. Il
s'attache donc à suivre tous les pas de l'accusé,
à éclairer toutes ses actions, à marcher sur ses
traces, & parvient à constater toutes ses démarches avant & après le crime commis; de maniere qu'allant ainsi par degrés, il porte la preuve
aussi loin qu'il est possible.

Lorsqu'il est parfaitement instruit de tous les
détails qui ont rapport au fait principal, il les
compare aux réponses de l'accusé, & en tire des
inductions pour ou contre lui. L'innocence a une
maniere de se défendre qui lui est propre; elle
s'annonce avec un ton d'assurance, elle s'exprime
avec une ingénuité qu'il est difficile au crime de
contrefaire: elle n'a garde de contredire la vérité;
c'est en elle seule qu'elle trouve sa défense. Mais
le coupable la redoute jusques dans les détails les
plus indifférens: il croit ne trouver sa sûreté que

dans le menfonge, & il le prodigue : il fe flatte
que le juge ignore ce qu'il lui demande ; il foutient ne pas favoir des chofes dont il eft néceffaire qu'il ait connoiffance, & fe met en contradiction avec les faits les mieux conftatés. Cette
maniere fauffe & embarraffée de fe défendre
donne une grande force aux preuves directes qui
font acquifes contre lui. (1)

Il eft encore, dans certains crimes, une connoiffance que le juge ne doit pas négliger ; c'eft
celle des mœurs de l'accufé & de fa réputation,
de l'enfemble de fa vie & de fa conduite. Il doit
examiner fi le crime a quelque rapport à fon
caractere, fi fa maniere de vivre annonce qu'il
pouvoit en être capable ; ou fi fes mœurs re-
pouffent tellement l'accufation, qu'il faille faire
un effort pour lier l'idée du crime avec l'idée
de fa perfonne, & pour en foutenir la réunion.
Il étudiera en même tems quel intérêt auroit
porté l'accufé à fe rendre coupable ; quel motif
auroit pu le déterminer ; quel rapport il avoit
avec celui qu'il a offenfé. Cette comparaifon du
crime avec l'accufé, établit pour ou contre lui

---

(1) Je l'ai dit, & je ne cefferai de le répéter, c'eft
une abfurdité, c'eft une atrocité que d'interroger un
accufé pour faire fervir fes réponfes à fa condamnation ; elles ne doivent jamais fervir qu'à fa juftifica-
tion. *Note de l'éditeur.*

des termes de probabilité qui entrent ensuite dans le calcul général des présomptions, & qui peuvent acquérir un grand poids.

Jusqu'ici l'état de la procédure est encore en suspens : il est incertain quelle route elle va prendre, ayant une égale aptitude à devenir civile ou criminelle. Si le délit n'est pas de nature à mériter une peine afflictive ou infamante, la procédure se termine ordinairement à l'interrogatoire, & l'affaire se juge définitivement à l'audience en l'état où elle se trouve, ou se convertit en procès civil. (1)

____

(1) Lorsqu'une affaire commencée par voie de plainte se trouve n'intéresser que les parties, & ne pas toucher à l'ordre public, il y a lieu de renvoyer les parties à prendre la voie civile. Pour cela, on ordonne la conversion des informations en enquête. On signifie à l'accusé les noms des témoins, & on lui permet de faire preuve contraire.

Cependant, dans les affaires légeres, si la preuve se trouve suffisamment faite par les informations, l'accusé lui-même peut consentir à prendre droit par les charges, pour sortir d'affaire par un jugement définitif ; & le juge, pour l'intérêt même des parties, & pour leur éviter des longueurs inutiles, peut statuer sur le fond à l'audience.

Mais lorsque l'accusé prétend être en état de faire tomber la plainte, & demande à faire preuve contraire, il est de la prudence du juge de renvoyer les parties à fin civile.

En général, dans les affaires civiles qui gissent en fait, lorsqu'une partie affirme, & que l'autre nie,

Mais, si le délit est grave, il est nécessaire de suspendre le jugement, & d'apporter de plus

---

Il est indispensable de les admettre respectivement à en faire la preuve. Il est absolument indifférent à la justice, laquelle des deux parties réussisse ; elle ne fait que recevoir les preuves & les peser. Mais en matiere criminelle, c'est le plaignant seul qui agit ; le défendeur est réduit au silence, il est attaqué dans le secret, & n'a d'autre moyen pour repousser l'attaque, que son interrogatoire. Il peut avoir des témoins dont la déposition détruiroit ou affoibliroit la preuve, comme il arrive souvent dans les plaintes pour fait d'injures ou de querelles, & il n'est point admis à les faire entendre. Il résulte de cette différence, que la voie criminelle, dans la forme qu'elle a parmi nous, *étant toute en faveur du plaignant*, (*) & bien contraire à la liberté naturelle de la défense, ne devroit du moins être employée que dans les cas où l'ordre public est troublé, & où le ministere public est partie directe, & non dans ceux où il ne s'agit que d'intérêts particuliers & de délits peu considérables. Ce n'est pas garder toute l'impartialité qui doit se trouver dans l'administration de la justice, que de donner à une partie un si grand avantage sur l'autre. Mais, puisque cette maniere de procéder est admise parmi nous, il seroit du moins du devoir du juge de refuser dans la plupart des affaires de cette nature qui se présentent, d'admettre la plainte, & de renvoyer les parties à se pourvoir par demande ; d'au-

---

(*) C'est un aveu bien frappant de l'injustice de nos loix pénales ; car l'instruction doit être en faveur de l'accusé comme du plaignant. Et je ne vois pas pourquoi *dans le cas où le ministere public est partie directe*, on devroit l'employer, quoiqu'elle choque le droit naturel. Je ne connois aucun cas où il soit permis d'être injuste. *Note de l'éditeur.*

grandes précautions pour s'assurer de la vérité. Les témoins ont été entendus ; mais il est bon de leur remettre sous les yeux leur déposition, afin qu'ils soient à portée de la confirmer & de l'attester de nouveau, ou de l'expliquer, de l'étendre, ou de la restreindre. Tant qu'ils n'ont point été récolés, leur témoignage ne forme encore qu'une indication & une espece de mémoire, qui n'a pas acquis le sceau de la certitude & le degré d'autorité nécessaire pour asseoir un jugement en matiere si grave.

C'est le récolement qui donne la perfection à l'information, & la rend authentique & invariable du côté des témoins, qui ne sont plus admis ensuite à rien changer dans leur déposition. (1)

---

tant plus que, s'il échet de prononcer une réparation pécuniaire, les intérêts civils sont payables par corps ; au lieu qu'en matiere civile, les dommages & intérêts ne le sont pas.

(1) Les témoins peuvent cependant encore expliquer leurs dépositions à la confrontation ; mais ils ne peuvent la rétracter, ni la changer *dans des circonstances essentielles*, sous peine d'être poursuivis & punis comme faux témoins. (*Ordonnance de 1670, tit. XV, art. 11.*) La raison est, que des témoins qui ont prêté deux sermens à la justice, ne doivent pas changer impunément, & qu'il est intéressant pour la sûreté publique, & pour les accusés, que les témoins ne se portent pas légérement à déposer, & qu'ils n'en soient pas quittes pour une rétractation tardive, après avoir mis en danger l'état d'un citoyen par une dé-

Elle n'est cependant pas encore hors de toute atteinte, il faut qu'elle soutienne l'épreuve de

---

position soutenue du récolement.

M. le premier président, dans les conférences tenues pour la rédaction de l'ordonnance de 1670, observa sur cet article, " qu'on ne doute point qu'un
„ témoin qui change entiérement sa déposition à
„ la confrontation, après avoir persisté au récole-
„ ment, ou qui varie dans une circonstance qui
„ peut aller à établir ou affoiblir la preuve, ne soit
„ considéré, généralement parlant, comme un faux
„ témoin ; mais qu'il peut être dangereux d'en faire
„ une loi si exacte, parce que quelquefois un accusé
„ peut redresser un témoin à la confrontation en des
„ circonstances considérables, & le faire souvenir de
„ la vérité d'un fait qui lui auroit échappé. Cela se
„ peut faire quelquefois de bonne foi de la part
„ des accusés & de la part des témoins ; & c'est ren-
„ dre la condition de l'accusé bien plus mauvaise,
„ si l'on oblige le témoin à ne se point rétracter à
„ la confrontation, à moins que d'être traité comme
„ criminel. Que tout est contre l'accusé jusqu'à la
„ confrontation : car c'est là où il commence à se re-
„ connoitre & à être informé de la qualité du crime
„ & de la preuve : c'est pourquoi il sembloit plus à
„ propos de laisser cela à la direction du juge, qui
„ peut connoitre si la contrariété qui se trouve entre
„ la déposition, le récolement & la confrontation
„ du témoin, vient de sa mauvaise foi, ou bien de
„ son ignorance.

„ M. Pussort a répondu que jusqu'ici il a passé pour
„ une loi constante, établie par les auteurs & con-
„ firmée par l'usage, que tout homme qui a prêté
„ deux sermens à la face de la justice, ne peut chan-
„ ger impunément : que l'on a assujetti les juges à
„ faire récoler les témoins, afin de leur laisser la
„ liberté de rappeller leur mémoire sur les circons-

celui qu'elle intéresse. L'accusé jusqu'ici n'a eu, pour se justifier, que la voie des interrogatoires; il n'a pu repousser les coups qui lui ont été portés dans le secret, & discuter les témoignages qu'on a rassemblés contre lui. S'il est innocent, il faut qu'il puisse confondre la calomnie qui répand sur lui des soupçons; & même qu'il soit coupable, son secret est à lui : il n'en a pas moins le droit de travailler à détruire ou à affoiblir la preuve. Il faut le mettre dans le cas d'avouer

---

» tances du fait qu'ils auront avancé; mais lorsqu'ils
» ont persisté en leurs dépositions par le moyen du
» récolement, ils ont engagé leur témoignage à la
» justice, & leur rétractation ne peut être considérée
» que comme l'effet d'une subornation; la déposition
» confirmée par le récolement, a mis en péril la vie
» de l'accusé : que par cette raison l'on a cru cet
» article nécessaire à la sûreté publique; & bien loin
» de produire de faux témoins dans la nécessité où
» il les jette de soutenir leur témoignage vrai ou
» faux, lors de la confrontation, qu'au contraire il
» obligera les témoins à s'observer, & à ne pas ren-
» dre légérement leur déposition. » Si j'avois à choisir entre ces deux opinions, il me semble que je me
déciderois pour celle de M. le premier président. (*)

(*) Je vais plus loin. Comment ne frémit-on pas en lisant les faux raisonnemens de Pussort ! L'ordonnance criminelle n'est pourtant fondée que sur des paralogismes de cette espece. On sent que Pussort étoit né pour les lumieres & l'humanité. Mais le droit romain obscurcit tout en lui. *Note de l'éditeur*

qu'il n'eft condamné que parce qu'il a été régu-
liérement convaincu.

Le témoin, de fon côté, ne peut affirmer po-
fitivement fi c'eft de l'accufé qu'il a entendu parler, à moins qu'il ne le voie & le reconnoiffe.
La confrontation n'eft donc point une de ces formalités arbitraires qu'on puiffe fupprimer ou rem-
placer : c'eft un acte effentiel à l'inftruction, qui
doit avoir également lieu chez tous les peuples,
comme étant d'une néceffité abfolue. C'eft dans
ce moment que la dépofition s'applique à un
individu certain, & fait charge contre lui : c'eft
dans ce moment décifif que l'accufé eft admis à
repouffer l'attaque, & à détruire ou affoiblir la
preuve par les reproches qu'il peut avoir à propofer contre le témoin ou contre fa dépofition. (1)

____

(1) Ce n'eft que par la confrontation, que l'accufé a connoiffance des témoins qui ont dépofé contre
lui, & de ce qui eft porté en leurs dépofitions. Jufques là tout lui a été caché. On lui donne lecture
de la prémiffe de chaque dépofition ; & c'eft d'après
cette lecture, qu'il faut qu'il fourniffe fes reproches,
Faute de le faire fur-le-champ, il n'y eft plus admis,
à moins qu'il ne puiffe fe juftifier par écrit. (*Ordon-*
nance de 1670, tit. XV , art. 16 & 17.) Ne fem-
bleroit-il pas que l'ordonnance n'accorde qu'à regret
à l'accufé la liberté de fe défendre ? On peut faire la
même remarque fur la maniere dont l'accufé eft admis à fournir les témoins, pour prouver fes faits juf-
tificatifs. Auffi - tôt que le jugement qui en permet
la preuve, lui a été prononcé, il eft interpellé de

Indépendamment des reproches, l'accusé peut mettre en-avant des faits justificatifs. Il les a sans doute déduits dans ses interrogatoires ; mais ce ne sont encore que de simples allégations. Un accusé est facilement cru dans les déclarations qui peuvent le charger. Ce qu'il dit pour sa défense ne fait presqu'aucune impression : son état lui ôte toute créance, & dans sa bouche la vérité ne passe que pour un mensonge. Le plus souvent les défenses de l'accusé ne consistent que dans des dénégations, ou dans des faits vagues & contredits par des témoignages qui ne laissent pas de suspicion ; faudra-t-il donc suspendre le

nommer les témoins par lesquels il entend les justifier, & il est tenu de le faire sur-le-champ, autrement il n'y est plus reçu. Cette précipitation n'a-t-elle pas quelque chose de trop dur, sur-tout lorsqu'on considere que l'accusé est dépourvu de tout conseil, & qu'il peut ignorer des faits qui pourroient lui servir à détruire la preuve, par exemple, des faits de subornation ? Ne pourroit-on pas penser en général que nos loix, en réformant l'ancienne maniere de procéder à la punition des crimes, ont trop incliné contre l'accusé ; qu'elles lui ont laissé trop peu de moyens de se défendre, & qu'elles semblent le traiter, pendant le cours de l'instruction, comme un coupable auquel il faut retrancher autant qu'il est possible les moyens de se sauver ? Peut-être seroit-il possible de prendre un milieu ; car il seroit d'un autre côté dangereux de laisser à l'accusé la liberté d'incidenter sur tous les actes, & de faire disparoître la preuve, ou de traîner l'instruction en longueur.

cours de la justice, & s'arrêter à tout ce que l'accusé présente pour retarder le jugement ? Mais il est des circonstances où les juges ne peuvent se dispenser d'approfondir les faits justificatifs. Un innocent peut être accusé, & avancer pour sa défense des faits qui s'annoncent de maniere à ébranler les preuves, à faire naître des doutes sur la vérité des témoignages, & à faire desirer qu'ils soient éclaircis. Un coupable même peut avoir des excuses à proposer, qui sans détruire le fait du délit, en changent la nature, & le rendent moins punissable ou susceptible de grace. Le juge qui a recueilli ces faits dans le cours de l'instruction les soumet à la discussion du tribunal assemblé pour l'examen du procès, & lui fait part des instances réitérées que fait l'accusé pour être admis à les établir. C'est en les comparant à toutes les circonstances & à la nature des preuves qu'on a rassemblées, qu'il faut juger de l'attention qu'ils méritent, de leur degré de probabilité, de la possibilité de les prouver, & de l'effet qu'ils produiront s'ils peuvent être établis, en évitant également de se rendre trop facile ou trop difficile à les admettre. Si l'accusé, abattu par son infortune, négligeoit assez le soin de sa défense pour ne pas insister à demander la preuve de ses faits justificatifs, le tribunal doit l'ordonner d'office; & le ministere public qui ne met, dans la poursuite, d'autre intérêt que celui de découvrir la vérité, en recherchera les preuves avec la même impartialité qu'il a mise dans ses recherches contre l'accusé.

Chacun des actes qui composent l'instruction est scellé de la religion du serment, reconnue par toutes les nations comme le lien obligatoire le plus fort & le plus sacré qui existe parmi les hommes. C'est sous les yeux de Dieu que les témoins déposent; c'est lui qu'ils prennent pour garant de la vérité de ce qu'ils avancent. Le juge qui reçoit leur serment, est continuellement averti de la présence du souverain Maître, vis-à-vis duquel il se rend dépositaire de ce qui va lui être confié, & s'engage à le faire rédiger avec la plus grande exactitude.

Il est juste d'exiger le serment des témoins; leur déclaration va décider du sort de l'accusé : peut-on lui donner trop de poids? Mais la loi positive devoit-elle aller plus loin; & si l'intérêt de la société offensée permet de chercher la preuve du crime jusques dans les replis du cœur de l'accusé, autorise-t-il à employer la religion du serment, comme un moyen d'y pénétrer plus facilement? Les législateurs ne peuvent être trop réservés à ordonner le serment.

Le prodiguer , & l'exiger fans néceffité , c'eft diminuer le refpect dû à un acte fi redoutable ; c'eft lui faire perdre une partie de l'autorité qu'il a fur les hommes ; c'eft les induire à le regarder comme une cérémonie fans conféquence , & une pure formalité.

L'inutilité reconnue du ferment pour tirer la vérité de l'accufé, fuffiroit pour convaincre la loi pofitive qui l'ordonne , d'avoir manqué fon objet. Que feroit-ce , fi à la lumiere de cette loi antérieure à toutes les loix pofitives , & qui doit être la raifon univerfelle de leurs difpofitions , on examinoit s'il eft bien conforme aux notions exactes de la juftice de demander à l'accufé la déc'araion de la vérité fous la foi du ferment ?

Que le juge l'interroge , la juftice l'exige ; il doit être entendu dans fes défenfes : *nemo inauditus condemnari debet.* Que le juge aille plus loin ; que par des queftions multipliées il embarraffe l'accufé ; qu'il le faffe tomber en contradiction avec lui-même ; qu'il profite de tous fes aveux ; qu'il faififfe la vérité qui échappe fouvent par l'étude même qu'on met à la cacher ; il n'excede point en cela les bornes de fes fonctions : il ne fait que fe mefurer , pour ainfi dire , avec l'accufé, & le combattre à armes égales , fi tant eft qu'elles le foient entre un homme qui n'a pour défenfe que ses réponses, & un juge qui, muni des connoissances qu'il a déjà acquises par l'instruction, vient avec tout l'appareil & le poids de sa place, assiéger un cœur où le crime encore tout fumant a tant de peine à se cacher. Le juge n'a-t-il donc pas assez d'avantage? faut-il qu'il aille de plus emprunter le secours de la religion, & s'armer du serment? Est-il des occasions où la loi positive soit autorisée à placer un homme dans la cruelle alternative de contribuer à sa destruction par un aveu, ou d'offenser Dieu par un parjure? Son pouvoir va-t-il jusqu'à forcer de choisir entre les sentimens naturels & les sentimens religieux, & à mettre en opposition un si grand intérêt avec un si terrible devoir? L'homme est presqu'invinciblement portée à la conservation de son être, & ce penchant intime prévaudra toujours sur les moyens que la loi positive peut employer pour le vaincre. En vain appellez-vous le secours de la religion pour vous aider à arracher à l'accusé ce fatal secret que l'amour de son existence lui inspire de vous cacher, pour le forcer à se condamner lui-même, à contribuer à sa perte, à devenir l'artisan de son supplice. La nature, plus forte ici que la religion avec laquelle vous la compromettez, se révolte, & rompt ce lien dont vous voulez l'enchaîner.

Qu'attendez-vous donc du ferment que vous ordonnez, fi ce n'eft un parjure ? Quel fruit en prévoyez-vous, fi ce n'eft d'accumuler un nouveau crime fur une tête coupable ? Vous demandez le plus généreux facrifice en faveur de la vérité, à un cœur endurci dans le crime & familiarifé avec lui : eh bien, il va le prêter ce ferment que vous exigez ; & fi quelqu'un en frémit, c'eft le juge, forcé malgré lui de fe conformer à la loi qui voit prendre Dieu à témoin de la vérité, & qui n'attend que des menfonges.

La connoiffance de l'homme eft la fcience des législateurs ; mais c'eft bien peu le connoître que de le forcer de choifir entre l'amour de fa confervation & la crainte d'offenfer Dieu ; & fi l'on ne doute pas de fon choix, comme l'expérience ne le permet guere, ordonner le ferment qu'eft-ce autre chofe que de préfenter l'occafion d'un parjure ?

Pourquoi faut-il que des païens fe foient montrés plus religieux que nous, & plus pénétrés de refpect pour la religion du ferment ? Jamais les Romains ne l'ont exigé des accufés, *Inhumanum eft*, dit la loi, *per leges quæ perjuria puniunt, perjurii viam aperire.* A l'exemple des Romains, les autres nations ne l'ont point admis. D'où nous viendroit donc cet ufage ? l'aurions-nous tiré des tribunaux de l'inquisition , où la confession du coupable est regardée comme essentielle à la condamnation ? Cette origine seroit pour des François un nouveau motif pour le proscrire. (1)

Mais que vois-je ! La preuve n'est pas encore acquise , le juge travaille à l'obtenir ; la loi ne l'autorise pas encore à déclarer un coupable, & j'entends les cris perçans du désespoir ; j'appercois l'accusé environné de bourreaux , aux prises avec la douleur , & le juge qui préside à ce supplice. Quelle espece de fonction exerce-t-il donc ici ? & quel peut être l'objet de la loi qui dirige toutes ses démarches ? Punit-il un coupable ? Mais il n'y en a point encore de déclaré. Cherche-t-il à le découvrir ? Mais ce cruel moyen suppose ce qui est en question. Où est donc cette balance équitable que la justice doit tenir pendant le cours de l'instruction ? Où est ce caractere d'impartialité qu'elle impose à ses ministres ?

Le juge, après avoir épuisé tous les moyens de compléter la preuve , désespere d'y parve-

---

(1) Jusqu'à l'ordonnance de 1670, ce serment n'étoit fondé qu'en coutume. C'est la premiere de nos loix qui l'ait ordonné, malgré les représentations si belles & si lumineuses de M. le premier président. *Voyez le procès-verbal des conférences.*

nir : il se lasse de la chercher inutilement dans les dépositions des témoins & dans les réponses de l'accusé ; il se rebute des vains efforts qu'il a faits pour pénétrer malgré lui dans les replis de son cœur ; & dans ce moment, oubliant que l'accusé n'est pas encore convaincu, il se détermine, pour le forcer de s'avouer coupable, à le traiter par avance comme tel. La loi positive, qui lui a fait un devoir d'employer la religion du serment pour contraindre l'accusé à se condamner lui-même, l'autorise ensuite à opposer à la résistance un moyen plus efficace. Elle lui met en main un nouveau genre de pouvoir ; elle arme son bras contre un citoyen ; elle lui permet d'attaquer un être foible & sensible, par l'impression terrible des tourmens, de percer à l'aide d'un instrument si actif dans le plus intime de sa conscience, & de déchirer, par l'excès de la douleur, ce voile dont l'intérêt de sa conservation l'obligeoit de se couvrir.

Le juge interroge d'abord en intimidant l'accusé par l'appareil de la torture : bientôt il insiste & le presse par l'aiguillon de la douleur, qu'il gradue, qu'il suspend ou redouble en raison des refus ou des aveux.

Quoi donc ! c'est de la force d'un accusé, de la texture de ses muscles, & de leur degré de sensibilité, que va dépendre son sort ! C'est son

tempérament ,

tempérament, plutôt que son innocence, qu'on met à l'épreuve. S'il est robuste & coupable, il se sauve ; mais qui peut soutenir cette alternative sans frémir ? Il peut être foible & innocent, & il périt. (1)

---

(1) Peut-être sera-t-on bien aise de voir ce que pensoit Montaigne sur la question. " C'est une » dangereuse invention, dit-il, que celle des gehen-» nes, & semble que ce soit plutôt un essai-de pa-» tience que de vérité. Et celui qui les peut souffrir » cache la vérité, & celui qui ne les peut souffrir. » Car pourquoi la douleur me fera-t-elle plutôt con-» fesser ce qui en est, qu'elle ne me forcera de dire » ce qui n'en est pas ? Et au rebours, si celui qui » n'a pas fait ce de quoi on l'accuse, est assez pa-» tient pour supporter ces tourmens, pourquoi ne » le sera celui qui l'a fait, un si beau guerdon que » la vie lui étant proposé ? Je pense que le fondement » de cette invention vient de la considération de l'ef-» fort de la conscience ; car au coupable il semble » qu'elle aide à la torture pour lui faire confesser sa » faute, & qu'elle l'affoiblisse ; & de l'autre part, » qu'elle fortifie l'innocent contre la torture. Pour » dire vrai, c'est un moyen plein d'incertitude & de » danger. Que ne diroit-on, que ne feroit-on pour » fuir de si grieves douleurs ? *Etiam innocentes co-» git mentiri dolor.* D'où il advient que celui qui » le fait mettre à la gehenne pour ne le faire mou-» rir innocent, le fait mourir innocent & gehenné. » . . . . Plusieurs nations, moins barbares en cela que » la Grecque & la Romaine, qui les appellent ainsi, » estiment horrible & cruel de tourmenter & de » rompre un homme, de la faute duquel vous êtes » encore en doute. Que peut-il mais de votre igno-» rance ? Etes-vous pas injustes, qui pour ne le tuer » sans occasion, lui faites pis que de le tuer ? Qu'il

Quel est l'homme qui puisse répondre de lui-même, & se promettre de résister à la douleur, lorsque portée à l'excès elle s'empare de toutes les facultés, qu'elle absorbe tout autre sentiment, & qu'elle occupe toutes les puissances de l'ame ? L'innocent, dans cette cruelle situation, va se couvrir du crime que vous lui imputez, s'il croit y trouver un asyle contre la sensation qu'il éprouve. Des juges éclairés sont sans doute trop circonspects pour ordonner cette épreuve de maniere à pouvoir craindre un pareil malheur ; il est possible cependant, & il suffit qu'il le soit pour les faire trembler.

Mais la justice considérée dans la pureté de ses principes, & indépendamment de ce danger, peut-elle approuver la question comme un moyen d'éclaircir la vérité ? Tant qu'un homme n'est pas condamné, n'est-il pas incertain s'il est innocent ou coupable ? La société a-t-elle rompu les liens qui l'attachoient à elle, & doit-elle retirer de lui sa protection ? Son sort ne reste-t-il pas en suspens, tant qu'il n'est pas convaincu ? Et l'ac-

---

,, soit ainsi ; voyez combien de fois il aime mieux
,, mourir sans raison, que de passer par cette infor-
,, mation plus pénible que le supplice, & qui souvent
,, par son âpreté devance le supplice & l'exécute. ,,
Essais de Montaigne, livre II, chap. 5.

cusation fut-elle jamais un titre pour asseoir une peine ?

Mais si la loi ne voit encore en sa personne, qu'un citoyen & non une victime, peut-elle préjuger & punir ? a-t-elle le droit d'employer un si terrible moyen pour obtenir la conviction, d'interroger la conscience par les tourmens, & d'arracher à un accusé, par l'excès de la douleur, un aveu qui doit le conduire au supplice ? (1)

(1) La loi a senti l'irrégularité des aveux que le juge obtient par les tourmens, & a cherché en quelque sorte à la réparer, en ordonnant un nouvel interrogatoire sur les déclarations & sur les faits par lui confessés. (*Ordonn. de 1670, tit. 19, art. 11.*) Le but de cet interrogatoire est de s'assurer si l'accusé persiste, & de leur donner plus de poids, en leur ajoutant en quelque sorte le mérite d'un aveu libre. Mais si l'accusé n'y persiste pas, s'il soutient que c'est la violence de la douleur qui lui a extorqué ces aveux, parviendra-t-il à les détruire & à en empêcher l'effet ? C'est sur quoi la loi auroit dû s'expliquer, sans en laisser le soin aux commentateurs. Ils distinguent à cet égard, & en convenant que l'aveu d'un fait simple peut être extrêmement affoibli par la dénégation subséquente, ils soutiennent que si toutes les circonstances du crime qui résultent de cette confession s'accordent avec ce qui est prouvé au procès, ensorte qu'il ne soit pas moralement possible qu'elles soient si parfaitement connues par un autre que par celui qui est l'auteur du crime, on ne doit pas avoir beaucoup d'égard à sa dénégation postérieure, & qu'on peut passer outre à la condamnation. En effet, la question ne seroit d'aucune utilité, si l'accusé, par une simple dénégation, pouvoit détruire tout ce qu'il a avoué.

La queſtion a déjà contre elle l'exemple de pluſieurs peuples modernes qui l'ont réprouvée,
& qui regardent comme un des effets des avantages de la civiliſation, de l'avoir abolie. (1)

Pourquoi ne deſirerions-nous pas de voir la
France ſuivre un exemple qu'elle auroit dû donner, (2) & cet uſage, ſi contraire aux mœurs
d'une nation douce & policée, reléguée dans ces
tribunaux odieux érigés par le fanatiſme & inſ-
titués pour en perpétuer les horreurs ſous une
forme judiciaire ?

Auſſi MM. les magiſtrats, pénétrés de l'ef-

Mais l'ordonnance auroit dû s'en expliquer, d'autant
plus qu'il ſe trouve une autre ordonnance de Louis X,
qui porte, art. 4 : *Que pour la gehine, nul ne ſoit
condamné, ni jugé, s'il ne perſévere en ſa confeſſion par tems ſuffiſant après la gehine.*

(1) Nos loix militaires n'ont point admis la queſtion. N'eſt-il pas ſingulier que des loix faites pour des
hommes accoutumés à l'auſtérité du commandement,
ſoient moins dures que des loix faites pour des citoyens, & dont l'exécution eſt confiée à des magiſtrats ? Mais la raiſon de cette ſingularité eſt peut-
être que les loix militaires ſont plus nouvelles. C'eſt
auſſi ſans doute par la même raiſon, que la queſtion
préparatoire eſt abſolument défendue par les loix
que le roi a données à la Corſe.

(2) Si l'on en croit un juriſconſulte humain, M.
Muyard de Vouglans, c'eſt une excellente inſtitution
que la torture ; il regarde les nations qui l'ont proſ-
crite comme entièrement privées des lumieres de la
raiſon. *Note de l'éditeur.*

prit de ces premieres loix auxquelles les loix humaines ne peuvent déroger, & jaloux de conferver toute l'impartialité qu'exige leur fonction
de juge entre la société & l'accusé, feront toujours très-réfervés à ordonner la question préparatoire, fi même il est des circonstances où
ils croient pouvoir le faire. C'est un moyen de
plus, que l'ordonnance leur offre pour obtenir
la preuve ; mais elle n'a pu leur impofer l'obligation de s'en fervir. (1)

---

(1) Il y a deux fortes de questions préparatoires :
la question fans réferve de preuves, & *la question
avec réferve de preuves*. Lorfque l'accufé condamné
à la question *fans réferve de preuves* n'a rien avoué,
les indices & les preuves qui fubfistoient contre lui font
purgées, & il ne peut plus être condamné à aucune
peine.

Lorfque la question est ordonnée *avec réferve de
preuves*, quoique l'accufé l'ait foutenue fans rien
avouer, les indices ne font pas purgés, & il peut
être condamné à toutes fortes de peines, à l'exception de celle de mort.

L'ordonnance de 1670, tit. 19, art. 1, permet
aux juges d'ordonner la question, s'il y a preuve confidérable d'un crime qui mérite la mort, & qui foit
constant. Mais à quel degré doit être la preuve pour
être jugée fuffifante pour la question ? Le mot de
preuve confidérable est très-vague ; & dans le vrai,
il est très-difficile de déterminer le degré.

La question *avec réferve de preuves*, étant une
plus grande peine, puifqu'elle fait exception au principe naturel qu'un homme qui a foutenu cette terrible épreuve doit avoir acquis à ce prix l'exemp-

T iij

Il y sans doute une grande distinction à faire entre la question préparatoire, & la question

---

tion de la peine, il faut une preuve plus forte pour pouvoir l'ordonner. L'ordonnance auroit dû, ce semble, en prévenir les juges, & dire que l'accusé ne pourra y être condamné que dans le cas où la preuve approchera de la pleine conviction. L'ordonnance cependant se contente de dire, art. 2 : *les juges pourront aussi arrêter que, nonobstant la condamnation à la question, les preuves subsisteront en leur entier, pour pouvoir condamner l'accusé à toutes sortes de peines pécuniaires ou afflictives, excepté toutefois celle de mort, à laquelle l'accusé, qui aura souffert la question sans rien avouer, ne pourra être condamné, si ce n'est qu'il survienne de nouvelles preuves depuis la question.* Ces termes semblent confondre les deux questions, & en laisser totalement le choix à l'arbitrage du juge.

Mais ne peut-on observer qu'il s'agit ici d'un crime capital & qui emporte la peine de mort, & que ce crime est prouvé qu n'est pas prouvé ? S'il est prouvé, point de difficulté ; il faut condamner à mort, & il n'y a pas lieu d'ordonner la question. S'il n'est pas prouvé suffisamment, on cherche à compléter la preuve par le moyen de la question.

Si la question ne produit rien, comme il arrive souvent, la preuve reste pour le moins au même point, quoiqu'on puisse dire qu'il devroit résulter de la question soutenue une espece de préjugé en faveur de l'accusé. Or, ne paroît-il pas difficile de concevoir que le crime, n'étant pas prouvé suffisamment pour prononcer la peine qui lui est propre, soit réputé l'être suffisamment pour prononcer une peine différente & moindre ? Il faut donc dire alors, pour justifier cette contradiction, que ce qui manque à la preuve est suppléé par la griéveté du crime, ou que ce qu'on retranche de la peine, fait compensation

préalable. La premiere devroit être abfolument abolie ; mais fi l'on croit devoir conferver la

avec ce qui manque à la preuve. Mais, en ce cas, comment peut-on déclarer l'accufé atteint & convaincu ? La conviction doit également être acquife pour condamner aux galeres, que pour condamner à mort ; & le fait de la conviction eft indépendant de la peine qu'on prononce.

Ce que l'on peut dire de mieux pour juftifier la queftion *avec réferve de preuves*, c'eft que des juges inftruits ne l'ordonnent que lorfque la preuve approche de la pleine & entiere conviction, lorfqu'ils font intimement convaincus que l'accufé eft le coupable, lorfqu'ils fe trouvent partagés, & que les uns, croyant voir la preuve entiere & étant difpofés à prononcer la peine de mort, les autres héfitent encore par délicateffe, & envifagent la reffource de la queftion, qui peut réuffir & lever tous les fcrupules. Dans ce cas, la queftion *avec réferve de preuves* s'offre à eux comme un parti mitoyen qu'ils embraffent pour fe concilier, & fans lequel ils auroient pu fe concilier pour la peine de mort. L'accufé peut alors y gagner, en ce que, s'il foutient fans avouer, il échappe à la mort qu'il auroit pu encourir fans cela. Mais il ne feroit pas à propos non plus, que la preuve étant à ce point contre lui, il pût fe fauver en entier par ce moyen, & qu'il fût cenfé avoir purgé une preuve auffi forte. Voilà à peu près ce que l'on peut dire de plus favorable. Mais il femble que l'ordonnance auroit dû reftreindre la queftion *avec réferve de preuves* dans cette hypothefe.

Mais, fi l'on peut trouver quelques moyens pour juftifier la queftion dans le cas où la preuve approche de la pleine conviction, aucune raifon ne peut engager à conferver celle pour laquelle on exige feulement que la preuve foit confidérable ; & même la réclamation paroît univerfelle contre la queftion pré-

seconde, elle ne devroit être ordonnée qu'avec la plus grande réserve, parce qu'elle n'est pas sans danger. Sans doute un homme condamné au dernier supplice n'est plus citoyen ; il devient esclave de la peine : la société qu'il a offensée, a droit d'exiger de lui qu'il répare cette offense en lui découvrant ses ennemis, & la torture fait une partie de son supplice. Mais si elle n'a point d'inconvénient par rapport à lui, ce moyen de découvrir les complices n'a-t-il donc rien de dangereux ? Comme elle ne peut avoir d'autre objet

---

paratoire sans distinction. Montesquieu ne daigne pas même agiter s'il est à propos de conserver la question ou de la supprimer, & ne fait aucune distinction entre les différentes especes de questions. " Tant d'ha-
„ biles gens, & tant de beaux génies, dit-il, ont écrit
„ contre cette pratique, que je n'ose parler après
„ eux. J'allois dire qu'elle pouvoit convenir dans les
„ gouvernemens despotiques, où tout ce qui inspire
„ la crainte entre plus dans les ressorts du gouver-
„ nement ; j'allois dire.... Mais j'entends la voix de
„ la nature qui crie contre moi. „
Le vœu de M. le premier président, lors de la rédaction de l'ordonnance de 1670, étoit d'ôter absolument la question préparatoire, & M. Pussort n'en étoit pas éloigné. Quant à la question préalable, c'est une matiere à doute & à discussion. Elle a ses inconvéniens & ses avantages. Si l'on réformoit nos loix pénales, & qu'on restreignît la peine de mort au meurtre & aux crimes majeurs, la question préalable auroit lieu bien moins souvent, puisqu'elle ne peut s'ordonner que contre un homme condamné à la mort.

que de les connoître, il faut d'abord que le procès établisse qu'il y en a; & même il faut qu'i
fournisse contr'eux une preuve déjà bien avancée. En effet, s'il n'y a qu'un foible commencement de preuve, si les charges les plus fortes
qui pourroient résulter de la question ne suffisent pas pour compléter la preuve, quel en sera
le succès? Le témoignage même qu'on peut en
tirer a-t-il autant de poids qu'un témoignage ordinaire, & ne doit-on pas considérer le moyen
par lequel on l'a obtenu? Si l'excès de la douleur détermine un homme condamné à la question préparatoire à s'accuser lui-même, malgré
l'intérêt si puissant qui l'oblige à se taire, que
ne peut pas lui faire dire la douleur contre un
tiers sur lequel on l'interroge dans un moment
où il n'a plus rien à ménager pour lui-même?
Mais s'il n'y avoit contre ce tiers que des indices, voilà donc son état compromis par un témoignage extorqué. Il n'y a plus qu'un pas à
faire pour achever de le perdre, c'est de prendre droit de cette derniere charge, de la réunir
aux preuves qu'on croyoit avoir déjà pour le
condamner à la question préparatoire, même sans
réserve de preuves. La douleur pourra lui arracher l'aveu d'un crime qu'il n'a pas commis; &
sa condamnation sera l'effet d'une double violence.

En général, la question est une arme bien terrible : un usage ancien l'a introduite, nos loix l'ont adoptée : l'usage & la loi font deux titres bien respectables, mais ils ne font pas infaillibles ; & combien de loix anciennes ont été reconnues vicieuses & ont été abrogées ! L'usage est-il toujours un guide assuré, & les loix, en l'admettant, peuvent - elles en ôter les inconvéniens ? Il est une regle plus sûre, où les hommes doivent toujours puiser pour y chercher la perfection des loix : la justice essentielle & absolue (1), dont les déductions font mieux apperçues & développées dans un tems que dans un autre, à l'aide des réflexions & des lumieres qui se perfectionnent.

Seroit-ce donc manquer de respect à l'autorité, seroit-ce blesser la soumission qui lui est due, que de discuter la loi, & de la confronter à cette regle toujours vivante, qui est le type & le modele que le législateur s'est proposé de suivre ? Eh, comment les loix positives pourroient-elles acquérir la perfection dont elles font susceptibles, si l'hommage qui leur est dû excluoit

---

(1) C'est ici du jargon économique. Analysez ces deux mots *essentielle & absolue*, vous ne trouverez que du vuide ou de l'incompréhensible dans la phrase qui les réunit. *Note de l'éditeur.*

tout examen, fi le progrès des lumieres & des connoiffances ne fervoit peu à peu à les ré-former ?

Les ordonnances de 1667 & de 1670 font fans doute un des monumens les plus folides & les plus glorieux du dernier fiecle : elles font le fruit du travail des plus grands magiftrats, dont les lumieres ont été réunies & ont concouru à ce grand ouvrage. Mais ces loix, dans la con-fection defquelles on peut remarquer que l'im-preffion de l'autorité fe fit trop fentir, font-elles néceffairement fi parfaites qu'on ne puiffe rien y changer d'après un fiecle d'expérience & de réflexions ? Si elles avoient des défauts, doivent-ils être immuables ? Pourquoi nous interdirions-nous l'efpérance de les voir corrigés ? Eft-ce donc par l'effet d'une fatalité inévitable, que de tous les abus, ceux qui font confacrés par les loix, foient les plus difficiles à réformer ? Pour-quoi faut-il que, de toutes les connoiffances hu-maines, celles qui concernent la législation foient les plus longues à acquérir, & qu'elles foient encore infiniment plus longues à paffer dans les loix, de maniere que la législation d'un peuple fe trouve fouvent infiniment au-deffous de fes connoiffances & de fes lumieres actuelles ?

TROISIEME PARTIE.

Des jugemens & des loix pénales.

> . . . . *Adfit*
> *Regula, peccatis quæ pænas irroget æquas ;*
> *Ne fcutica dignum, horribili feélere flagello.*
> Hor. Lib. I, ferm. 3.

L'INSTRUCTION ne fe fait que pour parvenir à l'application des loix, par le jugement définitif. Lorfqu'elle a complété la preuve de l'innocence ou du crime, ou que la preuve trop forte pour permettre de décharger l'accufé ne l'eft pas affez pour le condamner, la décifion fe préfente d'elle-même, & le juge ne refte pas dans l'état violent de l'incertitude & du doute : ce n'eft pas lui qui prononce, ce font les preuves d'un côté, & la loi de l'autre. Il ne fait que déclarer fi la preuve du crime eft acquife contre l'accufé, & lui appliquer la peine s'il eft convaincu, l'abfoudre fi fon innocence eft reconnue, le mettre hors de cour s'il refte contre lui des foupçons, ou bien ordonner & attendre de nouvelles preuves.

Mais il arrive quelquefois que l'instruction, quoique poussée aussi loin qu'il a été possible, laisse des nuages dans l'esprit, & jette les juges dans l'indécision. La preuve, sans être pleinement satisfaisante, approche très-fort de la pleine conviction ; sous un point de vue, elle paroît suffire ; sous un autre, elle laisse subsister des doutes. Le juge, livré en quelque sorte à lui - même, dépourvu de l'appui de la loi qui ne peut l'éclaircir sur la nature & le degré de la preuve, ne trouve de ressource que dans ses lumieres. C'est aiors qu'on voit les opinions se partager, suivant que chacun est affecté de la preuve. Les uns la trouvent complete & ne balancent point à appliquer la peine, les autres la desireroient plus entiere. Dans ces cas difficiles, chacun des juges doit recueillir toute son attention, & réunir tout ce qu'il trouve en soi de lumieres & de sagacité, pour former une opinion dont il puisse lui-même être satisfait.

Se dépouiller de toute prévention pour apprécier avec justesse les motifs pour & contre, étudier avec soin l'impression que les différentes preuves font sur l'esprit des autres, écouter leur avis avec tranquillité, peser leurs raisons sans y acquiescer par voie d'autorité ; ne pas déférer trop facilement à l'avis du juge qui a instruit, parce qu'ayant fait tous ses efforts pour parvenir à la preuve, il peut présumer trop aisément y avoir réussi ; combiner soi-même la force des dépositions & des indices, les résumer, & les rapprocher pour les balancer ; ne pas se préoccuper tellement du crime qu'on s'obstine à en voir la preuve, & ne pas tellement insister sur ce qui peut rester douteux, qu'on se dissimule ce qui est clairement établi ; écarter la certitude humaine qui résulte du procès, pour ne s'attacher qu'à la certitude juridique à laquelle seule la loi veut qu'on ait égard ; & juger si elle est acquise, en évitant également les deux excès d'une trop grande facilité & d'une rigueur trop austère : telles sont les regles générales qu'on peut proposer, mais dont l'application est très-difficile, & laisse souvent dans la perplexité les juges les plus instruits & les plus capables.

Le pouvoir des législateurs ne s'étend que sur les actions. Les sentimens, les dispositions intérieures, les volontés qui ne sont pas réduites en acte, rendent coupable devant Dieu qui sonde les cœurs & pénetre dans les replis les plus intimes ; mais ne peuvent être du ressort de la justice humaine, qui ne s'étend que sur ce qui est extérieur.

Les législateurs peuvent-ils faire un crime d'une

action permise en elle-même, & la soumettre à une peine ? C'est demander si la moralité des actions, qui les rend bonnes ou mauvaises, est au pouvoir des hommes, & si la justice est d'institution humaine. Les loix pénales sont sans doute des loix positives ; mais la raison de ces loix ne l'est pas ; elle doit se puiser dans la justice primitive ; elle est écrite dans le code de la nature, où l'homme la découvre distinctement, en faisant usage de son intelligence. Une loi pénale, dont la raison ne seroit pas une déduction nécessaire de ces premieres loix qui sont la source de toute législation, une loi qui puniroit une action indifférente en elle - même & permise, seroit un pur acte d'autorité arbitraire.

Les loix de la justice par essence n'ont pas besoin d'être écrites. Jamais il ne fut nécessaire de porter de loi pour défendre le meurtre & le vol. Le vice de ces actions est décidé par les notions communes à tous ; mais la mesure des peines dues à chaque crime reste dans l'indécision, & ne peut être déterminée que par la puissance souveraine. C'est ici où commence & finit en même tems la fonction du législateur. La loi de la justice par essence décide que telle action est un crime, un trouble apporté à la société ; le législateur statue le châtiment. Son office est rempli, il a pourvu à la sûreté de la société, en assurant l'exécution des loix éternelles de la justice ; il a muni ces loix de la *sanction* extérieure qui leur manquoit ; & qu'il ne prétende pas étendre aussi loin que leurs prohitions, l'exercice de son autorité. Elles condamnent une infinité d'actions qu'il ne doit pas entreprendre de punir : son pouvoir est borné par l'intérêt de la société, pour lequel seul il est établi.

Quoique la peine, considérée du côté de l'autorité qui la définit, soit de droit positif, sa mesure n'a rien d'arbitraire. Elle doit se trouver dans une juste proportion avec le crime & le préjudice qu'il cause à l'ordre social.

L'intérêt de la société est, qu'il se commette peu de crimes, & qu'ils soient d'autant plus rares qu'ils sont plus capables de la troubler, & qu'il est plus difficile aux citoyens de s'en garantir. Le législateur a donc deux devoirs à remplir : il doit d'abord s'attacher à prévenir les crimes par la sagesse de son administration ; & son pouvoir à cet égard est infiniment plus étendu qu'on ne pense. Mais comme il est des hommes qui ne peuvent être détournés du mal que par la crainte, & que le gouvernement le plus sage ne peut prévenir tous les désordres que causent les passions, fions, il doit décerner des peines propres à les réprimer & à servir d'exemple.

Traiter comme égaux des délits difproportionnés, punir avec la même rigueur un crime capital & une fimple faute, feroit violer les loix de la juftice, qui doivent toujours être la raifon des loix pofitives, & qui, en admettant des degrés dans les fautes, indiquent affez qu'il doit y en avoir dans les peines.

Mais ne confulter que la griéveté intrinfeque du crime, fans avoir égard à la nature du tort qu'il caufe à la fociété, & aux moyens que les citoyens ont pour s'en garantir, c'eft ne voir qu'une partie des motifs qui doivent concourir dans la détermination de la peine.

Perfonne ne peut faire qu'un crime qui a été commis ne l'ait pas été; & la peine corporelle ne pouvant détruire le fait, ne peut être regardée comme une véritable réparation de l'offenfe faite à l'ordre public : mais la fociété a deux intérêts dans la punition des crimes; celui d'empêcher le coupable de lui nuire par la fuite, & dans tous les cas la réclufion préfenteroit un moyen fuffifant; & celui de frapper les yeux du peuple par des exemples capables de le contenir

La néceffité de l'exemple eft vraiment le feul motif qui puiffe rendre légitimes les peines cor porelles, & celle de mort en particulier. Le motif de la vengeance ne peut être admis dans la cause publique : la vengeance est une passion, & la société en est exempte, parce qu'elle n'a de volonté que la volonté commune. Or la loi qui en est l'expression, agit sans passion, sans haine & sans colere; elle ne punit qu'à regret; elle ne peut ordonner la perte d'un citoyen que malgré elle, & forcée par la nécessité d'opposer au crime la crainte & l'exemple du châtiment.

A cet égard, l'intensité des peines est-il toujours le moyen le plus efficace? Si le sang que le meurtrier a répandu s'éleve contre lui & le dévoue au supplice; s'il est juste de retrancher du nombre des vivans celui qui n'a pas craint d'attenter à la vie de son semblable; s'il est encore d'autres crimes qui, par leur griéveté & par leurs suites, semblent mériter la mort, n'en est-il pas d'autres aussi pour lesquels nos loix peuvent paroître avoir excédé la mesure, & trop penché du côté de la rigueur? En général, ne pourroit-on pas examiner si, pour prévenir & arrêter quelques-uns des crimes que nous punissons du dernier supplice, il ne seroit pas plus conforme aux regles de la justice distributive, & peut-être même plus propre à atteindre le but que doit se proposer le législateur, d'employer des peines moindres en elles-mêmes, qui au lieu d'anéantir le coupable & d'effrayer pour un moment par le spectacle bientôt oublié de son supplice, le tiendroient continuellement exposé aux yeux des citoyens dans un état humiliant & pénible, formeroient ainsi un exemple toujours subsistant, & ne permettroient jamais de séparer l'idée du crime de celle du châtiment ?

Les peines sont un des grands ressorts du gouvernement : c'est l'affoiblir, c'est lui ôter une partie de son action, que de le forcer par une rigueur excessive, en punissant trop sévérement des crimes qui pourroient être également réprimés par un moindre châtiment ; comme ce seroit inviter en quelque sorte au mal, que d'user d'une trop grande indulgence. (1)

––––––––––––––––––––––

(1) La mesure des peines est une des parties les plus délicates & les plus difficiles de la législation, parce qu'elle doit être le résultat de plusieurs considérations très - graves, qui doivent être pesées séparément, rapprochées ensuite, & mises en même tems dans la balance pour y valoir chacune suivant leur poids.

Le vol avec effraction est infiniment plus grave que le vol simple. Mais ce qui doit beaucoup contribuer à lui faire infliger une peine plus rigoureuse, c'est qu'il est facile de se garantir du vol simple de la part des étrangers, en fermant ses portes & mettant ses effets sous la clef. Mais, si ma porte & les murs de ma maison ne me servent pas de barriere & de dé-

Les peines, quelles qu'elles soient, doivent être fixes, constantes, déterminées de la maniere la

fense contre le crime, je n'ai plus d'abri, il n'y a plus pour moi de sûreté. La loi doit donc ajouter à la peine, en raison de la difficulté qu'il y a à se garantir de l'attaque. A cet égard, la porte la plus mauvaise & le mur le plus foible doivent être regardés comme une défense égale à la barriere la plus forte, parce que la maison du citoyen est son asyle: sa chaumiere est aussi respectable aux yeux de la loi, que la maison la mieux construite: elle doit même être d'autant plus protégée, qu'elle est plus foible. On doit d'ailleurs considérer, dans la fixation de la peine, que le vol simple peut être l'effet du premier moment, & d'une convoitise excitée par la vue subite de l'objet, au lieu que le vol avec effraction ne peut être entrepris que par un complot formel, & un dessein prémédité qui annonce une bien plus grande perversité.

Il en est de même du vol de grand chemin, comparé au vol simple; il attaque sensiblement la sûreté publique & l'intérêt de la société, qui exigent que les chemins, qui font le moyen de communication entre les hommes, puissent être fréquentés sans rien craindre. D'ailleurs, comme je l'ai dit plus haut, moins les citoyens ont de défense à opposer à un crime, plus la loi doit le punir avec rigueur: il faut que la loi supplée & remplace ce qui manque à leur sûreté. Je ne puis voyager sans passer par les chemins, & je ne puis en y passant m'enfermer & me barricader comme dans ma maison. J'oppose au voleur avec effraction une barriere qu'il rompt; sur un chemin, je ne puis lui en opposer aucune.

On doit faire le même raisonnement sur le vol domestique: ce qui le rend bien plus grave que le vol simple, c'est l'abus de confiance qu'il renferme, & l'impossibilité qu'il y a de s'en garantir.

Le vol des choses confiées à la foi publique, telles

s précise pour chaque genre de crime, afin que les sujets sachent à quoi ils s'exposent en

---

que les récoltes, les échalas dans les vignes, les bois sur un chantier ou dans la vente, &c. devroit être plus puni que le vol simple, parce que ces choses sont nécessairement exposées, & ne peuvent être garanties que par la sévérité de la peine.

Mais les vols de grand chemin avec effraction, & domestiques, doivent-ils être punis de mort ? J'oserois penser le contraire. Il y a sans doute trop de distance entr'eux & le vol simple, pour leur infliger la même peine ; mais ne pourroit-on pas trouver une peine intermédiaire, plus grave & plus sérieuse que les galeres, & qui tint le coupable sous les yeux du public dans l'état le plus abject & le plus pénible ? N'y a-t-il pas même, sous un autre point de vue, du danger à les punir de mort ? ce qui réduit ensuite à ne plus mettre de différence que dans le genre du supplice entre ceux qui sont coupables de ces crimes, & ceux qui y ont ajouté l'assassinat & des excès de cruauté qui ne sont que fréquens. Punir le voleur de mort, n'est-ce pas en quelque sorte l'inviter à cumuler les deux crimes, & le porter à chercher sa sûreté par le meurtre des témoins qui peuvent le déceler ? Il se fût peut-être abstenu de cet excès, si le soin de sa vie, qu'il avoit également exposée par le seul vol, ne l'eût engagé à s'assurer, par un crime plus grand encore, l'impunité du premier.

La loi, qui prononce la peine de mort contre le duel, n'est pas faite pour être exécutée. Elle se trouve en contradiction avec le préjugé du faux honneur, qui l'emportera toujours sur elle. Ce seroit ce préjugé qu'il faudroit tâcher de détruire. On le favorise, au contraire, & on le protege : quiconque refuse de se battre, est déshonoré & forcé de quitter son corps. La profession des armes ne se soutient que par l'honneur. Si le préjugé fait consister l'honneur à se battre,

les commettant, & que les magistrats, qui principalement dans cette matiere ne doivent être
que l'organe de la loi, n'aient point à interpréter, à étendre, ni à modifier, mais seulement à
constater le fait, à établir la preuve contre l'accusé, & à lui appliquer la peine.

Ce seroit une opération bien digne d'occuper
les législateurs, que celle d'examiner les loix pénales, de les confondre, de les combiner avec
les crimes, de les mesurer avec l'intérêt de la
société, & de porter dans ce travail les lumieres
que doit fournir la connoissance plus développ-
pée des principes de la justice, des ressorts du
cœur humain, & des moyens de conduire les
hommes. Cette partie, quoique la plus importante de la législation, a été aussi négligée parmi
nous, que les autres; & ce qui même est in-

---

c'est-à-dire, à violer les loix de la justice & les premiers principes de l'ordre civil, qui ne défendent
rien tant que l'usage de la force privée, la sévérité
de la peine est un frein aussi inutile que mal conçu;
on se fera un point d'honneur de le braver. C'est
donc le préjugé même qu'il faut attaquer, & l'on
ne peut l'attaquer avec succès que par des peines qui
portent sur lui. Il faut imposer à ce crime une peine
deshonorante; il faut dégrader celui qui est l'agresseur, & qui, par une insulte, a donné lieu au duel;
il faut expulser, ou punir par la perte de son rang,
celui qui y a répondu, au lieu de se pourvoir pour obtenir une réparation, &c.

concevable, elle eft reftée dans un défordre fin-
gulier. La même loi devroit renfermer toutes les
peines applicables aux différens crimes, de maniere à difpenfer de toute recherche, & à lever
toute incertitude. Mais vous le favez, meffieurs;
& fi l'on vous demandoit où fe trouvent nos loix
pénales, vous feriez forcé de répondre qu'elles
font répandues & difperfées dans une infinité de
loix anciennes & nouvelles, qu'à peine fait-on où
les trouver, & qu'elles s'exécutent en quelque
forte, plutôt comme tradition & ufage, que
comme loi formelle & écrite. Il faut en effet parcourir des recueils entiers pour les raffembler ;
& l'on y trouve des loix qui varient fur la peine,
& d'autres qui font tombées en défuétude, fans
qu'on ait même pris le foin de les révoquer.

N'a-t-on pas lieu de s'étonner également, fi
l'on confidere le nombre & la variété de nos
tribunaux ? L'adminiftration de la juftice eft en
même tems le premier objet & le principal avantage de l'ordre civil, & le premier attribut
comme le premier devoir de la fouveraineté.
C'eft pour la faire diftribuer dans toutes les parties de l'Empire, & maintenir par elle la liberté,
la fûreté perfonnelle, & la propriété des biens,
que le fouverain eft revêtu du droit de commander, & armé du pouvoir de fe faire obéir.

Cette autorité est inaliénable & incommunicable de sa nature. Par quel abus se trouve - t - elle parmi nous dispersée en tant de mains , attachée à la possession d'une infinité d'héritages , & devenue un bien patrimonial & privé ?

En vain dira-t-on , pour excuser une institution si bizarre, que c'est toujours l'autorité souveraine qui s'exerce par toutes ces subdivisions , comme par autant de canaux dérivés d'elle originairement , & qui remontent à leur source , non-seulement par les degrés de la féodalité , qui aboutissent de toute part au souverain comme au centre commun, mais aussi par la mission que les juges de seigneurs reçoivent des juges royaux , & par le droit d'appel qui ramene à un seul point toute l'administration de la justice : il n'en est pas moins évident que ce démembrement d'une autorité unique de sa nature, & qui est le patrimoine public déposé dans les mains d'un seul , est un désordre dans la constitution politique ; désordre qui auroit dû cesser avec le gouvernement féodal dont il dérive. Pendant une longue suite de siecles, notre histoire est proprement celle de la formation de l'autorité souveraine, & des efforts nécessaires pour la dégager des entraves du gouvernement féodal. Nos rois, constans dans cette grande entreprise, n'ont omis aucune occasion d'affoiblir & d'abaisser le pouvoir de leurs vassaux. Ils ont favorisé les affranchissemens, aboli la servitude, & établi les communes. Ils sont parvenus à enlever aux seigneurs le droit de battre monnoie, le port d'armes, & le droit de faire la guerre, & ont enfin élevé une autorité réguliere sur les ruines de l'anarchie féodale. Il n'y avoit plus qu'un pas à faire pour rendre à la souveraineté son plus bel attribut dans toute sa plénitude. Mais on s'est borné à réprimer les plus grands abus de ces démembremens de la justice; & nos rois, contens de la supériorité, ont laissé subsister ce partage comme décoration de fief. Mais peut-on se dissimuler les inconvéniens qui en résultent? Dans la justice civile, augmentation de frais & d'un degré de jurisdiction; longueur & retardement dans l'expédition des affaires. Dans la justice criminelle, le mal est encore plus sensible; il va souvent à favoriser l'impunité, & à tolérer le crime. L'instruction est coûteuse; les seigneurs qui n'estiment dans ce droit que ce qu'il a d'honorifique, ne cherchent qu'à se soustraire à la dépense qu'il entraîne. Et combien de fois n'arrive-t-il pas que des juges trop faciles & trop complaisans connivent avec les seigneurs, soit pour ne pas entreprendre la poursuite des crimes, soit pour favorifer ou diffimuler l'évafion des accufés ! D'ailleurs , l'inftruction criminelle eft - elle donc une fonction fi facile & fi peu importante pour pouvoir fans inconvénient être confiée à des juges qui n'ont prefque jamais l'occafion d'acquérir les lumieres & l'expérience qu'elle exige ? (1)

***

(1) Depuis que ce difcours a été prononcé, on a remédié à l'inconvénient des juftices feigneuriales, par rapport à la pourfuite des crimes. Le roi, par fon édit de février 1771, a cru devoir venir au fecours des feigneurs hauts-jufticiers, & affurer le maintien de l'ordre public, & la punition des crimes, en leur épargnant les frais de la pourfuite. L'article 14 porte : " *Voulons qu'en matiere criminelle , lorfque les* „ *juges de feigneurs auront informé* & décrété avant „ nos juges, *l'inftruction en premiere inftance foit* „ *faite* à nos frais; mais que dans le cas où nos „ juges auroient prévenu ceux des feigneurs , l'inftruc-„ tion en premiere inftance foit faite aux frais def-„ dits feigneurs. Pourront les procureurs des feigneurs, „ incontinent après l'information & le décret, en „ envoyer une groffe à nos procureurs, pour la pro-„ cédure être continuée par nos officiers. „ L'art. 15 ajoute : " Voulons qu'en cas d'appel, tous les frais „ de tranfport, de renvoi, d'exécution, même ceux „ des inftructions que nos juges croiront néceffaries , „ foient dans tous les cas à notre charge, *fans au-„ cune répétition contre les feigneurs.* „ Ces mêmes difpofitions font encore confirmées par des lettres-patentes du 15 feptembre 1771, qui ajoutent même, *que dans tous les cas la procédure fera aux charges du roi.*

Au moyen de cette facilité, les feigneurs ont le plus grand intérêt à faire pourfuivre les crimes par leurs officiers, puifque toute la procédure doit fe faire

Nous ne pouvons, messieurs, que former des
vœux pour voir toutes ces émanations de l'au-

à leurs frais, s'ils se laissent prévenir par le juge
royal. Voilà certainement une loi sage, une loi qui
est sûre d'atteindre à son but, parce qu'elle met en
action l'intérêt particulier, & qu'elle porte en même
tems sa peine & sa récompense.

Pendant la premiere année, elle a eu l'exécution
la plus entiere. Non-seulement la procédure commencée se continuoit aux frais du roi, mais il faisoit
rembourser aux seigneurs les frais faits jusqu'au renvoi. On estimoit que l'intention avoit été, qu'il ne
leur en coûtât absolument rien pour l'instruction,
puisque le roi déclaroit s'en charger *en entier & dans
tous les cas*; & qu'il se seroit formellement expliqué,
s'il eût voulu leur laisser supporter les premiers frais
de l'instruction.

Il paroit que depuis on a interprété autrement la
loi, & qu'on a cessé de lui donner cette exécution, en
refusant de tenir compte des premiers frais.

Il seroit bien fâcheux qu'on allât plus loin, & que
la considération de la dépense qui en résulte l'empor-
tât sur l'intérêt social, & engageât à abolir une loi si
sage, soit dans le fait, soit par une abrogation formelle. On prétend que l'on commence déjà à décerner des exécutoires contre des seigneurs pour les frais
d'instruction continuée & achevée par les juges royaux;
on ne connoit cependant aucune loi qui ait dérogé à
l'édit de 1771.

Quel que soit l'épuisement du revenu public, causé,
non pas tant par la somme de l'impôt que par la maniere dont il est assis, il semble que ce n'est pas dans
les dépenses qui tiennent immédiatement à la sûreté
publique, qu'il est bon de porter l'économie. Combien
ne se trouve-t-il pas d'autres dépenses superflues, ou
qu'il est possible de réduire ! Et l'administration de la
justice n'est-elle pas le premier besoin social, comme

torité souveraine se réunir à la source, & l'administration de la justice replacée toute entiere

le premier devoir du souverain ?

Qu'on ne dise pas, pour autoriser la suppression d'une
loi si salutaire, que les seigneurs ne possedent les justices qu'à la charge d'en faire les frais, & que la prévention donnée aux juges royaux est un moyen de
punir leur négligence. Ce principe a toujours eu lieu ;
mais on sait en même tems, par l'expérience, que
les seigneurs ne cherchent qu'à se dispenser des frais,
& qu'ils en trouvent les moyens : on sait que le droit
de prévention n'est pas un moyen suffisant pour les
engager à poursuivre; parce que les juges royaux le
plus souvent n'ont pas connoissance des crimes ; que
la célérité est un point essentiel ; que leur éloignement les empêche de s'assurer des coupables, dont
les seigneurs eux-mêmes sont intéressés à favoriser
l'évasion.

Si l'on trouve une sorte de contradiction à charger
le roi de la poursuite, en laissant les justices aux seigneurs, il vaudroit peut-être mieux la faire disparoitre,
en supprimant les justices seigneuriales; sauf à indem-
niser les seigneurs, si, compensation faite des avantages & des charges attachées aux droits de justice,
il peut leur être dû une indemnité. Il n'y a pas à
balancer entre la décoration des terres & la gloriole
de ceux qui les possedent, & l'intérêt de la société,
le maintien de l'ordre & la sûreté publique.

Quelque parti que l'on prenne sur les justices,
n'est-ce pas une contradiction formelle & bien importante à faire cesser, de prétendre que les crimes
soient poursuivis & punis, & de charger des particuliers d'en faire les frais ?

Puisque c'est l'économie qu'on cherche pour le roi,
qui peut paroitre avoir dans ses revenus des moyens
suffisans pour procurer à ses sujets la plus grande
sûreté intérieure, il est un point dans lequel on pour-

dans la main du souverain, acquérir, par la perfection des loix, toute la simplicité & la dignité qu'elle devroit avoir. En attendant un changement si desirable, il est du devoir des magistrats, de respecter l'état actuel, d'obéir aux loix qui subsistent, & de se conformer à cette division de pouvoir & de territoire.

---

roit trouver une épargne sans sortir de cette matiere. Dans les procès criminels sujets à l'appel, & qui de toute part sont portés dans les parlemens, on n'envoie pas les minutes avec l'accusé; on les met en grosse, & les greffiers, qui n'ont pas d'autres salaires pour tout ce qui se fait à la requête du ministere public, & qui sont payés de ces grosses à 4 sols 6 deniers du rôle, les multiplient autant qu'ils peuvent. On voit des procès criminels qui forment 12 & 1500, & jusqu'à 3000 rôles. C'est le profit du fermier qui gagne au débit du papier timbré; mais c'est le roi qui paie l'impôt & ces énormes écritures. Ne seroit-il donc pas plus simple d'envoyer les minutes, qu'on renverroit au greffe du premier juge après l'appel jugé? Rien n'est si fatigant que de lire ces grosses; on ne fait que tourner la feuille, la vue se fatigue, & l'attention se perd. D'ailleurs, qui est-ce qui garantit l'exactitude de la collation, & quel danger ne peut-il pas s'ensuivre? Il est vrai qu'il faudroit en ce cas payer le greffier qui n'a rien pour les minutes lorsqu'il travaille à la requête du ministere public; mais il en coûteroit certainement moins de le payer pour les minutes, puisqu'il faut que le prix des grosses paie le salaire de la grosse & de la minute, & que ce prix de la grosse est en grande partie déboursé par lui en salaires de copistes.

RÉFLEXIONS

Sur la réforme de la législation criminelle.

JE n'ai pu, dans un ouvrage néceffairement très-court, qu'indiquer les principales réformes qu'exigeroit notre maniere de pourfuivre & de punir les crimes. Une matiere auffi importante demanderoit un examen étendu & approfondi.

Il eft dans la législation deux écueils également à craindre : celui du changement & de l'inconftance, qui prive les loix d'un de leurs caracteres effentiels, qui eft la ftabilité ; & celui de les regarder comme tellement immuables, qu'on fe refufe aux changemens néceffaires.

De ces deux écueils, celui dans lequel on tombe le plus fouvent, eft celui de négliger les réformes utiles ; & cet inconvénient eft dans la nature même des chofes. Une loi portée eft mife dans le dépôt de la législation, & confiée à la garde des tribunaux, dont le devoir eft de l'étudier, d'en faire l'application, & d'en procurer l'exécution. Ce devoir exige de leur part l'attachement aux loix, d'où fuit le vœu de leur ftabilité : à ce motif se joint l'usage si puissant sur les compagnies, qui devient encore un autre obstacle aux réformes. Si les loix étoient parfaites, cette disposition des magistrats n'auroit aucun inconvénient : elle est dans l'ordre, parce qu'il est dans l'ordre que la loi soit bonne, & que tant qu'elle subsiste, ceux qui sont chargés de son exécution doivent la regarder comme telle.

Ces considérations peuvent donc être un obstacle à ce que ce soit des tribunaux que naisse d'abord le désir des réformes. Les vues propres à perfectionner les loix, ne doivent naturellement y pénétrer, que lorsqu'après avoir été long-tems discutées & débattues, elles ont commencé à faire changer ou du moins à partager l'opinion publique.

Les loix positives sont de deux sortes : les unes sont absolument mauvaises ; elles ne doivent pas être réformées, mais abrogées : les autres sont bonnes quant à leur fin, mais défectueuses sous certains rapports, & susceptibles de perfection.

Une loi est mauvaise, lorsqu'elle est purement arbitraire, & qu'elle n'a point un objet d'une *véritable* utilité : je dis *véritable*, ce qui suppose qu'elle a sa raison plus ou moins éloignée dans *les loix de l'ordre social* clairement connues ; & cette condition bien observée, feroit d'abord un grand retranchement dans les codes de bien des nations. Il eſt auſſi des loix vicieuſes, qui cependant ſont abſolument néceſſaires; mais qui ne le ſont que comme ſuite de loix & d'inſtitution arbitraires : en ce cas il faut faire ceſſer l'inſtitution qui les exige, & ſa chûte entraînera celle des loix qui ne ſont faites que pour elle. (1) C'eſt un mal de ſurcharger la légiſlation d'une foule de loix inutiles au bien de la ſociété, comme c'eſt

----

(1) Tel eſt le genre des loix pénales portées contre la contrebande. Elles ſont néceſſitées par la forme de l'impôt, quoique peut-être on puiſſe dire qu'elles excedent la meſure. Il faut donc examiner ſi cette forme ne pourroit pas être changée, ſi en elle-même elle n'eſt pas contraire à l'intérêt du ſouverain & à celui de la nation ; s'il n'y auroit pas moyen de lever la même ſomme par une perception plus ſimple & moins fâcheuſe, moins contraire aux droits de la propriété & à la ſûreté des citoyens ; ſi indépendamment de ces inconvéniens, cette forme n'eſt pas contraire à l'intérêt de la reproduction, &c. &c.

Si cet examen conduiſoit à reconnoître la néceſſité de réformer cette inſtitution, il deviendroit inutile de diſcuter les loix pénales, qui ne ſont faites que pour la maintenir. La rigueur même de ces loix qui prodiguent la peine de mort, des galeres, du banniſſement, pourroit ſervir d'argument contre l'inſtitution même qui ſemble les néceſſiter. Peut-elle être bonne & entraîner des ſuites auſſi fâcheuſes & des châtimens auſſi diſproportionnés avec la nature de l'action conſidérée en elle-même, & qui n'eſt devenue condamnable qu'en conſéquence de la loi qui l'a érigée en délit ?

un défaut, dans la mécanique, de multiplier les
mouvemens & les ressorts au-delà du besoin. Il
n'y a donc point de loi indifférente. En effet,
toute loi ordonne ou défend; & si elle le fait arbitrairement, elle n'est propre qu'à gêner la liberté :
les atteintes qu'elles lui portent, loin d'être compensées par quelqu'utilité réelle, ne produisent
qu'un embarras social, & une espece d'obstruc-
tion dans le corps politique. A force de se voir
enjoindre des choses indifférentes & inutiles, ou
défendre des choses permises, les citoyens s'ac-
coutument à mépriser la loi, dont ils ne peuvent
découvrir de motif légitime; & ce mépris conduit aisément à celui des véritables loix. Le nombre des infracteurs se multiplie; il faut punir,
& ne faire que punir : & si l'on s'en lasse, comme
il arrive souvent, on laisse tomber la loi en dé-
suétude. Mais il vaudroit bien mieux l'abroger
formellement; car il est toujours à craindre que
des gens mal avisés ne la remettent en vigueur
par ignorance ou par mauvaise foi : c'est un épou-
vantail toujou.s subsistant, dont on peut trop facilement abuser.

Mais une loi, quoique bonne & nécessaire
quant à sa fin, peut être défectueuse, parce qu'elle
peut s'être trompée sur le choix des moyens.

Elle est bonne dans son objet, lorsque sa raison est prise dans les loix naturelles, qui ont

besoin d'être annoncées & publiées sous la forme de loix positives : ces loix primitives contiennent les rapports de l'homme avec la nature & avec ses semblables ; mais ces rapports font souvent trop nombreux, trop compliqués, pour qu'il ne foit pas néceffaire de les déterminer, & d'en annoncer les réfultats & les conféquences avec une autorité vifible, qui les éleve au-deffus de la contradiction, & leur concilie le refpect univerfel. D'ailleurs, l'exécution des loix étant confiée à des hommes, les moyens de les appliquer ne doivent pas être laiffés à leur choix. Les jugemens doivent être foumis à des formes, & il faut des loix positives pour les régler.

La matiere des délits eft fans doute la plus dégagée par elle-même de tout arbitraire, celle où la juftice s'énonce avec le plus de fimplicité : il eft évident cependant qu'elle a befoin de loix positives, & que ces loix peuvent être plus ou moins parfaites.

La loi naturelle défend telle & telle action : mais elle ne porte pas de peine ; & les hommes entraînés par les paffions, fe feront un jeu de la violer. Il faut donc que la loi pofitive vienne à l'appui, en prononçant la peine qui doit être énoncée clairement, avec précifion, appliquée à chaque efpece de crime, combinée fur fa nature, sur l'état des personnes, sur l'intérêt de la société & sur le rapport du crime avec cet intérêt. Mais sur-tout le législateur doit être bien persuadé que l'intensité des peines n'est pas le meilleur moyen de réprimer les méchans & de diminuer le nombre des crimes. Il a en main un moyen bien plus efficace ; c'est de réformer les mœurs de sa nation : entreprise qui n'est nullement au-dessus des forces de l'autorité, & dans laquelle elle réussira par une administration conforme à l'ordre, qui rendra le peuple plus heureux, & en même tems plus sage, plus retenu, plus observateur des loix & de la justice ; sur-tout lorsque cette administration sera soutenue par l'instruction, qui dirige l'opinion publique, qui entretient les sentimens d'honneur & de probité ; & répand la connoissance des droits & des devoirs de l'homme ; & c'est ce que j'ai fait voir dans mon ouvrage de *l'Ordre social*, cinquieme discours.

Il faut ensuite, pour appliquer les loix pénales, que le délit & l'auteur du délit soient constans : or il faut encore des loix positives, pour prescrire la maniere de parvenir à cette connoissance ; & ces loix positives ne doivent être nullement arbitraires.

Les loix criminelles se divisent donc nécessairement en deux genres ; les loix d'instruction,

& les loix pénales. (1) La raison de ces loix est immuable ; mais la manière dont elles parviennent à leur but, ne l'est pas. Elles sont susceptibles de défauts & de réforme, & par conséquent elles peuvent se perfectionner par la réflexion & par l'expérience.

Depuis un siecle que l'ordonnance criminelle est portée, l'expérience doit avoir fait reconnoître la nécessité de plusieurs changemens. D'ailleurs la morale civile est aujourd'hui plus connue & plus développée qu'elle ne l'étoit alors.

Quant à nos loix pénales, ce n'est pas proprement une législation à réformer, mais à créer. Le désordre, dans cette partie si importante, est tel qu'on ne sait où prendre ces loix, & qu'on a la plus grande obligation au magistrat qui les a ramassées de tous côtés, pour les réunir en un seul volume. *Ces loix*, dit-il dans sa préface, *sont répandues dans un si grand nombre de volumes, qu'il est très-difficile de les rassembler.* Mais comment donc les reconnoître & les appliquer, si l'on ne sait où elles se trouvent ? La peine, cette partie de la loi qui doit être si clairement déterminée, est donc abandonnée à l'arbitrage du juge,

---

(1) Je ne sais quel est le but d'une pareille distinction ; mais il me semble que les loix d'instruction font partie des loix criminelles ou pénales.
Note de l'éditeur.

qui eſt réduit à juger par ſimilitude & par ap-proximation, ou qui n'a d'autre guide qu'une eſ-pece de tradition : s'il ne veut pas ſe contenter de cette regle ſi incertaine, ou ſi elle vient à lui manquer dans une eſpece qui n'eſt pas ordinaire, où ira-t-il donc en chercher une plus certaine ? Mais dans cette foule de loix, comment démê-ler celle qu'il faut prendre ? Quel riſque même ne court-il pas de choiſir dans ces loix oubliées & ſurannées, une diſpoſition qui n'a plus lieu, & qui eſt révoquée, ſoit expreſſément, ſoit par le non-uſage ?

On a peine à croire qu'une nation policée de-puis long-tems ait un code pénal auſſi informe ; & ſi, en paſſant par-deſſus cette confuſion, l'on vient à l'examen réfléchi des diſpoſitions, on n'eſt pas moins ſurpris de voir ſi peu de rap-ports & de proportion entre les délits & les pei-nes. Tout paroît être l'ouvrage du haſard & des circonſtances. La plus grande rigueur s'an-nonce de toute part ; elle eſt quelquefois telle, que la loi ne peut paſſer que pour être commi-natoire ; elle manque ſon effet par ſon excès ; & le juge fait un acte de juſtice en la modifiant, ou même en ne lui donnant aucune exécution. On pourroit en donner bien des exemples. (1)

____

(1) Par exemple, combien de loix portées ſur le

Depuis quelques années, plusieurs magistrats de cours souveraines paroissent s'occuper du dessein de travailler à des projets de réforme ; &

---

fait de la religion, à la fin du dernier siecle & dans celui - ci, qui mériteroient un nouvel examen ; je ne dis pas seulement d'après les vraies notions de l'intérêt social & de la nature de l'autorité souveraine, mais aussi d'après les principes exacts de la religion divine que nous professons, qui, bien connus, ne peuvent jamais être contraires à l'intérêt social, & ne sont pas moins opposés que lui à la violence & à la contrainte ! Mais trop souvent l'autorité, frappée de l'objet qu'elle se propose, ne s'occupe qu'à chercher les moyens de se faire obéir : elle prodigue les menaces & les peines ; mais elle sera moins obéie, si elle a excédé toute proportion : il y a plus, il sera un tems où elle ne desirera plus même de l'être ; la chaleur du premier moment une fois éteinte, elle arrêteroit elle-même le faux zele des tribunaux qui mettroient la loi à exécution.

Je n'en veux pour preuve que l'article IX de la déclaration du 24 mai 1724, dont toutes les dispositions font dirigées par le même esprit. Il est enjoint aux curés de visiter les malades de la religion prétendue réformée, de les exhorter, & de les instruire avec la prudence & la charité qui convient à leur ministere : (rien de mieux assurément) mais si les malades refusent & persistent, voulons, dit cet article, que le procès leur soit fait ; qu'ils soient condamnés au bannissement à perpétuité, avec confiscation de leurs biens ; & que s'ils meurent, le procès soit fait à leur mémoire, avec confiscation de leurs biens ; dérogeant aux autres peines portées par les déclarations de 1686 & 1715.

Or, je demande s'il est un seul juge qui osât aujourd'hui prononcer en pareil cas le bannissement & la confiscation ; s'il ne craindroit pas même de s'exposer,

Ils sentent que ce seroit par la justice criminelle qu'il faudroit commencer. Le moment seroit donc

---

en le faisant, aux reproches du gouvernement, trop éclairé pour vouloir que pour le présent il soit donné aucun effet à cet article. Les dispositions relatives aux mariages des protestans, contractés en pays étrangers, n'ont pas plus d'exécution; & des dix-huit articles de cette déclaration, il n'y en a guere d'exécutés que ceux qui exigent la catholicité pour différentes places & professions. Mais ne vaudroit-il pas mieux changer & supprimer des loix auxquelles on ne veut donner aucune exécution, & qui n'en doivent avoir aucune?

Quelle rigueur, & combien d'atteintes portées aux droits de la propriété, dans les loix qui concernent la monnoie, & en particulier dans la déclaration de 1726! Il suffit d'en citer quelques dispositions.

Défenses de transporter hors du royaume des especes ou matieres d'or & d'argent, *à peine de mort*, de confiscation des matieres, même des marchandises avec lesquelles elles sont emballées, des voitures, &c.

D'après une pareille disposition, ne diroit-on pas que la vie du corps politique ne consiste que dans l'argent? Mais si les autres nations en font autant, toute circulation est donc interceptée entr'elles. Mais... mais... &c. &c. Si l'on veut se convaincre que cette loi ne peut avoir aucun motif solide, on peut voir ce que je dis sur la circulation de l'argent, dans le troisieme chapitre de *l'Intérêt social*. Quoi qu'il en soit du motif, la rigueur de la loi fait frémir.

Défenses aux orfevres d'employer des especes à leurs ouvrages, sous peine de galeres à perpétuité. Mais cette défense paroît bien inutile; car il y auroit de la perte pour eux à le faire.

Ordre aux juges de saisir, lors des scellés & inventaires, les especes décriées, & les especes étrangeres qui se trouveront, à peine d'interdiction, d'amende, &c. pour lesdites especes être confisquées, &c. Dans

favorable pour favoriser, & encourager la difcuffion.

Les adminiftrateurs, emportés par les détails auxquels ils ont peine à fuffire, ont trop peu de tems pour examiner, fe livrer à des recherches, & appercevoir tout le bien qu'il y auroit à faire; & d'ailleurs, quelqu'éclairés qu'on les fuppofe,

le fait, il n'eft pas un juge qui veuille s'y prêter.

Les ouvriers en fer, qui auront fabriqué des machines & outils fervant aux monnoies, & *dont l'ufage ne leur eft pas connu, feront punis de mort*, &c.

Même peine de mort contre les voituriers qui auront tranfporté lefdites machines, &c.

Heureufement les mœurs & les fentimens fervent de rempart contre ces fortes de loix, qui font toutes en défuétude.

Combien fur d'autres objets n'y a-t-il pas de loix du même genre ! Par exemple, les faifeurs & imprimeurs de pronoftications & almanachs doivent être punis corporellement. *Ordon. d'Orléans*, art. 16. Ainfi les faifeurs & imprimeurs des almanachs de Liege & du Bon-Laboureur, & autres, font puniffables corporellement. De pareilles loix font fans doute fans conféquence; mais elles déshonorent une législation, en montrant qu'elle a été fouvent l'ouvrage du hafard, de la fantaifie, & des opinions paffageres.

Ajoutons une réflexion générale; c'eft que prefque toutes ces loix, fi excéffives par leur rigueur, & qui portent des prohibitions arbitraires, prononcent des confifcations & des amendes, & en accordent une partie au dénonciateur: moyen funefte, qui tend à dégrader les mœurs, à corrompre les fentimens de probité, à établir une inquifition fourde, en rendant les citoyens délateurs les uns des autres. Heureufement encore, les mœurs & l'opinion, plus fages & meilleures que la loi, arrêtent le plus fouvent l'effet de cette féduction.

ils ne peuvent se flatter de réunir toutes les lumieres. Il est un lot qui leur est réservé, & qui n'est pas le moins important; c'est de juger les vues qu'on leur présente, de peser les inconvéniens ou la possibilité, & de discerner par ce tact que donne l'habitude des affaires, & que les écrivains n'ont pas toujours. Le devoir des administrateurs est donc de rassembler les lumieres, de provoquer la discussion, & de tourner par des encouragemens la recherche vers les objets utiles. Un prix donné à propos fait éclorre vingt ouvrages dans lesquels il ne s'agit plus que de faire un choix éclairé. (1)

---

(1) Dans le moment où je corrige l'épreuve de cet ouvrage, je trouve dans les papiers publics un programme qui remplit parfaitement les vues que je propose ici. Je ne puis me refuser au plaisir de le transcrire. Il sortira sûrement de cette discussion, de bons ouvrages. Si dans une matiere aussi vaste & aussi difficile à traiter, un seul auteur ne peut réussir également dans toutes les parties, il sera sûrement possible de faire, de tous ces mémoires réunis, un excellent projet de législation. Heureux les gouvernemens qui profiteront de ces lumieres pour réformer cette partie si importante, sur laquelle la philosophie s'est encore si peu exercée!

Un particulier, touché des inconvéniens qui naissent de l'imperfection des loix criminelles de la plupart des états de l'Europe, a fait parvenir, sous le voile de l'*incognito*, à la société économique de Berne, un prix de 50 louis, en faveur du mémoire que la société jugera le meilleur sur l'objet qui suit:

Composer & rédiger un plan complet & détaillé de

Nous ne manquons certainement aujour d'hu de lumieres sur aucune des parties de l'admi-niſtration, ni d'écrivains capables de les préſen-ter. Mais ce ſont les occaſions & les circonſtances qui tournent l'application à une étude ou à une autre, & qui engagent à développer, par un examen approfondi, des points ſur leſquels on n'avoit que des vues générales. C'eſt à l'admi-niſtration à faire naître ces occaſions, en inter-rogeant les citoyens en état de travailler; & elle a le plus grand intérêt à le faire. Mais du moins le premier encouragement qu'elle peut leur don-ner, eſt la liberté de ſoumettre au jugement public les fruits de leurs travaux.

Tout le monde convient de l'imperfection de nos loix criminelles, principalement en ce qui concerne la diſtribution & la proportion des pei-nes : cette partie attend un légiſlateur.

Ce n'eſt certainement pas le deſir des innova-tions qui me ſuggere ces réflexions. Elles me ſont

---

légiſlation ſur les matieres criminelles ſous ce triple point de vue : 1° Des crimes & des peines propor-tionnées qu'il convient de leur appliquer. 2°. De la na-ture & de la force des preuves & des préſomptions, 3°. De la maniere de les acquérir par la voie de la procédure criminelle, enforte que la douceur de l'inſtruction & des peines ſoit conciliée avec la cer-titude d'un châtiment prompt & exemplaire, & que la ſociété civile trouve la plus grande ſûreté poſſible combinée avec le plus grand reſpect pour la liberté & l'humanité.

communes avec tous ceux qui connoiffent notre législation. M. Servant, avocat-général au parlement de Grenoble, les expofoit dans un difcours imprimé en 1767. Les vues de ce refpectable magiftrat font le vœu de tous les magiftrats éclairés.

Nos loix criminelles, dit-il, font bien éloignées de la perfection : elles font éparfes, fans liaifon, & laiffent entre elles de grands efpaces vuides, où le magiftrat peut s'égarer.

En effet, elles n'ont diftingué ni les délits, ni les peines ; elles n'ont fait aucune divifion des crimes par leur genre, par leurs efpeces, par leur objet, par leur degré : cependant, que de nuances à diftinguer depuis l'irrévérence jufqu'au facrilege, depuis le murmure jufqu'à la fédition, depuis la menace jufqu'au meurtre, depuis la filouterie jufqu'à l'invafion ! Si nous confidérons les délits par rapport à ceux qu'ils attaquent, quelle diftinction n'y a-t-il pas à admettre dans la griéveté des délits !.. On diroit que la morale ne fait que de naître. Des extrémités de la carriere des fciences, nous revenons enfin vers nous-mêmes, comme un voyageur qui a tout vu, hors fa patrie ; citoyen du monde, étranger dans fa propre maifon.

Si nous avons établi quelque diftinction pour les crimes, elle eft pire qu'une entiere confufion ; car on démêle mieux des objets qui n'ont aucun ordre, que ceux qui en ont un mauvais. Connoiſſons-nous bien en effet les vraies limites de ce que nous appellons délits communs & délits privilégiés, cas royaux & cas ordinaires ?... Et combien de crimes, de nature toute différente, n'avons-nous pas confondus !

Mais avons-nous mieux déterminé les peines que les délits ? C'eſt une eſpece de maxime, que les peines ſont arbitraires dans ce royaume. ... Et quelle rigueur ne peut-on pas reprocher à celles qui ſont préciſes ? Par - tout & ſans diſtinction elles prodiguent la peine de mort. Les crimes les plus différens par leur nature, ſont ſoumis au même ſupplice. On diroit que, dans leur précipitation, les loix ont voulu faire un ſeul faiſceau de tous les crimes, pour les briſer à la fois. On voit ſouvent le vol puni comme l'aſſaſſinat ; & ſur une route publique, la vie d'un homme n'eſt pas plus eſtimée que ſon or : diſpoſition imprudente, qui expoſe la tête des citoyens pour couvrir leur fortune, & qui oblige un ſcélérat à commettre deux crimes, lorſqu'il n'en méditoit qu'un. Les vols avec effraction ſont punis de mort, & c'eſt comprendre preſque tous les vols. Nulle diſtinction d'ailleurs entre le premier vol & ceux qui le ſuivent, entre la ſéduction & l'habitude. Que dirons-nous de la peine de mort infligée au vol domeſtique ? Quelle proportion entre la vie d'un citoyen & le tort fait à un maître ! Cette loi eſt ſi dure, qu'elle s'eſt corrigée elle - même. L'excès du châtiment a produit l'impunité d'un vol qu'une loi plus modérée eût réprimé. Eſt - il juſte de condamner à la même peine celui qui recele le vol, & celui qui l'a fait ? N'y a - t - il pas quelque diſtance entre ces deux actions ? N'y a-t-il pas de même quelque diſtance entre le deſſein d'un crime & le crime même, entre la machination & l'exécution, entre aſſiſter au complot d'un crime qu'on pouvoit déſapprouver intérieurement, & l'avoir commis ? Avec quelle exceſſive rigueur ne puniſſons - nous pas le rapt de ſéduction, ce crime ſi difficile à déterminer, ſi différent par ſes cauſes, par ſes effets, par ſes circonſtances ? Et ne peut - on pas dire la même choſe de la peine portée contre le recélement de groſſeſſe, qui n'entraîne pas néceſſairement la deſtruction du part ?

Si nous infligeons de tels châtimens à des crimes qui ſemblent préſenter des excuſes, quels ſupplices réſerverons-nous à un aſſaſſinat atroce, après avoir épuiſé la peine de mort pour les moindres délits ? On ordonnera une mort plus cruelle ; mais quoi, je vois périr ſur la même roue le voleur avec effraction, & le monſtre qui a aſſaſſiné ſon pere !

Nos loix, après avoir pratiqué [...]

mort, n'ont pu enfuite faire autre chofe que d'en varier la forme. Mais cette reffource eft fans effet. Telle eft la nature du cœur humain, que dans les fupplices apperçus de loin, le fcélérat ne voit que la mort, fans compter les douleurs : le gibet & la roue fe préfentent dans l'avenir fous la même image.

A quoi donc ont fervi tant de rigueurs, & quels crimes ont-elles arrêtés ? Ne m'accufera-t-on pas de manquer au refpect dû aux loix ? Hommes fages, dites-moi fi j'outrage les loix, parce que j'en fouhaite de plus parfaites, parce que j'en defire la réformation. Ne diftinguera-t-on jamais la licence qui veut tout détruire, de l'amour du bien qui ne veut changer que le mal ? Mais la licence ne veut tout détruire, que pour ne rien fubftituer ; l'amour du bien remplace le mal par le bien, ou le bien par le mieux : la licence ne refpire que l'anarchie ; l'amour du bien ne demande que la liberté légitime : la licence ne veut point de loix ; l'amour du bien fait des vœux pour en obtenir de meilleures.

Si l'on veut mefurer l'efpace que la juftice criminelle a parcouru depuis nos premiers rois jufqu'au dernier regne, depuis les épreuves du feu & de l'eau jufqu'à l'ordonnance criminelle, on verra que la vérité a fait un pas cent fois plus grand que celui qui lui refte à faire. Quel objet d'émulation pour nous ! Voilà plus d'un siecle que la justice criminelle se repose dans ce glorieux monument : n'est-il pas tems qu'elle s'éleve à des loix plus parfaites ?

On peut conclure de ces réflexions, que j'ai puisées dans l'ouvrage de M. Servant, combien il y a à travailler en cette partie. Mais la maniere de parvenir à une bonne réforme, seroit-elle de faire une collection des loix adoptées par les anciens peuples, ou par les nations voisines, de les comparer avec les loix qui existent, de faire un choix de ce qui paroîtroit le meilleur pour en former un nouveau code ? Osons croire qu'il seroit plus à propos de mettre de côté ces traditions, ces usages & ces coutumes souvent si imparfaites, si contradictoires, si incohérentes, ou de ne les consulter que pour saisir les inconvéniens & les éviter ; & qu'il faudroit chercher non-seulement les élémens d'une nouvelle législation, mais même ces derniers détails, dans une étude approfondie de la morale, de la justice essentielle, de la science des rapports, de l'intérêt de la société, & de la connoissance du cœur de l'homme.

Si l'on se borne à ramasser des matériaux informes, à les compiler, à les entasser, on ne parviendra qu'à former une législation bizarre, irréguliere, contradictoire, mêlée d'un peu de sagesse, confondue avec beaucoup d'erreurs &

d'imperfections. Les loix que nous pourrions emprunter des nations modernes, ont le plus souvent été l'effet du hasard & de l'ignorance : celles que nous voudrions tirer des anciens peuples, seroient peut-être plus raisonnables ; mais elles ont pu être conformes au gouvernement & aux mœurs de ces peuples, & ne pas nous convenir. Il vaut donc beaucoup mieux oublier ce qui s'est fait, abandonner les exemples, ou du moins ne les consulter qu'en les soumettant à la discussion ; prendre plutôt la raison que l'autorité pour guide, & rechercher ce qui doit & ce qui peut se faire, ce qui est le plus conforme à la justice & à l'intérêt social. C'est le seul moyen de mettre de l'ensemble dans les vues, de garder en tout une juste proportion, & de travailler sur un plan suivi & uniforme. En un mot, il faut, en réglant les formes & l'instruction, combiner & concilier l'intérêt social avec les droits du citoyen accusé ; & pour graduer & déterminer les peines, il faut avoir continuellement devant les yeux, que les peines, pour êtes justes, doivent être publiques, promptes, nécessaires, fixées par la loi, & non laissées à l'arbitrage du juge, proportionnées aux délits, & cependant les moindres qui soient possibles dans les circonstances données.

Fin du Tome II.

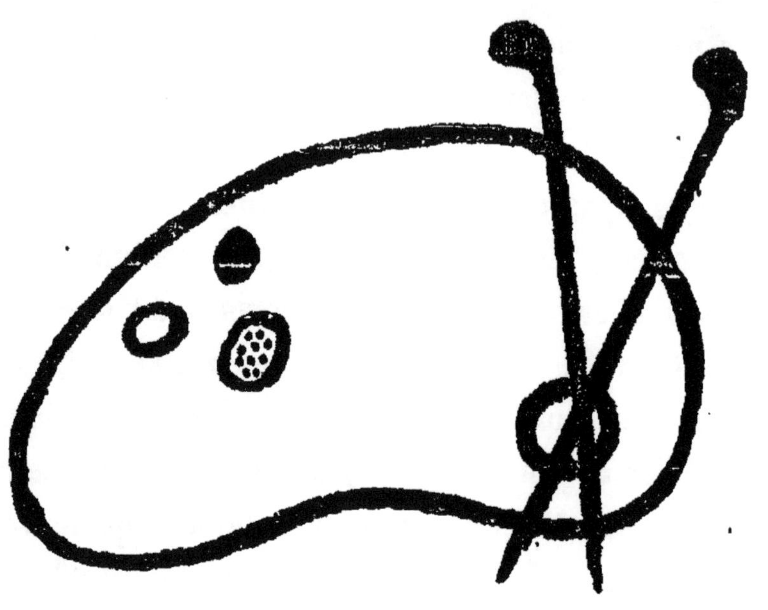

Original en couleur

NF Z 43-120-8

www.ingramcontent.com/pod-product-compliance
Ingram Content Group UK Ltd.
Pitfield, Milton Keynes, MK11 3LW, UK
UKHW022100120726
13694UKWH00001B/246